Informar
Não é
Treinamento

- Por que o treinamento fracassa?
- O que causa o êxito no treinamento?
- Como você e seus orientados podem atingir resultados incríveis?

BEST-SELLER mais de 250.000 exemplares vendidos

CB076642

TRADUÇÃO

SERGIO ROBERTO PASCHOA

Informar
Não é
Treinamento

- Por que o treinamento fracassa?

- O que causa o êxito no treinamento?

- Como você e seus orientados podem atingir resultados incríveis?

Harold D. Stolovitch
Erica J. Keeps

Copyright© 2019 by Harold D. Stolovitch e Erica J. Keeps

Todos os direitos desta edição reservados à Qualitymark Editora Ltda.
É proibida a duplicação ou reprodução deste volume, ou parte do
mesmo, sob qualquer meio, sem autorização expressa da Editora.

Direção Editorial	Produção Editorial
SAIDUL RAHMAN MAHOMED editor@qualitymark.com.br	EQUIPE QUALITYMARK

Capa	Editoração Eletrônica
Renato Martins Artes & Artistas	K2 Design e Serviços Ltda. atendimento@k2design.com.br

1ª Edição: 2011
1ª Reimpressão: 2013
2ª Reimpressão: 2019

CIP-Brasil. Catalogação-na-fonte
Sindicato Nacional dos Editores de Livros, RJ

S884i
    Stolovitch, Harold D.
    Informar não é treinamento : porque o treinamento fracassa?, o que causa o êxito num treinamento?, como você e seus orientados podem atingir resultados incríveis? / Harold D. Stolovitch e Erica J. Keeps; [tradução de Celso Roberto Paschoa]. – Rio de Janeiro : Qualitymark Editora, 2019.
    280 p. : 23 cm

    Tradução de: Telling ain't training
    Inclui bibliografia
    ISBN 978-85-7303-912-2

    1. Empregados – Treinamento. 2. Pessoal – Orientação . 3. Treinamento. 4. Aprendizagem. I. Keeps, Erica. II. Título.

11-3740   CDD: 658.3124
                                                                                              CDU: 005.963.1

2019
IMPRESSO NO BRASIL

Qualitymark Editora Ltda.   www.qualitymark.com.br
Rua José Augusto Rodrigues, 64 – sl. 101   E-mail: quality@qualitymark.com.br
Polo Cine e Vídeo – Jacarepaguá   Tels.: (21) 3597-9055 / 3597-9056
CEP: 22275-047 – Rio de Janeiro – RJ   Vendas: (21) 3296-7649

PREFÁCIO

Este foi um livro extremamente gostoso de se escrever. E, novamente, não foi um trabalho típico para nós. Trata-se mais de uma conversa sobre treinamento. Temos devotado nossas vidas profissionais – aproximadamente 70 anos, se combinarmos ambas as nossas experiências – dando aulas, elaborando instruções, assessorando organizações na criação de soluções de suporte ao aprendizado e ao desempenho e conduzindo estudos sobre o aprendizado e o desempenho no trabalho. Passamos todos esses anos nas arenas acadêmica e corporativa; produzimos muitas publicações profissionais e científicas. Este livro, *Informar Não É Treinamento*, é totalmente diferente de tudo que já fizemos.

De um lado, abandonamos várias convenções que normalmente aplicamos aos nossos trabalhos. Exceto por um número bem reduzido de referências a indivíduos específicos de quem diretamente tomamos emprestado ideias ou palavras, eliminamos as práticas habituais de citações. Em vez disso, inserimos no final do livro uma lista de referências que é possível consultar para que se analise mais profundamente algum aspecto do que foi apresentado. Por outro lado, adotamos um tom de conversação – praticamente como se estivéssemos falando. Incluímos, também, contrações, diálogos, apartes, exercícios divertidos, *trailers*, desafios e quaisquer outras técnicas que sentimos que nos ajudariam a melhorar a compreensibilidade do texto.

Acreditamos que fizemos algo neste livro que necessitaria ser feito: agrupar o que vários estudos e práticas profissionais bem documentadas demonstraram ser confiável e desejável para o treinamento e torná-lo mais digerível. Nosso propósito foi disponibilizar os melhores princípios de treinamento, tanto para orientadores recém-indicados como para profissionais mais experientes em busca de explicações e confirmações sobre a razão de algumas iniciativas darem – ou, às vezes, não darem – certo.

O livro foi dividido em 11 capítulos. Os dois primeiros descrevem o conteúdo e delineiam um manual para o que vem à frente. Cada capítulo começa com um panorama breve de seus pontos essenciais que ajuda você a se preparar para o conteúdo apresentado. Para evitar muitas "informações" (o que num livro é praticamente inevitável) e a comunicação de uma via (o que é o que estamos lhe pedindo para *não* fazer), cada capítulo contém uma série de atividades que objetivam engajá-lo sob meios significativos. Os exercícios – muitos deles divertidos, e vários com "tempo-limite para a solução" a fim de aumentar o desafio – oferecem oportunidades para que você interaja com o conteúdo do aprendizado. Praticamente todos os capítulos concluem com atividades e exercícios breves e resumidos que o impelem a recordar o que aprendeu e a ajudar a reter pontos-chave quando você terminar de ler o livro. Ao longo da leitura, você encontrará os seguintes ícones:

Este ícone aponta ao leitor um fato importante.

Este ícone identifica pontos-chave para utilizar as informações fornecidas.

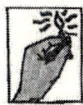

Este ícone acompanha uma revisão do conhecimento mais significativo extraído de cada capítulo.

Gostaríamos de agradecer a Mark Morrow, editor de aquisições da American Society for Training & Development (ASTD), por nos convidar para desenvolver este livro e por nos apoiar tão entusiasticamente durante sua preparação. Ele nos disse: "Precisamos de um livro básico, inovador, sobre os fundamentos do treinamento. Elaborem-no para que fique algo robusto, acessível e divertido". Mark, esperamos sinceramente que atendemos às suas expectativas.

Nossa apreciação sincera é dirigida à Christine Cotting, editora, por revisar lindamente nosso original sem se desviar de nosso estilo ou mensagem central. Embora trabalhamos virtualmente, sentimos como se ela estivesse de nosso lado interpretando nossas mentes.

Queremos também agradecer, do fundo do coração, à Erica Groschler, Gina Walker, Mike Peters, Rick Reichenbach, Andrea Shalinsky, Arlene Reed e Wendy Barlin, nossos colegas, que assumiram nossas tarefas rotineiras enquanto estávamos imersos na escrita. Ainda, nossos maiores agradecimentos à Gina Walker, Erica Groschler, Mike Peters e Miki Lane, pelas revisões críticas e encurtamento do manuscrito.

À Jennifer Papineau, nossa assessora de suporte gráfico e técnico, damos um imenso "merci" por toda a assistência prestada desde o design inicial ao manuscrito final.

Pelas excelentes pesquisas e constante suporte no monitoramento de múltiplos recursos a fim de suportar as várias premissas que fizemos, agradecemos sinceramente à Andrea Shalinsky. Andrea, você é incrível!

Não temos palavras para expressar nossa gratidão mais profunda à Samantha Greenhill, que trabalhou conosco para transformar nossos rabiscos grosseiros e sentenças pobremente construídas num texto compreensível. Dias, noites, fins de semana – ela sempre esteve conosco, sempre sorrindo, estimulando e com muito profissionalismo.

Dedicamos este livro às seguintes pessoas: Alex e Mally Stolovitch, que instilaram em todos seus filhos um amor profundo e tolerante ao aprendizado; Leo e Frances Keeps, que nos ensinaram tanto como exemplos a seguir na vida; Saul, Zeb, Haia e Charles, nossos irmãos mais novos, com os quais temos tido uma convivência de aprendizado conjunto; e, Robert, nosso filho, cuja carga foi receber nossas informações e treinamentos e, ainda, insistir na leitura de todo o texto para garantir que fizemos um bom trabalho.

Um dos grandes prazeres de escrever um livro no qual compartilhamos o que foi aprendido com os leitores é o de termos a experiência com um coautor que você admire. Não somos apenas coautores; somos colegas de profissão e parceiros para toda a vida. Assim, a cada um de nós, obrigado por embarcarmos juntos nessa empreitada.

Harold D. Stolovitch
Erica J. Keeps

SUMÁRIO

PARTE I – O ORIENTADO HUMANO – O QUE OS ESTUDOS NOS INFORMAM, 1

Capítulo 1 – Aprender Não É Fácil (Especialmente Quando Outros Tornam Isso Tão Difícil), 3

Primeiro Desafio, 4

Segundo Desafio, 5

Do Que Este Livro Trata?, 9

Capítulo 2 – Uma Introdução a Alguns "Termos Conhecidos", 11

Vocabulário Básico – Os Termos do Intercâmbio, 11

Dois Princípios-chave: Seu Mantra como Orientador (Educador, Instrutor), 17

Presencial ou Baseado na Tecnologia: É Tudo Igual, 19

Qual é o Conteúdo Deste Livro e Por quê?, 19

Lembrete Final, 21

Capítulo 3 – O Orientado Humano, 23

O que é Aprendizado?, 24

Como Aprendemos: Sentidos, Filtros e Memória, 26

Memória de Longo Termo: Tempo e Capacidade, 32

O que Isso Significa para o Orientado... e para o Orientador?, 33

Lembrete Final, 34

PARTE II – O QUE VOCÊ DEVE SABER PARA SER UM ORIENTADOR MAIS CAPACITADO, 37

Capítulo 4 – Fazer os Orientados Aprenderem, 39

Diferentes Tipos de Conhecimento: Declarativo e Procedimental, 43

Ingredientes-chave para Aprender, 48

Adaptação às Diferenças na Aptidão, Conhecimento Anterior e Motivação, 53

Lembrete Final, 56

Capítulo 5 – Princípios de Aprendizado a Adultos, 59

Boas e Más Aulas, 60

Quatro Princípios-chave de Aprendizado a Adultos, 64

O Ponto Básico sobre os Princípios de Aprendizado a Adultos, 83

Lembrete Final, 83

Capítulo 6 – Um Modelo de Cinco Etapas para Criar Sessões de Treinamento Espetaculares, 85

Seis Princípios Universais das Pesquisas sobre Aprendizado, 86

Um Modelo Universal para Estruturar Qualquer Sessão de Aprendizado, 95

A Folha de Planejamento da Sessão de Treinamento, 104

A Folha de Roteiro da Sessão de Treinamento, 109

Utilizar o Modelo de Cinco Etapas para Retroadaptar Sessões de Treinamento Existentes, 113

Revisão Final do Modelo de Cinco Etapas, 117

Lembrete Final, 118

Capítulo 7 – Fazer os Orientados Lembrarem, 119

Metacognição: Os Controles do Aprendizado Executivo, 120

Estratégias Cognitivas: Como Criar um Aprendizado Mais Rápido, Melhor e Mais Econômico, 129

Lembrete Final, 144

PARTE III – APLICAR O QUE VOCÊ APRENDEU – CONDUZIR PESQUISAS SOBRE O APRENDIZADO, 147

Capítulo 8 – Abordagens de Treinamento e uma Infinidade de Atividades de Aprendizado, 149

Quatro Principais Tipos de Treinamento, 150

Reunindo os Quatro Tipos de Treinamento, 154

25 Atividades de Treinamento Passíveis de Utilização, 158

Resumo das Atividades, 184

Fechando a Porta neste Capítulo Ativo, 184

Lembrete Final, 186

Capítulo 9 – Testar ou Examinar: Qual é a Diferença?, 189

Qual é a Síntese Disso Tudo?, 192

Testes *versus* Exames, 194

Qual é o Meu Desempenho na Criação de Testes?, 199

Lembrete Final, 212

Capítulo 10 – Fato ou Mito: Qual é a Verdade?, 215

O Ponto Principal sobre o Aprendizado, 226

Fato ou Mito – Uma Combinação Final, 227

Capítulo 11 – Reflexões Conclusivas Sobre o Livro, 231

Uma Revisão Rápida Sobre o Livro, 232

Algo para se Pensar – Reflexões de Carl Jung, 235

Leitura Recomendável, 239

Sobre os Autores, 263

Sobre a ISPI, 266

PARTE I

O ORIENTADO HUMANO – O QUE OS ESTUDOS NOS INFORMAM

Capítulo 1

Aprender Não É Fácil (Especialmente Quando Outros Tornam Isso Tão Difícil)

Pontos Essenciais do Capítulo:

- ◆ *Trailer* de abertura.
- ◆ Conjunto de desafios.
- ◆ Discussão sobre o conteúdo deste livro.

A maioria dos livros começa – logicamente, podemos acrescentar – com uma introdução que lança os alicerces do que será apresentado e, depois, apresenta, num panorama geral, os seus conteúdos. Abordaremos essa introdução de outra forma. Prometeremos isso. No entanto, sempre apreciamos a abertura dos filmes de James Bond, que exibe às pessoas primeiramente um *trailer* para fazer crescer o interesse, e, em seguida, parte para o título, créditos de abertura e a parte lógica restante. Prepare-se, então, para alguns *trailers* desafiadores.

Primeiro Desafio

Você tem 60 segundos para decorar a seguinte sequência com 17 dígitos. Um erro, e a bomba explode. Cronometre o tempo. Preparado? Comece!

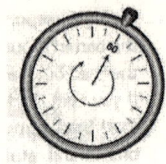

| 73200239410124566 |

Agora, cubra a sequência numérica. Você tem 30 segundos para anotar todos os 17 dígitos, em ordem, sem erros no retângulo a seguir. Comece!

| |

Qual foi o seu desempenho? Qual o grau de dificuldade ou facilidade desse exercício? A maioria das pessoas não consegue fazê-lo, especialmente sob a pressão do tempo. Há algum modo de simplificarmos a tarefa do aprendizado? Abaixo, mais uma vez, temos a nossa sequência.

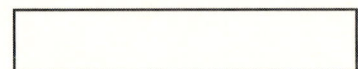

E agora temos uma história para acompanhá-la. Por favor, queira prestar bastante atenção. Sua vida depende disso!

> Os sete (7) anões encontraram os três (3) leitõezinhos em 2002, a 39 passos de uma encruzilhada com quatro (4) saídas. De repente, houve um ataque de 101 dálmatas. Os anões e os animais correram tão rapidamente quanto suas duas (2) pernas e quatro (4) patas conseguiram suportar. Eles escaparam, se cumprimentaram efusivamente com cinco (5) toques de mão, e continuaram pela Rota 66.

Leia o texto novamente à medida que tenta decorar os números. O total das duas leituras deve levar cerca de 60 segundos.

Agora, mais uma vez, cubra os números. Leve 30 segundos – não mais –, para anotar a sequência no retângulo abaixo. Comece!

| |

Como foi seu desempenho dessa vez? Em nossos testes com vários orientados, a maioria deles obteve resultados muito melhores com a história do que com os números. Há uma razão para isso, e a explicaremos posteriormente.

Segundo Desafio

Preparado para outro desafio? Há dias, recebemos o seguinte convite para uma festa numa cidade onde jamais tínhamos ido. Por favor, queira ler o texto abaixo sem tentar de fato memorizá-lo. Você deve gastar cerca de 30 a 45 segundos nele. Então, cubra a mensagem e responda às perguntas a seguir.

> Olá, eis aqui as orientações:
>
> A partir do aeroporto, pegue o caminho que sai da agência de aluguel de carros e siga-o além da barreira existente nas cercanias do estacionamento até chegar ao seu final, ponto em que você alcança a estrada principal. Pegue essa rodovia e, um pouco antes de sua primeira curva à direita, você verá um cruzamento tripartido. Se pegar a pista à esquerda, estará indo para o oeste e se afastará do lago. Não faça isso! Se pegar a do meio, passará por baixo de um viaduto e, na realidade, sairá fora da rota. Pegue a pista à direita e, no próximo cruzamento, continue mantendo-se à direita na rotatória, que atingirá em poucos metros a segunda rodovia. Trata-se da 379 Leste, embora realmente rume para o sul, mas não fique preocupado. A partir desse ponto, é só prosseguir na mesma via.
>
> Abraços,
>
> André

Responda às perguntas a seguir sem consultar a mensagem.

1. Onde é o estacionamento?
2. Onde estão os carros de aluguel?
3. Por onde você deve passar a fim de sair do estacionamento?
4. O que você vê um pouco antes de o caminho desviar à direita no estacionamento?
5. Após o segundo cruzamento, o que você observa?

6. Você tem de atravessar ou ir sob o viaduto?

7. Que rodovia você pega?

Agora passe até a próxima página. Pedimos orientações mais claras. A filha de nosso amigo nos enviou o mapa para chegarmos à cidade.

Analise esse mapa durante cerca de 30 a 45 segundos. Então, sem recorrer a ele, responda às mesmas perguntas anteriores.

1. Onde é o estacionamento?

2. Onde estão os carros de aluguel?

3. Por onde você deve passar a fim de sair do estacionamento?

4. O que você vê um pouco antes de o caminho desviar à direita no estacionamento?

5. Após o segundo cruzamento, o que você observa?

6. Você tem de atravessar ou ir sob o viaduto?

7. Que rodovia você pega?

Respostas:

1. Na frente do aeroporto
2. Na frente do estacionamento (ou exatamente na frente do estacionamento)
3. Uma cancela
4. Um cruzamento tripartido
5. Uma rotatória
6. Nem uma coisa nem outra
7. A 379 Leste

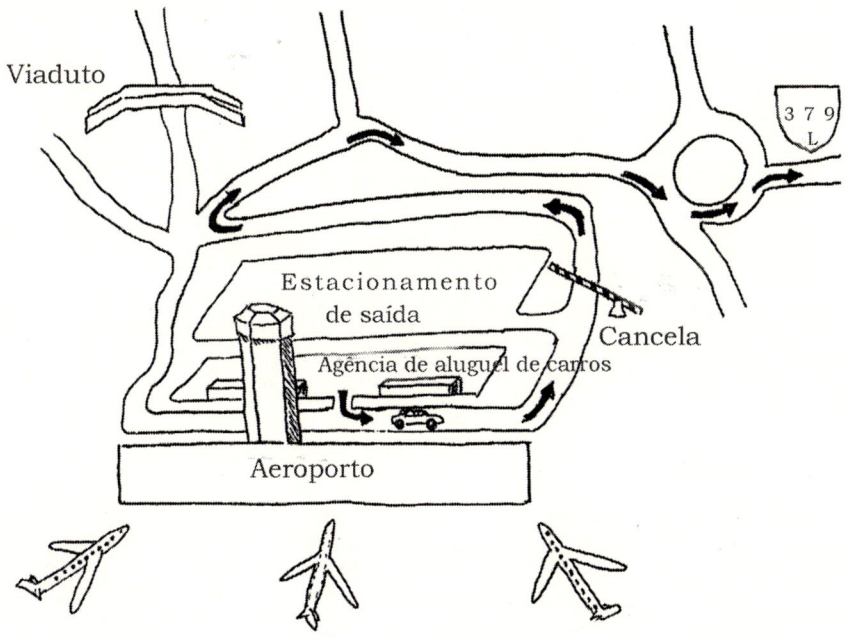

O que está mais fácil dessa vez? Novamente, em nossos testes, constatamos que praticamente todas as pessoas cometeram erros na primeira vez. Virtualmente, nenhuma pessoa errou quando viu o mapa.

 Apresentamos a você esses dois desafios de aprendizado pelas seguintes razões:

- Para demonstrar que o mesmo conteúdo, exibido diferentemente, cria um diferente impacto no aprendizado e na retenção.

- Para forçá-lo a participar, responder e receber feedback – elementos-chave para criar excelentes eventos de aprendizado.

- Para dar a você uma pitada do estilo deste livro – divertido, de fácil leitura, desafiador, um tanto irônico, mas focado em temas sérios.

Antes de oferecermos uma grande parte da história, vamos fazê-lo participar mais uma vez:

> A Tabela 1-1, contém conjuntos de duas afirmações. Por favor, assinale com um x a afirmação em cada par que corresponda mais estreitamente à sua experiência pessoal no aprendizado (assinale apenas uma da Coluna A ou da Coluna B de cada vez).

Tabela 1-1. Duas Afirmações

Coluna A	Coluna B
Aprendo melhor quando...	
☐ alguém que saiba algo que eu não sei me explica e descreve isso para mim.	☐ dialogo e discuto com alguém que saiba algo que eu não sei.
☐ observo uma demonstração.	☐ fico envolvido e testo coisas durante uma demonstração.
☐ assisto aulas nas quais um instrutor apresenta informações para mim.	☐ participo de sessões nas quais um instrutor me engaja numa interação de duas vias.
☐ vejo qual a importância disso para a organização.	☐ vejo qual a importância disso para mim.
☐ há uma porção de conteúdo detalhado.	☐ há um conteúdo mínimo e significativo.
☐ o que é apresentado a mim é organizado de acordo com a lógica do conteúdo.	☐ o que é apresentado a mim é organizado de acordo com a lógica de como aprendo.
☐ me mostram como as coisas são feitas.	☐ tenho de testar tudo por mim mesmo.
☐ participo de longas sessões de aprendizado.	☐ participo de curtas sessões de aprendizado.
☐ estou num ambiente de instrução formal.	☐ estou num ambiente de trabalho e aprendizado informal.
☐ sou informado de como as coisas funcionam.	☐ experimento como as coisas funcionam.

Com base em nossa experiência em aprendizado e por testarmos esses pares de afirmações com um número muito grande de adultos, suspeitamos que você tenha assinalado a maioria das declarações da Coluna B e poucas ou nenhuma da Coluna A. Sem surpresas. O que nos surpreende, no entanto, é que aqueles que são profissionais de ensino (instrutores, professores, orientadores) também assinalaram praticamente todas as declarações da Coluna B, mas quando os observamos ensinando ou treinando, agem como se as declarações da Coluna A fossem verdadeiras!

De modo geral, constatamos praticamente uma inversão completa entre o que as pessoas dizem sobre como aprendem e como tentam assistir aos outros para que aprendam. Um paradoxo e tanto! E, também, uma das principais razões por que escrevemos este livro.

Do Que Este Livro Trata?

Já arreliamos bastante. Vamos ver agora do que este livro trata. Há vários hábitos, mitos e princípios e atividades mal orientados – embora bem-intencionados – no treinamento que criam obstáculos para que tenhamos um aprendizado efetivo. Escrevemos este livro por duas razões principais: descartar essas convicções e práticas que prejudicam o processo instrucional e ajudar você a ser o orientador e/ou instrutor mais efetivo possível. A seguir temos o que o *Informar Não É Treinamento* oferece a você:

- *Separação entre mitos e descobertas baseados em pesquisas sobre o aprendizado e o treinamento.* Fizemos isso de um modo não-acadêmico, utilizando uma série de exemplos e exercícios. O objetivo é fazer com que você reflita e rejeite os mitos ilógicos que muitas pessoas no mundo do ensino e do aprendizado perpetuam.

- *Um estilo amigável e jovial que acreditamos que transmitirá nossa mensagem numa melhor forma do que uma abordagem formal.* Mas não deixe que o estilo o engane. Tudo neste livro se baseia nos dados obtidos com as melhores evidências de pesquisas sobre como ajudar as pessoas a aprender.

- *Uma série de interações.* Como você já percebeu, é preciso executar tarefas e pensar sobre elas, não somente ler o texto. Para tornar nossa mensagem significativa e confiável a você, queremos usar uma abordagem consistente com o que estamos propondo. Todos os seres humanos – incluindo nós e você – aprendem graças a um envolvimento mental ativo. Neste livro, empenhamos todos os esforços no sentido de engajá-lo mentalmente de modo significativo.

◆ *Recomendações práticas e realistas.* O autor tem devotado seus 40 anos de carreira a estudar e conduzir pesquisas sobre aprendizado e, em seguida, transferir os achados em aplicações práticas. A autora tem passado 30 anos no mundo corporativo, gerenciando o aprendizado e o desempenho de pessoas. Juntos, nós dois estamos focados nos requisitos reais para ajudar as pessoas a aprender.

◆ *Acima de tudo, estamos compartilhando com você o que aprendemos em nossas vidas.* O objetivo é dirigido para que você, interagindo com os conteúdos do livro, torne-se um orientador extremamente efetivo com muito mais rapidez do que fizemos.

Conseguimos convencê-lo? Está animado? Então, deixe-nos voltar ao início – a introdução.

Capítulo 2

Uma Introdução a Alguns "Termos Conhecidos"

Pontos Essenciais do Capítulo:

- ◆ Aula sobre os "termos conhecidos".
- ◆ Filosofia subjacente ao livro.
- ◆ Aplicação a várias mídias.
- ◆ Revisão dos conteúdos do livro.

Vocabulário Básico – Os Termos do Intercâmbio

Treinamento... instrução... formação... aprendizado. Essas são palavras que geralmente utilizamos de modo intercambiável. Todavia, quando as analisamos, descobrimos que elas, em si, transmitem um significado único. Individualmente ou combinadas, essas quatro atividades nos oferecem energia para consolidar diferentes tipos de aptidões e conhecimento. Examinaremos cada uma dessas palavras e começaremos a criar um vocabulário muito valioso.

Treinamento

> Você está tentando que seu cão sente sob o seu comando. Marque a expressão abaixo que mais bem descreva o que você está fazendo.
>
> ☐ **Treinando seu cão.**
>
> ☐ **Instruindo seu cão.**
>
> ☐ **Ensinando seu cão.**

Você provavelmente escolheu "treinando seu cão", pois parece ser a opção mais apropriada. As outras duas soam um tanto estranhas quando aplicadas a animais. Se analisarmos mais detalhadamente, concluímos que, quando treinamos um cão, o que queremos é que ele desempenhe algo específico e preciso. Queremos também que ele faça isso sob comando e sem variação. Você diz "senta", e o cão senta. Quanto mais efetivo o treinamento, mais precisas e rápidas são suas respostas.

No "treinamento", nosso objetivo é criar uma mudança nos orientados (inclusive cães) consistentemente reproduzida sem variação. Através de um intenso treinamento, o orientado torna-se cada vez mais capaz de reproduzir o comportamento aprendido com poucos erros, maior velocidade e sob condições mais exigentes. Examine a lista abaixo e marque todos os itens para os quais você acredita que é apropriado ter treinamento.

> ☐ **Digitar.**
>
> ☐ **Montar um rifle.**
>
> ☐ **Determinar uma regra.**
>
> ☐ **Executar uma manobra complexa no skate.**
>
> ☐ **Recitar tabuadas de multiplicação.**
>
> ☐ **Selecionar o item correto na tela.**
>
> ☐ **Aplicar todas as etapas do procedimento de uma parada de emergência.**

Se você marcou todos os itens, está correto. Parece mecânico? Tudo bem. Aprender coisas que você aplica de maneira invariável e automática é, de modo geral, uma parte necessária do aprendizado. Qual o grau de variação desejado em nomear objetos, fatiar um tomate ou acessar um computador? Ser capaz de executar procedimentos mentais ou físicos sem pensar é importante em nossas vidas (por exemplo, a troca de marchas num carro, a escovação dos dentes, o reconhecimento de letras e palavras). Isso reduz nossa carga cognitiva (pensar). O treinamento ajuda a facilitar nossas vidas.

Instrução

A "instrução" ajuda os orientados a generalizar além das especificidades do que é ensinado. A habilidade de reproduzirmos inconscientemente o que aprendemos é absolutamente insuficiente para nos tornar completos como seres humanos. Portanto, nós agregamos a instrução.

Eis aqui um exemplo: em francês, as formas infinitivas de verbos regulares sempre terminam em "er". Por exemplo, o verbo *donner* (dar) é um verbo regular. O mesmo ocorre com *demander* (pedir). Quais dos verbos abaixo são regulares no idioma francês?

| *choisir* (escolher) | *vendre* (vender) | *chanter* (cantar) |
| *apporter* (trazer) | *nommer* (nomear) | *vouloir* (querer) |

Ainda que você talvez não tenha um bom conhecimento em francês, provavelmente seria capaz de entender a regra e os dois exemplos acima e generalizar para novos exemplos. Se você selecionou *apporter*, *nommer* e *chanter*, *félicitacions* (parabéns)!

Em ambientes de trabalho, exigimos que haja muita instrução. Vamos abordar, por exemplo, questões de segurança. Apresentamos exemplos de riscos no trabalho e meios para lidar com diferentes tipos de situações perigosas. Mas, independentemente do número de exemplos e regras que fornecemos, todos nós sabemos que, talvez, tenhamos de atuar em várias circunstâncias inéditas não cobertas durante uma instrução. A expectativa é que os orientados sejam capazes de generalizar além do que foi ensinado.

A exemplo do treinamento, o objetivo da instrução é consolidar novas aptidões e conhecimento. As diferenças-chave estão apresentadas na Tabela 2-1.

Tabela 2-1. Diferenças entre Treinamento e Instrução

O treinamento possibilita que você...	A instrução possibilita que você...
1. Reproduza exatamente o que foi ensinado. 2. Atue automaticamente. 3. Aplique o aprendizado sem variação, independentemente das condições.	1. Generalize além do que foi ensinado. 2. Atue reflexivamente. 3. Adapte o aprendizado a cada novo conjunto de condições.

Apenas para ter certeza de que você compreendeu isso, coloque um "T" ao lado de cada ação abaixo que entenda que exija treinamento e um "I" ao lado daquelas que parecem corresponder à instrução.

1. _____ **Acender um isqueiro.**

2. _____ **Pronunciar a palavra francesa** *manger*.

3. _____ **Selecionar um produto apropriado a um cliente.**

4. _____ **Responder a uma reclamação.**

5. _____ **Inserir um componente específico na placa-mãe.**

6. _____ **Fazer um nó de marinheiro.**

Os itens 1, 2, 5 e 6 são todas tarefas para treinamento (reproduzir sem variação). Os itens 3 e 4 exigem instrução, pois cada cliente será diferente, assim como cada reclamação. Essas ações exigem generalização do aprendizado e adaptação dos comportamentos.

Formação

O terceiro termo do vocabulário básico é a "formação". Como você provavelmente já percebeu, a formação expressa uma conotação mais ampla e de mais longo prazo do que o treinamento e a instrução, que são geralmente de curto prazo e com foco mais estreito. A formação é o resultado de uma variedade de experiências de vida e de eventos e princípios de aprendizado extremamente generalizados. Uma grande parcela da formação deriva de mensagens implícitas transmitidas graças muito mais aos comportamentos de exemplos a seguir do que a comportamentos explicitamente estabelecidos. O propósito da formação é construir modelos mentais gerais e sistemas de valores.

Inserindo isso num contexto de trabalho e continuando com o exemplo relativo à segurança, pelo treinamento podemos criar comportamentos específicos de segurança, como ativar um alarme, um extintor de incêndio ou selecionar o número correto a ligar. Pela instrução, adquirimos as habilidades para identificar novos riscos de segurança ou para agir quando ocorre uma emergência com a qual não tivemos contato anteriormente. Pela formação, adotamos uma perspectiva de segurança na vida. Adotamos automaticamente precauções e aplicamos proativamente medidas de modo a evitar acidentes. Prevemos possíveis riscos, e defendemos condições e comportamentos seguros no trabalho.

Em nossa função como pais, professores e profissionais de treinamento no trabalho, executamos as três atividades: treinar, instruir e formar. Todas elas têm seu lugar. Imagine que você é responsável por consolidar habilidades e conhecimento em um centro de serviços técnicos em que os especialistas de suporte ao cliente ajudam as pessoas que lhes telefonam a resolver problemas técnicos. Considere a lista de tarefas relevantes apresentadas abaixo e coloque um "T" ao lado de cada item que exija treinamento, um "I" ao lado dos itens de instrução e um "F" ao lado dos itens apropriados para formação.

1. ____ Registrar uma chamada.
2. ____ Pesquisar para esclarecer o problema.
3. ____ Preencher campos no registro de um cliente.
4. ____ Exibir empatia pelas frustrações dos clientes.
5. ____ Definir etapas para um procedimento específico de resolução de problemas.
6. ____ Extrair do cliente o que ele já tem feito na tentativa de corrigir o problema.
7. ____ Selecionar o tipo de código de chamada antes de preencher o relatório.

Os itens 1, 3, 5 e 7 são as tarefas com maior probabilidade de exigir treinamento. O item 2 provavelmente é o mais bem executado por meio da instrução. O item 6 essencialmente é de instrução, mas tem alguns aspectos de formação nele inseridos. Você tem de aprender a lidar sobre como extrair informações de um cliente e aplicar habilidades de escuta. O entrosamento que você cria pode fazer toda a diferença na qualidade das respostas obtidas dos clientes. Finalmente, o item 4, exibir empatia, é uma habilidade sutil não inerente a todos. A empatia deriva das próprias experiências de vida de especialistas de suporte mais os modelos e mensagens implícitas por eles transmitidos por ações. Uma pessoa precisa de formação para se tornar empática com os clientes.

Para concluir nosso exercício com o vocabulário, tanto o treinamento como a instrução e a formação objetivam consolidar habilidades e conhecimento nos orientados. Cada uma dessas modalidades oferece um enfoque distinto e singular, e todas elas são necessárias a fim de ajudar as pessoas a aprender. Elas raramente permanecem "puras" e podem ser combinadas, de modo que, mesmo que estivermos treinando para um comportamento específico, podemos estar formando pela atitude e pelo exemplo que criamos aos nossos orientados.

Aprendizado

O ato de aprender é uma mudança. Não se esqueça de que o único propósito para o treinamento, instrução e formação é possibilitar que as pessoas aprendam. No capítulo 3, investigaremos o aprendizado com mais profundidade. É suficiente dizer neste ponto que estamos buscando "transformar" nossos orientados. Se treinamos – o termo geral habitualmente utilizado no contexto de trabalho para todas as três séries de atividades – não simplesmente transmitimos informações. *Mudamos* as pessoas. Transformamos nossos orientados sob aspectos desejáveis, tanto para eles como para nossas organizações.

Dois Princípios-chave: Seu Mantra como Orientador (Educador, Instrutor)

Estamos sentados com as pernas cruzadas formando um círculo no chão. Nossos olhos estão fechados e estamos relaxados. A luz é fraca. Repetimos várias vezes "centrado no orientado... baseado no desempenho... centrado no orientado... baseado no desempenho..." Por que esse mantra? Pelo fato de que esses dois termos são o segredo para transformar orientados. Vamos examinar cada um deles individualmente.

Centrado no Orientado

Imagine que você atue como contador e lhe pediram para comandar uma sessão de treinamento na próxima semana para um grupo de funcionários profissionais e técnicos recém-promovidos a gerentes. O que você preparará? Seja honesto e marque quais dos seguintes cenários mais exatamente descreve as ações que você executará.

- ☐ **A.** Coletar materiais sobre gestão de fluxo de caixa. Examinar documentos para obter conceitos e termos-chave. Criar uma descrição do conteúdo numa sequência lógica de modo que assegure que você aborde todos os fundamentos. Estudar integralmente e ensaiar de modo que você transmita confiança e possa responder quaisquer perguntas de conteúdo levantadas pelos orientados. Reunir informações e exercícios que esclareçam o que é um fluxo de caixa e como ele opera. Verificar que todo seu conteúdo é preciso e atualizado.

- ☐ **B.** Coletar informações sobre as funções dos potenciais orientados em relação ao fluxo de caixa. Coletar informações sobre as formações e experiências dos orientados relativas à gestão do fluxo de caixa. Investigar para identificar problemas encontrados e gerados por novos gerentes a respeito do fluxo de caixa. Compilar uma lista de expectativas organizacionais desses novos gerentes em relação à gestão do fluxo de caixa. Criar cenários e ferramentas realistas a fim de ajudar os orientados a adquirir as competências esperadas. Criar uma lista de benefícios para eles e a organização quando houver um bom desempenho na gestão do fluxo de caixa.

Com nossa experiência, constatamos que a grande maioria das pessoas, quando colocadas nessa posição, escolhem a alternativa A. Elas optam pelo conteúdo. A resposta mais apropriada, no entanto, é a alternativa B. Foco nos orientados, com suas necessidades, problemas, desejos, medos, frustrações e características. A opção A leva a informar e à transmissão. A ênfase está no instrutor. A opção B resulta no treinamento e na transformação. O foco está no orientado.

Baseado no Desempenho

Se você examinar a maior parte das notas de cursos, quer do orientador/instrutor ou dos participantes, provavelmente descobrirá que elas são repletas de informações – uma quantidade muito grande de conteúdo. Há uma impressão que quanto mais, melhor. Com que frequência as pessoas escutam os orientadores se queixarem: "Eu não tive tempo suficiente para cobrir o conteúdo"?

Aqui temos uma escolha simples para você. Você está com um grupo de técnicos que têm de aprender sobre uma abordagem totalmente nova para diagnosticar um problema. Marque sua resposta abaixo. Você quer que eles

- **conheçam a nova abordagem?**
- **executem a função corretamente?**

A opção óbvia é "executem a função corretamente". Você provavelmente não se incomodaria que eles "conhecessem a nova abordagem", mas a prioridade é clara. Queremos que eles sejam capazes de desempenhar, não meramente saber e falar sobre. A primeira opção leva à abordagem baseada no conteúdo. A segunda é baseada no desempenho – ser capaz de atuar e atingir resultados valiosos, verificáveis.

"Centrado no orientado... baseado no desempenho..." Esse é o mantra deste livro e o cerne de nossa mensagem. As iniciativas centradas no orientado e baseadas no conteúdo levam a informar e à transmissão. As iniciativas centradas no orientado e baseadas no desempenho resultam no treinamento e na transformação.

Presencial ou Baseado na Tecnologia: É Tudo Igual

Talvez sua impressão é que tudo que apresentamos até o momento se aplica exclusivamente à instrução presencial, em que orientador e orientado estão no mesmo ambiente. Uma área de estudos sobre aprendizado não tem variado em seus achados por cerca de 50 anos – opções de apresentação instrucional e de mídia. Para resumir centenas de pesquisas, a eficácia das mensagens dedicadas ao aprendizado não está vinculada ao veículo de apresentação, mas preferencialmente na maneira como a mensagem em si é desenhada. Nossa mensagem na tentativa de transformar você obterá êxito ou será malsucedida com base na qualidade de nosso design, e não se a apresentamos presencialmente, através das páginas deste livro, em um vídeo ou via computador.

A mensagem e os princípios contidos neste livro são igualmente válidos para o e-Learning, a instrução presencial ou qualquer forma de instrução mediada (por exemplo, baseada em vídeo, em computador ou por meio de um laboratório de simulação). O ato de informar, de qualquer forma, gera passividade. É comunicação de uma via; focado no conteúdo; transmissão. O treinamento, instrução ou formação verdadeiros, focados no orientado e baseados no desempenho, exigem diálogo, experiência – conversação engajada e interação significativa –, de modo a transformar. Uma instrução fornecida eletronicamente, impressa ou sofisticada, num ritmo adotado pelo próprio orientado, é apenas tão efetiva quanto os princípios de desenho instrucional aplicados.

Qual é o Conteúdo Deste Livro e Por quê?

Refletimos demoradamente sobre o conteúdo deste livro e o modo como o apresentamos. Os pontos a seguir têm sido nossos princípios orientadores na escolha dos materiais de discussão e na seleção dos meios para retratá-los:

- ◆ *Iniciar com o orientado e jamais perder o foco.* Assumimos que você está interagindo com os conteúdos deste livro porque quer aprender algo. Estamos entusiasmados com essa oportunidade. Você é a razão de nossos esforços e jamais esqueceremos isso. Obrigado por continuar conversando.

- *Apresentar princípios que se aplicam a todos os tipos de aprendizado: mental (cognitivo), físico (psicomotor), emocional (afetivo) e, certamente, combinações e mesclas entre eles.* Embora a ênfase possa variar de capítulo a capítulo, reconhecemos que todos os tipos de aprendizado são importantes. Você encontrará numerosos exemplos para cada tipo de aprendizado, isolados ou combinados.

- *Fornecer uma estrutura de sessão de treinamento que possa ser aplicada universalmente e que seja baseada em pesquisas sobre aprendizado.* Na qualidade de um bônus extra, este modelo muito amigável ao usuário ainda permite que você retroadapte programas existentes de treinamento e materiais instrucionais a ele. Este livro tem um capítulo inteiro (Capítulo 6) devotado a este modelo e retorna ao mesmo de tempos em tempos.

- *Incluir estratégias e atividades de aprendizado completas, com exemplos, que você pode aplicar e adaptar imediatamente.*

- *Disponibilizar ferramentas práticas para o design de sua próxima sessão de treinamento – com uma probabilidade muito alta de sucesso.*

- *Apresentar meios de ajuda para avaliar a eficácia de seu treinamento.* Há um capítulo inteiro (Capítulo 9) sobre testes, juntamente com materiais instrucionais no trabalho, para selecionar e criar testes verificadores do aprendizado.

- *Apresentar mitos e verdades sobre o treinamento e o aprendizado de modo que você possa separar como um saber ineficaz (geralmente contraprodutivo) em relação ao que a ciência tem mostrado leva a uma alta probabilidade de sucesso no aprendizado.* Essa diferenciação entre o verdadeiro e o falso deve ajudar a reforçar sua própria competência e confiança, e deve abastecê-lo de munição para combater práticas que desperdiçam o tempo organizacional, energia e recursos.

◆ *Concluir com alguns pensamentos e saberes práticos sobre aplicar e manter o que você obtém com este livro em sua prática* – que informar realmente não é treinamento, e que seu objetivo é muito mais a transformação do orientado do que a mera transmissão de informações.

 **Lembrete Final**

◆ Treinamento, instrução, formação... utilize todas essas modalidades para desencadear o aprendizado.

◆ O único propósito do treinamento, instrução e formação é possibilitar que as pessoas aprendam. Sua missão não é transmitir informações, mas transformar seus orientados.

◆ Seu mantra como orientador, instrutor ou educador é "centrado no orientado... baseado no desempenho". Qualquer enfoque distante disso leva à transmissão de uma via e a resultados incertos.

◆ Presencial ou baseado na tecnologia: é tudo igual. O meio não é a mensagem. Os princípios neste livro são válidos independentemente do veículo de apresentação que você selecione. Foque numa interação significativa para transformar seus orientados.

Capítulo 3

O Orientado Humano

Pontos Essenciais do Capítulo:
- ◆ Viagem através do corpo e da mente do orientado.
- ◆ Explicação sobre o que é aprendizado.
- ◆ Capacidade e limitações do orientado humano.

Bem-vindo à viagem pelo corpo e pela mente da pessoa com quem mais você se preocupa – seu orientado. Por que empreender tal viagem? Duas razões. Primeira, se você está interessado em transformar alguém, não faz sentido conhecer o máximo possível das características e aptidões desse indivíduo? Este capítulo lhe oferece tanto informações como *insights* sobre o orientado humano. Isso aumenta sua capacidade de adaptar seus esforços instrucionais para obter um efeito máximo. Segunda, a maioria dos textos sobre treinamento foca nos elementos de estímulo instrucionais, ou seja, o que você deve fazer para ser um ótimo professor ou designer de instrução. Eles raramente apresentam como o orientado lida com esses estímulos e os internaliza. Sem um claro entendimento de como os humanos acessam, tratam e recuperam o que lhes transmitimos, diminuímos a probabilidade de transformar o orientado com sucesso. Vamos começar nosso estudo do orientado pela definição de aprendizado.

O que é Aprendizado?

Antes de repassarmos nossa definição, pare agora por um instante e contribua com suas próprias palavras para descrever "aprendizado". Anote-as no retângulo abaixo:

Basicamente, aprendizado é mudança, adaptação. Todos os organismos são geneticamente codificados para reproduzir as características essenciais de suas espécies: os narcisos geram outros narcisos. Os humanos não são diferentes. Somos praticamente os mesmos. Há uma discriminação desregrada entre nós próprios e os não-humanos, pois, como humanos, compartilhamos um número grande de características. Mas cada membro individual de uma espécie é diferente de todos os outros membros da espécie de formas bastante sutis. Essas variações são decisivas para nossa sobrevivência. À medida que as condições ambientais mudam, as variações individuais provocam que alguns membros da espécie se adaptem melhor que outros. Isso permite que as espécies sobrevivam e evoluam com o tempo.

O homem tem uma enorme capacidade para o aprendizado, capacidade essa geneticamente codificada em nós. Essa competência para o aprendizado permite que mudemos à medida que recebemos informações do meio. Os indivíduos mais adaptáveis, especialmente nas eras primitivas, aprendiam mais rapidamente que os outros sobre as oportunidades e perigos que os cercavam, e passaram essa habilidade de aprendizado a seus descendentes, que, por fim, passaram-na... para nós.

Capítulo 3 – O ORIENTADO HUMANO

Atualmente, nós humanos, somos organismos incríveis – dotados com a capacidade de aprender. Nenhuma outra espécie no planeta faz isso melhor. Essa é a boa notícia.

A má notícia é que somos geneticamente programados para um meio que não mais existe. Leva milhares de gerações para alterar uma espécie significativamente. Pense sobre isso. Contando 25 anos por geração (o tempo médio para reproduzir e desenvolver um humano substituto), quantas gerações houve desde o nascimento de Cristo?

2000 anos ÷ 25 = _____.

Oitenta gerações! Insuficiente para modelar consideravelmente nossa evolução. No entanto, imagine quão diferente a visão que o mundo tem dos jovens de hoje em relação a 2 mil anos atrás. E isso equivale a praticamente uma gota no oceano evolucionário.

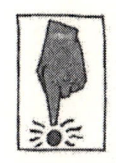

Lembre-se que estamos falando do aprendizado como uma mudança – a capacidade de adaptação a novas informações. Aprender é uma competência inata de todos os humanos, mas, a exemplo da altura ou da compleição, varia de pessoa a pessoa. Isso é chave para nosso trabalho como formadores, instrutores, educadores, designers instrucionais ou gestores de treinamento. Sua função é ajudar as pessoas a aprender – ajudarem-nas a mudar. Sua função é facilitar essa transformação, não transmitir informações.

Apresentamos agora os resultados de três sessões de treinamento. Em sua opinião, qual delas foi a mais bem-sucedida? Coloque uma marca no quadrado da sessão.

- ☐ **Sessão 1:** Os trainees deixaram a sessão ainda discutindo sobre o que a condutora tinha lhes dito sobre os novos produtos. Eles acharam que ela foi espirituosa e divertida. Lembrariam-se dela por muito tempo.

- ☐ **Sessão 2:** Os trainees deixaram a sessão carregados de manuais e com uma forte impressão de que breve estariam lidando com uma porção de novos produtos.

☐ **Sessão 3:** Os trainees deixaram a sessão capazes de posicionar a série de novos produtos e de vendê-los a seus clientes.

A sessão 1 aparentemente foi engraçada, mas a única mudança notada foi uma nova lembrança de uma apresentadora divertida. A sessão 2 sugere que a mudança forjada foi "uma impressão" de uma série de novos produtos. Na sessão 3, os *trainees* saíram transformados de forma útil. Eles conseguem fazer duas coisas que não eram capazes antes da sessão: podem posicionar os novos produtos e podem vendê-los. Aplausos para a condutora da sessão!

Como Aprendemos: Sentidos, Filtros e Memória

Agora iniciamos nosso rápido *tour* fisiológico e psicológico orientado do corpo e da mente humana, com algumas pausas fascinantes para visualizar o aprendizado em ação. Vamos começar com os sentidos.

Sentidos e Percepção

Imagine que você é um orientado. Lá está você, circundado pelo universo. Apenas você... e o universo.

O que conecta o seu eu interno ao universo externo? Como a informação oriunda do mundo externo é acolhida? *Resposta:* entra através de seus sentidos. Quantos sentidos? Por favor, insira o número de sentidos no retângulo abaixo.

☐ **Sua conjectura:** [   ]

Resposta: cinco.

Reserve um momento agora para fazer duas coisas. No topo da próxima página, escreva os nomes dos cinco sentidos. Esses sentidos nos fornecem todos nossos *inputs* sensoriais – cada informação obtida no mundo exterior. Estime

Capítulo 3 – O ORIENTADO HUMANO

que porcentagem de todas as informações que recebemos nos chega através de cada sentido e escreva esse número à direita do sentido. Um outro modo de responder isso é estimar a capacidade de processamento de cada sentido comparativamente aos outros (quantas informações conseguimos coletar de cada sentido na mesma unidade de tempo relativa entre eles). Assuma que todos os sentidos estejam funcionando perfeitamente, sem anomalias.

Sentidos	Porcentagem de Informações
1._____	_____
2._____	_____
3._____	_____
4._____	_____
5._____	_____
	100%

Apresentamos abaixo as respostas, baseadas em pesquisas sobre os sentidos humanos:

Respostas:

Sentidos	Porcentagem de Informações
1. Visão	83,0
2. Audição	11,0
3. Olfato	3,5
4. Tato	1,5
5. Paladar	1,0
	100,0

Surpreso? Você realmente não estará após chegar a uma conclusão. Suponha que você esteja no cume de uma montanha. Está um dia claro, com o ar parado. Até que distância é possível enxergar? Provavelmente 50 milhas (80 km), talvez mais. Ouvir? Uma ou duas milhas (1,6 a 3,2 km). Cheirar? De 9,1 a 18,2 m^3, se não estiver soprando vento. Tocar? Até a distância de um braço. Provar? A alguns centímetros.

Vamos tentar uma demonstração simples. Feche os olhos. Abra-os por um segundo. Note o quanto você vê (forma, cor, textura, profundidade, espaço, posição etc.) Se você estivesse ouvindo uma orquestra tocando, perceberia quanta complexidade e individualidade estariam envolvidas no mesmo segundo? E sobre o olfato? Tato? Sabor? Isso demonstra quão poderoso é o nosso sentido da visão. A audição processa menos informações no mesmo período de tempo. O olfato, menos que a audição. O tato, ainda menos. O paladar é muito limitado.

É importante lembrar que o orientado humano tem múltiplos sentidos, e cada um deles tem diferentes capacidades de processamento. A visão, obviamente, é extremamente importante para o aprendizado, porque se trata de um sentido muito significativo. A audição, ainda, é extremamente importante, pois através dela podemos adquirir o idioma, principalmente quando somos muito pequenos. O idioma nos fornece palavras e conceitos para nomear e explicar fenômenos. Juntos, esses dois poderosos sentidos ajudam-nos a perceber uma boa parcela do que nos cerca. Os cinco sentidos são os portais através dos quais as matérias-primas do aprendizado ingressam em nossos corpos.

Quanto maior o grau de envolvimento dos sentidos dos orientados sob meios organizados e significativos, maior a facilidade para o aprendizado.

Capítulo 3 – O ORIENTADO HUMANO

Filtrando os Estímulos: O Sistema Nervoso Autônomo

Nossos sentidos são bombardeados constantemente por informações. Será que percebemos todo esse processo?

☐ **Sim.**

☐ **Não.**

Teste a si próprio. Antes de fazermos essa pergunta, você alguma vez já teve consciência das sensações que sua blusa ou camisa estavam criando em seu corpo? Você ouvia todos os sons à sua volta? Quando você estava se concentrando, os barulhos pareciam diminuir? Nossa constituição humana é tal que seletivamente percebemos os estímulos ambientais. Notamos somente o que parece ser relevante. Em sua opinião, isso é bom?

☐ **Sim.**

☐ **Não.**

Sob uma perspectiva de sobrevivência, a resposta é um sim retumbante. Se percebêssemos tudo que nos cerca, não seríamos capazes de eliminar o irrelevante. Aquele leão que se aproximasse de nós deveria comandar toda nossa atenção, e a linda flor azul das redondezas não nos distrairia.

Na condição de um organismo de processamento de informações, somos equipados com uma habilidade automática de filtrar irrelevâncias perceptivas. É uma parte do papel desempenhado pelo sistema nervoso autônomo. Monitora-nos e automaticamente ajusta nossa consciência aos estímulos ambientais. Dispara a liberação de adrenalina a fim de aumentar a frequência cardíaca e, dessa forma, bombear mais oxigênio aos músculos para "lutar ou fugir". Administra a respiração. Provoca que nossa atenção fique alerta e se desenvolva por informações ambientais, ou as ignora. A Figura 3-1, na página seguinte, exibe essa função de controle (*gatekeeper*).

A atenção, como a respiração, tende a ser automaticamente controlada. Você pode tomar conta de ambas durante um curto período de tempo, mas assim que cessa conscientemente de controlá-las, elas revertem ao automático.

Sob uma perspectiva de treinamento, isso é muito importante. Quer seja um orientador presencial, um programa de aprendizado por computador ou um videoteipe, se o orientado inconscientemente não sente que a informação é vital a suas necessidades, o sistema automático pode aumentar o limite de *inputs* sensoriais e filtrar o que está sendo transmitido. Como resultado, não há nenhuma percepção... nenhum aprendizado.

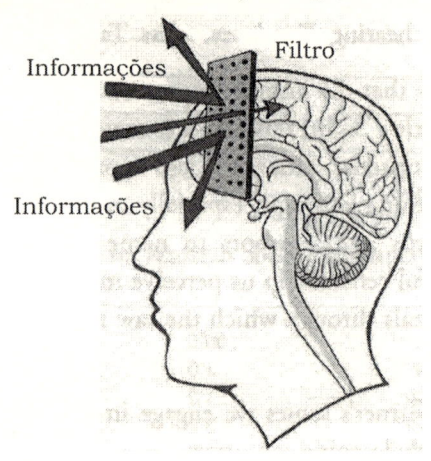

Figura 3-1. O Sistema Nervoso Autônomo Filtra Estímulos Externos.

Memória de Curto Prazo: Tempo e Capacidade

A informação que passa por nossos filtros perceptivos ingressa em nossa memória de curto prazo. Isso não é um local, e sim uma função de tratamento de informações. A informação é examinada e cai ou passa pela memória de longo termo. Qual a brevidade dessa memória de curto prazo? Suponha que esteja recebendo uma informação numa sessão de treinamento. Qual seria o tempo que você estimaria para a memória de curto prazo reter essa informação, se deixada sem tratamento, antes de ela desaparecer totalmente?

- ☐ **10 a 15 segundos.**
- ☐ **um a dois minutos.**
- ☐ **uma a duas horas.**

Se não tratada, a informação na memória de curto prazo começa a desaparecer quase que imediatamente, e desaparece em 10 a 15 segundos. A memória de curto prazo é como uma área de *buffer**. Ela é preenchida com rapidez, e depois esvazia também rapidamente. Isso porque a sobrevivência exige que você trate, classifique, elimine ou armazene informações numa grande velocidade. Graças àqueles ancestrais cujas habilidades superiores de aprendizado possibilitaram que vivessem tempo suficiente para transmitir essas características maravilhosas a nós.

Quantas informações podem ser retidas na memória de curto prazo? Não muitas. As pesquisas sugerem que cinco a nove itens (ou pacotes) de informação podem ser acomodados de cada vez. O tamanho de um pacote depende do conhecimento prévio do orientado. Por exemplo, a sequência 123 é um item ou três [itens]? A resposta é: "depende". Se forem três dígitos individuais a serem retidos, são três itens. Se você considera os três números como um código de área telefônico de Los Angeles, processa-o como um único pacote.

Para fins de treinamento e aprendizado, é importante criar pacotes significativos que condensem diversas informações em uma. Isso facilita a percepção, o aprendizado e a retenção. Segue um exemplo:

- ◆ Os quatro pontos cardeais de uma bússola são norte (N), leste (*east* - E), oeste (*west* - W) e sul (S) (*quatro itens para estocar na memória*).

- ◆ Lembre-se desse acrônimo: NEWS (*um item para estocar na memória*).

Ao criarmos um único pacote, reduzimos a carga da memória de curto prazo. Quanto mais ingênuo for o orientado (isto é, menos conhecimento prévio possua de um determinado conteúdo), mais rapidamente se dá o preenchimento da memória de curto prazo. Quando os orientados estão no modo de sobrecarga de informações, não importa o número de dados que você transmita. Eles não conseguem mais aprender e reter.

---

* N. T.: *Buffer*, na linguagem da informática, é o armazenamento intermediário ou temporário que, de modo geral, se dá num sistema de processamento de dados.

Memória de Longo Termo: Tempo e Capacidade

Se o orientado considera que a informação na memória de curto prazo é importante para ser armazenada (geralmente uma decisão inconsciente), então a informação ingressa na memória de longo termo. Quanto dura esse tipo de memória? Pense em quando você era uma criança e num amigo ou brinquedo nos quais não tenha pensado durante anos? Você consegue "retratar" esse amigo ou brinquedo? Se a resposta for positiva, indica que a memória de longo termo realmente significa "longa". Dependendo da forma como armazenamos informações em nosso depósito de memória de longo termo, podemos recuperá-las muitos anos depois. Se ela não for uma memória distinta, extremamente única, pode se tornar mesclada ou confundida com outras, mas informações bem estocadas e organizadas podem ser recuperadas ao longo de toda sua existência.

Apenas a título de diversão, vamos testar sua memória de longo termo. Preencha os espaços em branco nas seguintes declarações. Certamente, você não recordará nenhuma delas se não aprendeu originalmente.

1. O primeiro homem a pisar na Lua foi _____.
2. Há _____ dias em setembro.
3. O quadrado da _____ de um triângulo retângulo é igual à soma dos quadrados dos dois outros lados.
4. $9 \times 9 =$ _____.
5. A famosa fórmula de Einstein é E = _____ .

Esse foi um exercício realmente recordativo. A seguir, temos as respostas corretas:

Respostas:
1. Neil Armstrong
2. 30
3. hipotenusa
4. 81
5. mc^2

Qual foi seu desempenho? A maioria das pessoas que se submeteu ao teste acertou quatro ou cinco das cinco perguntas, muito embora não tivessem utilizado esses fatos durante muitos anos. A informação estava bem retida.

Em relação à capacidade, a memória de longo termo é virtualmente ilimitada. O cérebro humano tem o potencial de armazenar quantidades impressionantes de informação. Jamais se preocupe em preenchê-la totalmente. O problema não está no armazenamento, mas sim na recuperação.

O que Isso Significa para o Orientado... e para o Orientador?

Os orientados geralmente querem aprender; os orientadores querem que seus orientados aprendam. A desconexão surge na razão e no modo do aprendizado. Ao entender que os orientados são organismos de tratamento de informações com capacidades sensoriais e limites de carga de memória, e ao cuidar de suas possibilidades de processamento e armazenamento, podemos facilitar o que tanto um como outro querem – um aprendizado efetivo. Lembre-se desses dois pontos-chave:

1. Aprendizado é mudança. Essa mudança começa com receber informações do maior número possível de sentidos. Se a informação é transmitida de forma organizada, relevante e significativa, passará pelos filtros do orientado e ingressará na sua memória de longo termo.

2. Se a informação for empacotada e organizada apropriadamente em relação à capacidade e ao nível de experiência do orientado, é mais facilmente estocada na memória de longo termo e mais prontamente recuperada.

Aprendizado é mudança nas estruturas mentais (cognitivas), mudança no potencial para novos comportamentos. O orientado é transformado. Sua mente não é mais a mesma do que era antes de ocorrer o aprendizado. A transformação provê ao orientado a capacidade de atuar de diversas maneiras.

Lembrete Final

Fechamos este capítulo com um breve problema de revisão. Selecione a palavra ou frase em parênteses que melhor se enquadre às seguintes declarações.

1. No desenho e fornecimento de treinamento, é mais importante focar nas características do (orientado/orientador) que do (orientado/orientador).

2. Aprendizado significa (memorizar/mudar).

3. O homem tem uma (pequena/grande) capacidade para o aprendizado.

4. Nossas características de aprendizado têm sido programadas para o(um) (meio atual/meio que não existe mais).

5. O propósito de um excelente treinamento é a (transformação do orientado/transmissão de um conteúdo claro).

6. Cada um de nossos sentidos tem (a mesma/diferentes) capacidade(s) de processamento.

7. Chave para o aprendizado humano nos dias de hoje é a (linguagem/nossa habilidade de ver).

8. Na maior parte do tempo, as informações ambientais que recebemos e o grau com que focamos nelas são governados por nosso (desejo consciente/sistema nervoso autônomo).

9. A memória de curto prazo de um orientado novato é preenchida (rapidamente/lentamente).

10. O principal problema com informações na memória de longo termo é a(o) (recuperação/armazenamento).

Seguem nossas respostas e comentários.

1. No desenho e fornecimento de treinamento, é mais importante focar no orientado do que no orientador. Como qualquer vendedor lhe dirá, comece com o cliente. Nossos orientados são o ponto de partida. Somos meramente os instrumentos para atingir sucesso que eles e as organizações valorizam.

2. Aprendizado significa mudar. A mudança ocorre nas estruturas cognitivas do orientado e isso resulta no potencial para uma mudança de comportamento.

3. O homem tem uma grande capacidade para o aprendizado. Ainda não calculamos sua extensão e, talvez, jamais o faremos.

4. Nossas características de aprendizado têm sido programadas para um meio que não existe mais. O homem tem evoluído durante bilhões de anos. Nascemos com a capacidade de nos adaptar ao nosso meio. A sala de aula moderna e o local de trabalho são completamente diferentes dos de nossos ancestrais. Utilizamos nossas características que favorecem o aprendizado, e controlamos aqueles aspectos que conflitem com ele.

5. O propósito de um excelente treinamento é a transformação do orientado. (Já foi bastante repetido!)

6. Cada um de nossos sentidos tem diferentes capacidades de processamento. Embora possam variar muito, todos os sentidos são importantes para diferentes requerimentos de aprendizado. O paladar – o sentido mais inferior, apenas com 1% –, pode ser decisivo para a sobrevivência ao lidarmos com alimentos.

7. A linguagem é chave para o aprendizado humano nos dias de hoje. O mundo moderno exige que nós tenhamos a habilidade de nomear e explicar, lidar com conceitos abstratos e princípios complexos. Ela é essencial a todas essas atividades. Na realidade, a linguagem é tão importante que, aparentemente, não há diferenças significativas na habilidade de aprendizado entre um deficiente visual e aqueles que possuem todos os sentidos.

8. De modo geral, as informações ambientais que recebemos e o grau com que focamos nelas são governados por nosso sistema nervoso autônomo. Esse mecanismo involuntário é crítico para a sobrevivência num meio hostil.

9. A memória de curto prazo de um orientado novato é preenchida rapidamente. A não familiaridade com novas ma-

térias ou competências gera numerosos pacotes diminutos de informação, que bombardeiam essa parte da memória. O orientado novato logo fica sobrecarregado de informações e sujeito à obstrução do sistema de aprendizado.

10. O principal problema com informações na memória de longo termo é a recuperação. Inserir dados na memória de longo termo é muito mais fácil do que encontrar itens que você armazenou há anos, dias ou meses. Na qualidade de orientadores, nosso desafio é organizar o armazenamento e facilitar a recuperação.

PARTE II

O QUE VOCÊ DEVE SABER PARA SER UM ORIENTADOR MAIS CAPACITADO

Capítulo 4

Fazer os Orientados Aprenderem

Pontos Essenciais do Capítulo:

- ◆ Diferenças entre como os *experts* e os novatos processam informações.
- ◆ Diferentes tipos de conhecimento e como cada um deles é processado.
- ◆ O problema com especialistas na matéria.
- ◆ O papel-chave do orientador.

Este capítulo começa com três cenas comuns em que encontramos uma pessoa conhecedora ensinando um orientado novato. À medida que você lê cada uma delas, faça a si mesmo as perguntas a seguir.

- ◆ Por que isso não está dando certo?
- ◆ Alguém tem culpa?

♦ Já estive numa situação similar, quer como a pessoa que está passando as informações ou como a que as está recebendo? Qual foi o resultado?

Cena 1: Dirigindo por Diversão

Pai: Tudo bem, Gail. Agora pressione o pedal da embreagem – não, não o freio, a embreagem – com o pé esquerdo, não o direito.

Gail: Devo andar mais rapidamente ou lentamente?

Pai: Vai mais rápido, mas não tão rápido. Agora, engate a primeira marcha. Depois, vá tirando o pé da embreagem e ao mesmo tempo acelere.

Gail: Devo acionar a alavanca do câmbio rapidamente ou lentamente? Devo usar o pé esquerdo na embreagem? E, devo empurrá-la rapidamente ou lentamente?

Pai: Não importa. Use a alavanca de câmbio, eu quis dizer. E o que você me perguntou sobre o pé esquerdo? Naturalmente, o pé esquerdo. E faça isso... não... não... você está acelerando demais!

Gail: Papai, o carro está saindo de controle. O que faço agora?

Pai: Pise na embreagem! Pare de acelerar! Pise no freio! Oh, não! Agora, olhe o que você fez!

Gail: Detesto dirigir. Detesto você. Eu desisto.

Cena 2: Fácil como uma Torta de Cereja

Junior: Vovó, adoro sua torta de cereja. A senhora consegue me passar a receita de modo que eu possa assar uma torta?

Avó: Bem, tentarei. Você precisará de uma boa porção de farinha, um pouco de açúcar, ovos e leite.

Junior: Precisamos de cerejas?

Avó: Que pergunta mais estúpida? Pois, é claro. Você não consegue preparar uma torta de cereja sem cerejas.

Junior: Qual a quantidade de farinha? E de açúcar? E de todos os outros ingredientes?

Avó: Bem, suponho que você necessitará três copos de farinha... ou são quatro? E o açúcar... deixe-me pensar... você sabe, não sei dizer com certeza. Não é estranho? Venho fazendo essas tortas por mais de 60 anos.

Junior: Vovó, a senhora está me dizendo que não sabe preparar uma torta de cereja?

Cena 3: Eletrificado

Agente do cliente experiente: Agora chegamos a uma parte realmente importante de sua função – informar aos clientes um corte de fornecimento de energia elétrica programado.

Agente do cliente novato: Devo telefonar para eles?

Agente do cliente experiente: Não... sim... não. Bem, quase isso. Quero dizer, não você pessoalmente. Ou melhor, quase que pessoalmente. Você grava uma mensagem e a transmite.

Agente do cliente novato: Como vou saber a quem devo telefonar?

Agente do cliente experiente: Acessando o banco de dados de clientes e comparando as linhas de transmissão afetadas com seus endereços elétricos apropriados.

Agente do cliente novato: E como sei que linhas de transmissão estão afetadas? E mais, onde encontro o banco de dados?

Agente do cliente experiente: *(perdendo a paciência)* Baseado nas ordens de serviço. E o banco de dados está no computador.

Agente do cliente novato: Encontrarei seus endereços residenciais e telefones nesse banco de dados?

Agente do cliente experiente: *(exasperado)* Não. Apenas seus endereços elétricos. Você sabe, o código alfanumérico referente a um transformador ou ponto de corte!

Agente do cliente novato: *Huh?*

Vamos analisar o que aconteceu nesses três exemplos. Você pode comparar suas respostas às perguntas que fizemos previamente com nossas respostas.

Por que isso não está dando certo? Em todos os exemplos, é óbvio que o aprendizado não está avançando muito rapidamente. Em cada caso, tínhamos um verdadeiro especialista na matéria (geralmente conhecido como *Subject Matter Expert* – SME) e um orientado novato. Você imaginaria que, se cada um desses SMEs soubesse tanto, não teria problemas para fazer as outras pessoas aprenderem. No entanto, isso não está ocorrendo, pois os *experts* e os novatos não processam as informações do mesmo modo. De fato, quanto maior o conhecimento, menos a pessoa conhecedora pensa como um orientado novato.

Certamente, você já teve alguém lhe dando indicações do caminho numa cidade ou localidade em que jamais esteve antes. O diálogo se desenvolve como abaixo:

Pessoa que está informando:	Você prossegue na Mill Creek Highway e ruma ao oeste por alguns quilômetros até ver a School Road. Parta dela e prossiga rumo ao norte por mais alguns quilômetros até o centro comercial de nome Fairlane. Faltando apenas um quarteirão, entre numa pequena viela – é um pouco difícil de vê-la por causa das árvores, mas há um restaurante Johnny's Piza bem atrás desse ponto.
Quem recebe as informações:	*(cabeça dançando)* Onde é a Mill Creek Highway?
A pessoa que está informando:	Você está nela.
Quem recebe as informações:	Mas a placa está apontando Highway 10.
A pessoa que está informando:	Sim. Se seguir em frente dará na Mill Creek Highway. Basta seguir minhas orientações que você não se perderá.

Você pode constatar que a forma como a pessoa conhecedora que está informando visualiza o mundo é muito diferente do modo visualizado por quem recebe as informações.

Alguém tem culpa? A resposta sucinta é "não". Em cada exemplo, incluindo esse último, todas as pessoas desejam um resultado bem-sucedido. As duas estão bastante motivadas e ativamente engajadas no processo de ensino-aprendizado, mas de algum modo tudo fracassa.

Qual foi o resultado? Interrupção do aprendizado. Ainda precisamos encontrar alguém que não tenha participado de um desses episódios frustrantes. Há uma convicção prevalente de que o melhor meio de aprender algo é perguntar a um entendido, apesar do fato que as pesquisas demonstram que, na maioria das vezes, os experientes e os novatos visualizam diferentemente o mundo –, e, mais especificamente, a forma como algo deve ser aprendido.

Apresentamos agora um bom exemplo: em um clássico estudo de pesquisa, foram mostrados jogos de xadrez em andamento a praticantes experientes e novatos, com as peças espalhadas por todo o tabuleiro. O tabuleiro e as peças foram, em seguida, ocultas durante alguns segundos, e pediu-se tanto a uns como a outros que dispusessem as peças para reproduzir exatamente o que tinham visto. Que categoria de pessoas você supõe que colocaram as peças de modo mais acurado?

□ **Experientes.**

□ **Novatos.**

Os experientes se saíram muito melhor. Eles perceberam padrões, agruparam as informações e não "entupiram" suas memórias de curto prazo com detalhes. Os novatos, em contrapartida, focaram nas peças individuais e tiveram fracos desempenhos. Os dois grupos visualizaram o mundo sob modos completamente diferentes.

Diferentes Tipos de Conhecimento: Declarativo e Procedimental

Apresentamos agora a você outro desafio. Muito provavelmente, você mora num apartamento ou numa casa. Está lá todos os dias, ou, pelo menos, com uma certa frequência. Até certo ponto, você é um especialista de sua residência. No retângulo a seguir, escreva o número de janelas lá existentes. Se você estiver nela, não vá contá-las fisicamente. Acesse essa informação a partir de sua memória. É importante ser exato, de modo que despenda um certo tempo.

☐ **Número de janelas.**

A menos que você recentemente tenha substituído ou comprado cortinas para todas suas janelas, provavelmente não teria uma resposta instantânea. Em nossos experimentos, descobrimos que as pessoas concebem a resposta da mesma forma que você talvez conceberia. Primeiro, você retratou sua residência. Depois, percorreu-a mentalmente por todos os cantos. Se havia andares, você foi de um piso a outro. Se estivéssemos observando-o, provavelmente teríamos visto seus olhos saindo do foco e, em seguida, efetivamente movendo-se à medida que "olhava para dentro" e caminhava pela residência. Conseguiríamos ver até seus lábios moverem-se à medida que você contava as janelas. Isso é muito normal. Mas, por que você não poderia simplesmente especificar o número de janelas instantaneamente? Afinal, você é um especialista em sua residência. A resposta a essa pergunta aborda o cerne do principal problema em cada um dos exemplos anteriores. Continue lendo para descobrir o por quê.

Torne-se familiar com esses dois termos: conhecimento declarativo e conhecimento procedimental. Eles são chaves para desvendarmos muitos mistérios do aprendizado.

O cérebro humano é maravilhoso; trata-se de um sistema intrincado com milhões de elementos individuais, cada um com sua função. No entanto, de alguma forma, tudo isso funciona. O cérebro não é um órgão coerentemente desenhado e projetado. Nascemos com um cérebro que executa milhares de atividades independentes e simultâneas. A maioria das partes do cérebro é totalmente alheia às atividades executadas nas outras partes. Entre as atividades conduzidas pelo cérebro temos o processa-

Capítulo 4 – FAZER OS ORIENTADOS APRENDEREM

mento de informações para o aprendizado. Essas informações, provenientes do mundo exterior, são recebidas e transformadas em conhecimento. Aquele conhecimento que nos permite indicar, explicar e discorrer sobre temas é chamado *conhecimento declarativo*. Nenhuma outra espécie no planeta consegue vagamente se aproximar da espécie humana em nossa capacidade de aprender e utilizar o conhecimento declarativo.

Examine os quatro itens abaixo. Coloque uma marca ao lado das ações que você imagina que exigem conhecimento declarativo.

☐ **1. Indicar a capital da França.**

☐ **2. Andar de bicicleta.**

☐ **3. Explicar as causas da Segunda Guerra Mundial.**

☐ **4. Navegar por um banco de dados.**

Os itens 1 e 3 são exemplos de conhecimento declarativo (indicar, explicar e/ou discorrer). Os itens 2 e 4 são exemplos de outra categoria importante: *conhecimento procedimental*. Diferentemente do conhecimento declarativo, que é praticamente restrito ao homem, o conhecimento procedimental está disponível a todos os animais.

Assim, qual o grau de parentesco entre esses dois tipos de conhecimento? Vamos descobrir isso por nós mesmos. Especificar o número de janelas em sua residência exigia o conhecimento declarativo. Embora você seja um especialista sobre sua residência, não tinha o número facilmente disponível na forma declarativa. Em contrapartida, sua *expertise* está em caminhar pelos vários cômodos e localizar janelas – conhecimento procedimental. Você consegue "fazer", mas não prontamente "dizer". Isso porque o homem processa o conhecimento declarativo e o procedimental muito diferentemente.

Você consegue andar de bicicleta? Consegue manter o equilíbrio sobre uma bicicleta? A maioria das pessoas responde "sim" a ambas as perguntas. Agora, explique o que seu corpo faz para evitar que a bicicleta caia. Você pode mencionar pedalar, mudar de um lado para o outro, se agarrar ao guidão etc. No entanto, quando consultamos ciclistas sobre *exatamente* o que fazem para manter a bicicleta estável, eles acabam respondendo: "Não consigo explicar, somente fazer".

A maioria da *expertise* desenvolve-se desse modo. A maior parte do que aprendemos a executar foi adquirida sem palavras. Por tentativa e erro com o tempo, simplesmente criamos a competência de fazer algo. E neste ponto reside o problema no treinamento: as organizações geralmente recrutam alguém que sabe fazer algo (uma definição informal de um *expert*) e pedem a ele que ensine aos novatos.

Intervalo para um paradoxo: esses *experts* adquiriram suas competências com o tempo e a prática. Em outras palavras, eles possuem a maior parte de suas *expertises* na forma de (*selecione uma*):

- ☐ **Conhecimento declarativo.**
- ☐ **Conhecimento procedimental.**

Em praticamente todos os casos, suas *expertises* estão na forma de conhecimento procedimental. Mas quando lhes é pedido para treinar outras pessoas, geralmente num período curto de tempo, espera-se que transmitam seus conhecimentos (*selecione uma*):

- ☐ **Declarativamente.**
- ☐ **Procedimentalmente.**

Os *experts* se expressam declarativamente. Então, os orientados precisam converter o conhecimento declarativo do treinamento ao conhecimento procedimental para atender às expectativas de poderem "fazer" coisas de uma nova maneira. Exemplos simples e vivos disso são quando um jogador profissional de golfe lhe ensina a bater certeiro na bolinha ou quando um instrutor de skate o treina a dar uma parada brusca no curso da patinação. Muito mais fácil dito (declarativo) do que feito (procedimental)!

Pesquisas sobre aprendizado nos informam que aquilo que aprendemos declarativamente não pode ser facilmente transformado em conhecimento procedimental, a menos que já tenhamos um conhecimento procedimental similar. O inverso também é verdadeiro. O conhecimento procedimental também não é

Capítulo 4 – FAZER OS ORIENTADOS APRENDEREM

facilmente convertido em procedimento declarativo. Portanto, embora você conheça bem sua residência e mentalmente a percorreu para contar as janelas, ainda assim pode ter esquecido algumas delas.

Essa dificuldade de conversão responde também pelos problemas em nossos exemplos anteriores:

- ◆ O pai não consegue converter o conhecimento de dirigir carros (adquirido procedimentalmente) a uma apropriada linguagem declarativa. Ainda que conseguisse, Gail não pode absorver prontamente suas explicações declarativas e convertê-las em competências procedimentais.
- ◆ A avó sabe preparar uma torta de cereja, mas não consegue ditar a receita.
- ◆ O agente do cliente experimentado consegue informar aos clientes cortes de fornecimento de energia elétrica programados, mas obviamente confundiu seu orientado novato.
- ◆ O residente local não consegue passar as orientações claras que ajudarão o turista a encontrar sua rota a partir da Mill Creek Highway.

Apresentamos agora um divertido exercício que demonstra como a *expertise* que nos deixa fazer coisas (conhecimento procedimental) simplesmente não fornece todos os detalhes declarativos.

Quantas vezes você telefonou a alguém utilizando um teclado normal como esse? Provavelmente milhares de vezes.

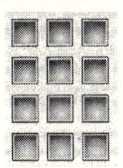

Agora, rotule todas as teclas acima com os corretos números, letras e símbolos. Sim, letras e símbolos também. Leve 60 segundos para fazer isso. Deve ser um tempo suficiente, pois o teclado telefônico é tão conhecido de você. Quando tiver terminado, confira a página 49 para ver como foi seu desempenho. *Por favor, sem espiar* [na página referida].

Você conseguiu acertar todas as rotulações? Se a resposta for positiva, isso é surpreendente. Em nossos experimentos, menos de uma pessoa em 100 consegue acertar perfeitamente, embora todas utilizem o telefone para completar de 3 a 5 mil chamadas ao ano.

Reflita sobre este fenômeno por um instante. Com que frequência você olha para o teclado de um telefone? Ocasionalmente, você até usa as letras. Mas, na qualidade de *expert*, não mais pensa sobre o que está fazendo. Você já adquiriu conhecimento procedimental especializado em fazer ligações telefônicas.

Agora, suponha que você tenha um teclado à sua frente (que é, de modo geral, o caso para *experts* em situações de treinamento em que equipamentos ou materiais de trabalho nem sempre estão disponíveis) e esteja ensinando um novato sobre o telefone. Você tem todas as informações declarativas disponíveis? Você vê o telefone do mesmo modo que o usuário novato? A Tabela 4-1 compara tanto o usuário experiente como o novato. O primeiro age – apenas faz isso. O segundo está inundado de perguntas. Quanto maior a *expertise*, maior a diferença entre o pensamento dos *experts* e dos novatos.

Com a consciência do tipo de conhecimento que queremos que nossos orientados adquiram – declarativo ou procedimental –, podemos ajustar o modo de apresentação do material de aprendizado a eles. Se for um conhecimento discursivo (por exemplo, informações, recordações de fatos, nomes), podemos criar atividades que forneçam o que deve ser aprendido e fazer com que os orientados pratiquem declarativamente. Se quisermos que eles efetivamente adquiram tipos de conhecimento para "fazer e usar", nossa estratégia muda para um enfoque mais prático. O ponto principal é combinar o que nossos orientados têm de aprender com o modo de treinamento/instrução/formação que utilizamos. (Cobriremos isso numa forma mais planejada e organizada no Capítulo 6.)

Ingredientes-chave para Aprender

Pesquisas sobre a psicologia cognitiva sugerem que três fatores principais influenciam quanto e quão bem aprendemos: aptidão, conhecimento anterior e motivação. Examinaremos cada um deles detalhadamente.

Tabela 4-1. Enfoques dos Experientes e Novatos a uma Simples Tarefa

Usuário Experiente do Telefone – Age	Usuário Novato do Telefone – Faz Perguntas
• Decide a quem ligar. • Apanha o fone. • Tecla um número. • Escuta a pessoa ou a resposta da mensagem programada. • Ouve e conversa. • Põe o fone no gancho.	• Como contato uma pessoa com este aparelho? • Como sei o número telefônico de uma pessoa? • O número da pessoa continua o mesmo se ela mudar para outra localidade? • Que parte do telefone é o escutador? • Qual extremidade coloco perto da orelha? Qual perto da boca? • O que é que faço com as letras nos botões?

Aptidão

A capacidade inata que nos possibilita adquirir novas habilidades e conhecimento varia entre indivíduos. A exemplo do peso e da musculatura, chegamos à cena com um certo potencial (ou aprendizado) mental. Pode ser injusto, mas algumas pessoas são mais altas, mais magras, mais fisicamente atraentes ou capazes de aprender mais rapidamente do que outras. Essa aptidão *geral* para o aprendizado é a capacidade intelectual com a qual somos dotados geneticamente. Ela influencia enormemente nossa capacidade de aprender. Note a palavra "geral". Com essa maior aptidão geral, compreendemos mais rapidamente, entendemos mais facilmente e recordamos mais eficientemente do que outros. Parece que aprendemos com mais rapidez, e conseguimos reproduzir ou até aperfeiçoar melhor do que aqueles não intelectualmente capazes. Obviamente, como a musculatura, o modo como a aptidão intelectual é fomentada e treinada pode afetar seriamente o nível de crescimento e desenvolvimento das competências cerebrais de uma pessoa. Na condição de orientadores, precisamos observar que os orientados apresentam uma aptidão para aprender com vários graus de variação. Temos de estar cientes das diferenças na aptidão e compensar para aqueles que não aprendem tão rapidamente como os outros. Também temos de manter os orientados geralmente mais capazes constantemente estimulados e desafiados para manterem seus focos.

Embora tenhamos aptidão intelectual geral, ainda somos dotados de aptidões específicas ao nascer. Um ouvido para a música, uma voz de ouro, uma agilidade atlética ou um talento artístico são aptidões para o aprendizado específicas extremamente valiosas, mais importantes do que a aptidão intelectual geral em certos casos. As aptidões específicas, inatas, de Michael Jordan no basquete, Barbra Streisand na música e Pablo Picasso nas artes têm desempenhado intensos papéis para possibilitar que esses "orientados" atinjam muito mais do que outros que possam ter recebido o mesmo "treinamento".

Conhecimento Anterior

Competências gerais e específicas influenciam grandemente o aprendizado, mas o quanto a pessoa já sabe sobre o que está sendo ensinado também afeta muito o aprendizado. Um filósofo ou matemático brilhantes podem não aprender tão bem como um carpinteiro menos intelectualmente dotado quando recebem algumas instruções sobre carpintaria. O conhecimento prévio ajuda o orientado a adquirir conhecimentos ou habilidades adicionais mais rapidamente.

Vamos testar essa afirmação. Abaixo estão dois verbos franceses – um é verbo regular, o outro, irregular. Qual deles é o verbo irregular?

- *Danser.*
- *Tenir.*

Capítulo 4 – FAZER OS ORIENTADOS APRENDEREM

No Capítulo 2, você aprendeu que os verbos regulares franceses terminam em "er". Se você tivesse assimilado isso naquele momento, provavelmente selecionaria corretamente *tenir* como o verbo irregular acima. Seu conhecimento prévio ajudaria agora. Se não assimilou, não tem problema. Você não possuía o conhecimento prévio e teria de se esforçar mais. Assim, quanto mais você sabe sobre algo, mais fácil é adquirir conhecimentos e habilidades adicionais sobre aquele tema.

Motivação

Todos nós já vimos o poder de uma alta motivação – o desejo de atingir algo. Também vimos o inverso: aqueles que não se importam, não mostram entusiasmo, ou que parecem carecer de interesse quanto ao aprendizado, raramente atingem proficiência em novos conhecimentos e habilidades. De modo geral falamos sobre motivação e sua importância, mas o que é isso?

A motivação é afetada por três fatores principais – valor, confiança e humor.

◆ Valor. Quanto mais valorizamos algo, mais motivados ficamos sobre isso. Na figura a seguir, colocamos *motivação* no eixo vertical e *valor* no horizontal. Observe que, à medida que o orientado atribui um valor maior ao que está sendo aprendido, aumenta a motivação. Se você valoriza ser visto como alguém que conhece ópera ou futebol, se tornará mais inspirado (ou seja, mais motivado) para aprender sobre esses temas. Quanto maior o valor atribuído ao que será ensinado, maior a motivação.

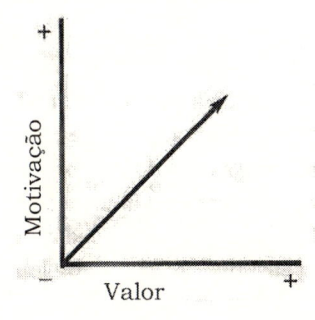

- Confiança. Se você se sente totalmente inapto em sua capacidade de aprender algo, qual o grau de motivação para tentar?
    - ☐ **Extremamente motivado.**
    - ☐ **Desmotivado.**

    A resposta, naturalmente, é desmotivado. A baixa confiança no aprendizado está fortemente correlacionada a uma baixa motivação. Quando a confiança do orientado aumenta, o mesmo se dá com a motivação, conforme ora ilustrado.

    A confiança excessiva, no entanto, leva a um declínio na motivação. Se o orientado percebe que "isso é tão fácil, nem mesmo preciso tentar", a motivação despenca, conforme mostrado no gráfico a seguir.

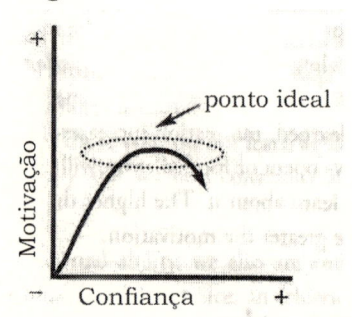

    O ponto ideal de motivação é onde o orientado tem bastante confiança para perceber que pode ser bem-sucedido, mas não tanta que o incentivo para aprender diminua. Este ponto alto de motivação apresenta um desafio ("tenho de trabalhar nisso para obter sucesso") e segurança ("mas, se efetivamente trabalhar nisso, sei que posso ser bem-sucedido").

- Humor. Todos nós sabemos que, se não estivermos de bom humor, nossa motivação para aprender diminui. Sentimentos pessoais afetam nosso humor, assim como fazem a atmosfera de aprendizado e o ambiente de trabalho. Um ambiente de aprendizado e/ou trabalho positivo tende a melhorar o humor de uma pessoa e, portanto, sua motivação, conforme ora ilustrado. Mas, um humor frívolo ou fanático pode ter efeitos bizarros e imprevisíveis na motivação. Um humor positivo é aquele no qual você é aberto e otimista, sem ser eufórico ou inconstante.

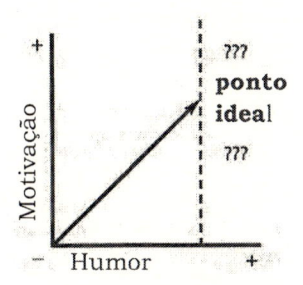

Adaptação às Diferenças na Aptidão, Conhecimento Anterior e Motivação

A aptidão, o conhecimento anterior e a motivação afetam bastante o aprendizado. Conseguimos, como orientadores, instrutores, educadores ou gestores do aprendizado, influenciar todos esses fatores? Felizmente, a resposta é positiva.

Aptidão

Embora não possamos alterar a aptidão de uma pessoa, podemos observar e detectar seus pontos fortes e fracos. Como resultado, podemos adaptar o sistema de aprendizado tomando as seguintes medidas:

- Ajustando o período de tempo para o aprendizado.
- Proporcionando mais prática para aqueles que a requeiram.
- Simplificando e decompondo o aprendizado em pacotes menores para aqueles que estejam tendo dificuldades no aprendizado.

- Proporcionando suporte extra para aqueles que o necessitam.

- Incluindo atividades com maiores desafios para aqueles que aprendem mais rapidamente.

Esses são apenas alguns meios de compensar as diferenças na capacidade de aprender. O segredo é observar e reconhecer essas variações, e fazer modificações convenientes na instrução, seja ela presencial, *online* ou por meio de um livro.

Conhecimento Anterior

Se estiverem faltando pré-requisitos de conhecimentos e habilidades aos leitores, podemos fazer ajustes a essas lacunas das seguintes formas:

- Criando materiais para uma sessão de pré-aprendizado a fim de reduzir as lacunas.

- Criando eventos de aprendizado complementar especiais anterior ou concorrentemente com as sessões de aprendizado.

- Formando pares e grupos de colegas de tutoria* de modo a fornecer suporte mútuo a fim de superar as lacunas.

- Fornecendo revisões e resumos do conteúdo de pré-requisitos numa forma delineada ou resumida.

- Direcionando os orientados a sites *online* que podem preencher as lacunas de conhecimentos ou habilidades.

Essa é apenas uma lista de partida. Prover fontes de conhecimento ou recursos para a aquisição de habilidades pré-requisitadas pode ajudar os orientados a acelerar rapidamente seu progresso.

---

* N. T.: A tutoria, também chamada de mentoreamento, é um método muito utilizado para efetivar uma interação na sala de aula e/ou no ambiente de trabalho. Os tutores acompanham e se comunicam com os orientados de forma sistemática, planejando, dentre outras coisas, o seu desenvolvimento e avaliando a eficiência de suas orientações de modo que possam resolver eventuais problemas no processo.

Motivação

Com base nos três fatores principais que afetam a motivação, podemos superar deficiências das seguintes formas:

- ◆ Aumentando o valor do que deve ser aprendido. Mostre aos orientados o que há de significativo para eles. Apresente exemplos de benefícios. Mostre a eles pessoas admiradas que devem ser seguidas, valorizando o que deve ser aprendido. Quanto mais os orientados percebem valor pessoal no que estão aprendendo, mais motivados se tornarão.

- ◆ Ajustando os níveis de confiança dos orientados em relação ao conteúdo do aprendizado. Apoie-os para criar a confiança de que podem aprender, mas forneça desafios suficientes de modo que não se tornem superconfiantes sobre isso.

- ◆ Criando uma atmosfera de aprendizado e um clima de trabalho positivos. Quanto mais aberto e otimista o contexto criado, mais abertos e positivos serão os orientados, e isso levará a uma maior motivação... e ao aprendizado.

Lembre-se de que todos os orientados são diferentes. Seja um grupo numa sala de aula, uma equipe no trabalho, ou individualmente, graças a um manual, via computador em tempo real ou assincronicamente, eles chegam a nós com características amplamente distintas. O treinamento, em seu sentido mais abrangente, é uma compensação para o que falta em cada um de nossos orientados. Apenas suponha como seria nosso trabalho se recebêssemos todos os nossos orientados com aptidões gerais e específicas elevadas para o aprendizado, um vasto conhecimento anterior e uma tremenda motivação. Será que (*marque uma*)

- ☐ **Ensinaríamos até que aprendessem todos os conteúdos fornecidos?**

- ☐ **Proveríamos os recursos necessários e, depois, deixaríamos progredir sozinhos?**

Se você marcou o segundo item, está correto. Orientados talentosos, versados e motivados somente requerem recursos de aprendizado e *feedback* útil. Quanto menos possuem de cada um dos ingredientes, mais nós, orientadores, temos de compensar pelo que lhes falta. Sim, esse é nosso trabalho – compensar pelo que nossos orientados não têm, gerenciar o contexto do aprendizado e prover *feedback* e prêmios pelo sucesso.

Lembrete Final

Vamos encerrar este capítulo com um resumo dos pontos principais. Obviamente você terá de fazer a maior parte do trabalho. Selecione o que acredita ser a melhor palavra que se enquadre a cada sentença a seguir. Risque as opções inapropriadas. Nosso papel será oferecer *feedback* e uma recompensa. Estamos simplesmente deixando de nos intrometer em seu curso.

1. *Experts* e novatos tratam as mesmas informações de conteúdo (similarmente/diferentemente).

2. O tamanho de um pacote de informações é (maior/menor) para um novato do que para um *expert*.

3. Uma mecânica de carro experiente adquiriu a maior parte de sua *expertise* (declarativamente/procedimentalmente).

4. A mesma mecânica, quando recebe a incumbência de instruir um grupo, geralmente transmite sua *expertise* (declarativamente/procedimentalmente).

5. Espera-se, então, que os orientados por essa mecânica retornem ao trabalho e apliquem o novo conhecimento (declarativamente/procedimentalmente).

6. Três ingredientes essenciais para o aprendizado são: aptidão, conhecimento anterior e (motivação/informação).

7. Quanto (mais/menos) um orientado valoriza o que deve ser aprendido, mais alta sua motivação.

8. Orientados capazes, extremamente motivados e com excelente conhecimento anterior requerem (mais/menos) formação.

9. As atividades de treinamento são uma compensação pelo que (falta ao orientado) (o mesmo possui).

Capítulo 4 – FAZER OS ORIENTADOS APRENDEREM

Apresentamos abaixo o nosso *feedback*:

1. *Experts* e novatos tratam as mesmas informações de conteúdo diferentemente. As memórias de curto prazo dos novatos rapidamente são preenchidas com novo conteúdo, e eles mergulham facilmente numa sobrecarga de informações.

2. O tamanho de um pacote de informações é menor para um novato do que para um *expert*. O pacote de um *expert* pode conter uma grande quantidade de informações condensadas. Para os novatos, cada detalhe frequentemente se torna um pacote individual.

3. Uma mecânica de carro experiente adquiriu a maior parte de sua *expertise* procedimentalmente – fazendo em vez de indicando e falando sobre o que tem feito.

4. A mesma mecânica, quando recebe a incumbência de instruir um grupo, geralmente transmite sua *expertise* declarativamente. Ela discorre, descreve e explica o que pensa que faz no trabalho – e isso pode não ser totalmente preciso.

5. Espera-se, então, que os orientados por essa mecânica retornem ao trabalho e apliquem o novo conhecimento procedimentalmente. O objetivo é que eles executem o trabalho. Que paradoxo!

6. Três ingredientes essenciais para o aprendizado são: aptidão, conhecimento anterior e motivação. Neste ponto, você entendeu e não precisa de mais explicações.

7. Quanto mais um orientado valoriza o que deve ser aprendido, mais alta sua motivação. Há um relacionamento direto entre o valor percebido e a motivação.

8. Orientados capazes, extremamente motivados e com excelente conhecimento anterior requerem menos formação. Nossa instrução deve fornecer somente o que falta ao orientado.

9. As atividades de treinamento são uma compensação pelo que falta ao orientado. Quanto maiores as aptidões, o

conhecimento anterior, a motivação e o humor positivo possuídos pelos orientados, menos eles exigem de nós. Aumentamos nosso suporte oportunamente.

As organizações geralmente selecionam orientadores com base na *expertise* no tópico, e neste capítulo vimos como isso leva a problemas instrucionais. O conteúdo não é suficiente.

Estamos lidando com orientados adultos. O sucesso deles é nosso sucesso. Assim, vamos passar ao próximo capítulo para descobrir como podemos entrar nas suas mentes e nos seus corações para ajudá-los a aprender.

Capítulo 5

Princípios de Aprendizado a Adultos

Pontos Essenciais do Capítulo:

- ◆ Quatro princípios-chave de aprendizado a adultos.
- ◆ Diversas situações-padrão.
- ◆ A Regra de Ouro do Treinamento.

Você alguma vez completou algum curso de estudo que efetivamente o inspirou? Curso esse em que realmente extraiu muitos conhecimentos da experiência de aprendizado? Ficou se sentindo mais competente – ao menos, entendendo como poderia se tornar mais competente – e confiante de que poderia sê-lo! Detestamos interromper essa agradável recordação, mas há também um lado mais obscuro da instrução.

Você já fez um curso ou participou de uma sessão de treinamento que o deixou muito desapontado? Você se desligou e perdeu o interesse no início da sessão? Embora tivesse algum interesse para aprender e crescer na área de instrução quando chegou, deixou-a com uma atitude negativa e com muito pouco conteúdo que pudesse utilizar.

Vamos examinar o que anima ou desinteressa aos orientados adultos, e o que ajuda ou interrompe suas disposições para aprender.

Boas e Más Aulas

O que contribui para termos uma ótima experiência de aprendizado? Fizemos essa pergunta a milhares de adultos ativos, desde gerentes que atuam em posições executivas a trabalhadores que operam na linha de frente, de profissionais com conhecimento altamente especializado a operários que executam tarefas físicas rotineiras. Repetidamente, ficamos surpresos pela similaridade das respostas em todos os níveis de trabalho e todos os grupos de trabalhadores. Vamos mostrar como suas respostas são comparáveis. Apresentamos agora a pergunta específica que fizemos:

> Pense numa grande aula, curso ou sessão de treinamento que teve. Por que essas experiências foram ótimas a você?

Examine a Tabela 5-1. Essas são algumas das respostas mais comuns que recebemos. Marque aquelas aplicáveis ao seu caso. Deixamos algumas linhas em branco para você adicionar mais algumas de seu próprio punho.

Tabela 5-1. Exemplos de Ótimos Treinamentos

- ☐ Ele satisfez às minhas necessidades.
- ☐ Pude constatar como se aplicava a mim.
- ☐ Houve bastante participação.
- ☐ Fiquei interessado nele rapidamente.
- ☐ As explicações eram claras e concisas.
- ☐ Pude relacioná-lo aos exemplos.
- ☐ Apliquei-o ao meu trabalho.

Tabela 5-1. *Continuação*

- ☐ Pude fazer perguntas a qualquer momento.
- ☐ Não me senti um idiota.
- ☐ Entendi para onde estava indo.
- ☐ Havia muitas lições de casa que consegui utilizar.
- ☐ Ajudou-me a desempenhar melhor o meu trabalho.
- ☐ A sessão era interativa.
- ☐ Pude testar o que foi ensinado.
- ☐ Recebi *feedback* sobre meu desempenho.
- ☐ Havia cordialidade e humor.
- ☐ Aprendi muito com os outros participantes.
- ☐ Os materiais eram claros e úteis.
- ☐ Senti-me respeitado.
- ☐ Havia bastante comunicação de duas vias.
- ☐ Não houve muito tempo perdido.
- ☐ O instrutor falava "minha linguagem".
- ☐ Percebi que agreguei valor à sessão.
- ☐ Aprendi uma porção de assuntos úteis... para mim.
- ☐ _____
- ☐ _____
- ☐ _____

Agora, diretamente para o outro lado da questão:

> Pense numa fraca aula, curso ou sessão de treinamento que teve. Por que essas experiências foram ruins para você?

Na Tabela 5-2 marque os itens que você acha que se aplicam às suas experiências negativas. Orientados adultos a quem perguntamos geraram esses itens:

Tabela 5-2. Exemplos de Fracos Treinamentos

- Ele fugia muito de meus interesses.
- Não consegui ver como poderia utilizá-lo.
- Foi uma transmissão de informações de uma via.
- Logo eu estava inundado numa enxurrada de informações.
- Houve pouca ou nenhuma discussão.
- Houve pouca ou nenhuma prática.
- Houve pouco ou nenhum *feedback* a mim pessoalmente sobre o que fiz.
- Os materiais tinham uma concepção fraca.
- Foi perdido um monte de tempo.
- Houve pouco que eu pudesse empregar no meu trabalho.
- O conteúdo era aceitável, mas os métodos de comunicação eram fracos.
- Fui um ouvinte passivo na maior parte do tempo.
- Não conseguia entender o que estava sendo ensinado.
- A linguagem e/ou jargão me confundiam.
- Houve poucos, para não dizer nenhum, exemplos que entendi.
- Ele foi entediante, monótono e sem brilho.
- Houve pouca ou nenhuma interação ativa com outros participantes.
- Eu era apenas um corpo no curso.
- Contribui com muito pouco, ou nada, para a sessão.
- Não aprendi muito.
- Não conseguia perguntar quando queria.
- _____
- _____
- _____

Capítulo 5 – PRINCÍPIOS DE APRENDIZADO A ADULTOS

Vamos fazer uma pequena análise com base nas suas respostas. Não podemos vê-las, mas se elas estiverem na faixa típica, geralmente descobrimos as seguintes:

Boa aula: Alguém – o instrutor, um designer de cursos ou um tomador de decisões do mesmo tipo – fez um esforço para criar uma experiência de aprendizado relevante a você desde uma perspectiva pessoal (trabalho e/ou vida pessoal); estruturou-a de modo que você soubesse para onde estava indo; forneceu-lhe o conteúdo de modo significativo; deu-lhe oportunidades para se envolver significativamente; e proveu-lhe ferramentas e/ou um senso de direção a fim de aplicar o que aprendeu ao seu trabalho, sua vida, ou a ambos. Bravo! Créditos à pessoa que fez isso acontecer.

Má aula: Alguém, talvez o mesmo instrutor, decidiu que ela era útil a você; concluiu que não era apenas o que você necessitava, mas em que nível, e em que formato e sequência, faria sentido dá-la; certificou-se de que ela estava de acordo com o conteúdo apropriado que você necessitava; e a descarregou em você. Você era um mero recipiente vazio no qual o instrutor ou os materiais instrucionais despejavam seus conteúdos.

Talvez definimos um testa de ferro e a sua experiência não tenha sido assim tão simples nem tão ruim. No entanto, em nossos vários anos de pesquisa e observação, tivemos contato com um número muito reduzido de programas instrucionais – presenciais, baseados em computador, impressos ou baseados em vídeos – que, efetivamente, focavam nas necessidades e características do orientado adulto.

O manuseio e o tratamento apropriado dos orientados adultos são extremamente importantes quando criamos maravilhosas sessões de treinamento, independentemente dos meios de fornecimento – presenciais ou outras modalidades. A maior parte dos treinamentos que temos presenciado (confirmados por nossos estudos com vários orientados adultos) é remanescente de nosso tempo na faculdade ou universidade. Embora fiquemos entediados ou confusos por nossos catedráticos e professores quando estudantes, na qualidade de instrutores e orientadores tendemos a repetir as práticas que detestamos nos outros.

Como podemos quebrar esse padrão? As indicações e pistas são os itens nas Tabelas 5-1 e 5-2, que descrevem bons e maus treinamentos. Podemos nos afastar de práticas improdutivas e tediosas focando em nossos orientados como adultos com as mesmas espécies de necessidades, inquietações, desejos, frustrações, caprichos, ambições, competências e prioridades pessoais que as nossas.

Nosso trabalho, na qualidade de professores, instrutores e educadores, é ajudar nossos orientados adultos a aprender. O sucesso deles é o nosso sucesso. Parece simples, mas é desafiador (felizmente). Podemos fazer isso entendendo como os orientados adultos aprendem e pela aplicação desse *insight* em nossas práticas. O que é fantástico sobre esse tema é que tudo isso faz sentido, não é tão difícil de fazer e é incrivelmente recompensador. (Uau! Eles aprendem comigo e todos eles podem fazer isso!) Além disso, você pode testar o treinamento em si próprio. Ao deixar o papel de orientador e assumir uma posição de orientado, você conseguirá ver que o que está tentando realmente funcionará. Seja sua própria cobaia.

Quatro Princípios-chave de Aprendizado a Adultos

Tem sido feito um número considerável de pesquisas sobre o aprendizado voltado a adultos. Tantas pesquisas que este capítulo poderia ser facilmente estendido até chegar a um livro completo. Para nossos propósitos, no entanto, focamos em quatro achados essenciais com base em todos esses estudos. Essas descobertas foram geradas por Malcolm Knowles, líder no campo do ensino a adultos (também denominado "andragogia"), bem como por outros estudiosos, e acreditamos que sejam os princípios mais aplicáveis e significativos para o aprendizado a adultos no contexto de trabalho. Esses princípios essenciais são:

- ◆ disposição;
- ◆ experiência;
- ◆ autonomia;
- ◆ ação.

Capítulo 5 – PRINCÍPIOS DE APRENDIZADO A ADULTOS

Apresentamos a seguir uma breve revisão sobre cada um desses princípios. Uma seção conclusiva deste capítulo mostrará a você como utilizar eficientemente os princípios para se tornar um orientador de ponta.

Disposição

Imagine a cena a seguir. Em uma mão, tenho um jarro preenchido com água. Na outra, tenho um copo com a face inferior voltada para cima. O que acontece quando tento despejar água no copo? Obviamente, ela espirra para fora do copo e da minha mão, pois o interior do copo está bloqueando o que está sendo despejado.

Este exemplo físico de esforço em vão é análogo a um orientador tentando inserir conteúdo na mente fechada de um orientado adulto. Pouco ingressa. Assim, o que fazer? Como podemos abrir sua mente? A resposta é simples e direta. Os adultos chegam numa situação de aprendizado com suas próprias prioridades e atitudes. Eles estão dispostos a aprender quando decidem abrir suas mentes e almas ao processo. Como é possível forçar que o façam, especialmente se estão determinados a não fazer isso? Há apenas um modo efetivo: mostrar a eles, numa maneira possível, o que você tem a oferecer:

◆ Resolver um problema ou evitar um para eles.

◆ Dar uma oportunidade ou aumentar o status.

◆ Incluir crescimento profissional ou pessoal.

Deve deixar claro que isso é para *eles*, não para você ou para a organização. Não é possível encher um copo com água se ele estiver virado de cabeça para baixo. Você não consegue passar a um orientado habilidades, conhecimentos, novos valores ou atitudes se a mente dele estiver bloqueada.

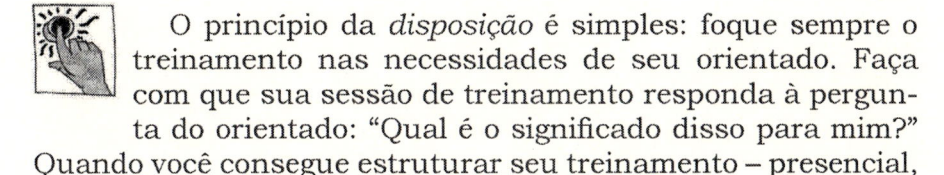

O princípio da *disposição* é simples: foque sempre o treinamento nas necessidades de seu orientado. Faça com que sua sessão de treinamento responda à pergunta do orientado: "Qual é o significado disso para mim?" Quando você consegue estruturar seu treinamento – presencial, *online* ou a distância – de modo que benefícios significativos estão sendo constantemente reforçados tanto explicita como implicitamente, seus orientados se abrirão ao que você está compartilhando com eles. A situação-padrão a seguir ilustra esse fato:

Situação-padrão: *Proteja-se*. Um grupo de diplomados com MBA recrutados entre os 10% dos melhores alunos de suas classes estavam na segunda semana de um programa de treinamento num banco. O instrutor, um gerente de crédito experimentado, está balançando a cabeça se perguntando como iniciar a sessão vespertina. De acordo com a programação de treinamento, o tema é o formulário C-549 de proteção contra saldo negativo. Esse grupo de orientados é esperto e exigente. Eles perdem rapidamente o interesse se o conteúdo parece maçante. Diversos instrutores já ficaram arrasados pela frieza e falta de interesse do grupo quando este percebia que o tópico era cansativo, não desafiador e não valioso sob o ponto de vista pessoal. Portanto, como o gerente de crédito treinaria essa população prioritária para o banco sobre o importante, mas não estimulante, formulário C-549?

Ele enfrenta sua classe brilhante, destinada ao topo, de jovens adultos, e começa a contar um caso:

> "Imagine que, durante anos, você sonhou possuir um carro esportivo da marca Porsche. Você realmente o desejava. Economizando e fazendo horas extras, você finalmente acumulou uma entrada decente de modo que pudesse pagar as parcelas mensais com base no que está ganhando. Finalmente, conseguiu comprá-lo! Foi apanhar o carro, mas repentinamente concluiu que não teria dinheiro suficiente para fazer o seguro. Está tudo bem. Você pegaria o carro na concessionária, o dirigiria até sua casa e, depois, calcularia o seguro.
>
> "Ao sair da concessionária, você fica olhando ao redor, orgulhoso de sua nova aquisição. Espera que algum conhecido o veja no carro. Seus olhos perambulam. Tarde demais para ver o caminhão de lixo bem à sua frente. Você breca repentinamente. Escuta-se o rangido de pneus, seguido por uma batida forte. Colisão!

"Quando você examina os destroços, você se pergunta se não é realmente sortudo por não ter morrido. O que você fará agora, sem seguro, sem carro e sem dinheiro?

"O que aconteceria se você tivesse feito algum seguro *grátis* que o protegesse de danos financeiros pessoais? Um seguro que o ajudasse a evitar desastres pessoais e na carreira? Você o teria feito? Gostaria que eu o entregasse neste momento? Totalmente grátis? Em seguida, vamos abordar o C-549, um formulário simples que o protege, não de uma perda de carro, mas de um empréstimo que você fez que, repentinamente, torna-se vulnerável. É sua apólice de seguro que elimina sua responsabilidade pessoal assim que for preenchida. Vamos examiná-la mais detalhadamente juntos. Ela poderia ajudá-lo a proteger seu... Porsche."

Se você fosse um dos graduados em MBA nesse treinamento, teria sido cativado pela história? Gostaria de ter uma apólice de seguro grátis? O que o orientador teria considerado lhe oferecendo para fazer a você? (*Marque todas as opções aplicáveis.*)

- ☐ **Resolver um problema.**
- ☐ **Evitar um problema.**
- ☐ **Dar uma oportunidade.**
- ☐ **Promover status ou crescimento.**

Neste caso, ele está oferecendo um instrumento para "evitar um problema". Ao apresentar alguma ou todas as opções de um modo que os orientados apreciem, você aumenta a disposição dos mesmos e aumenta a probabilidade do aprendizado e da retenção.

Experiência

Apresentamos agora uma pergunta a você: *Combien font cinq fois soixante-douze?* (Quanto é cinco vezes setenta e dois?) A resposta não é difícil. É *trois cent soixante* (trezentos e sessenta) (360). Naturalmente, você tem de conhecer um pouco de francês para responder.

Isso nos remete a algo que encontramos no Capítulo 4 – o efeito do conhecimento anterior no aprendizado. Os orientados adultos participam de cada evento de aprendizado com seus prévios e únicos conhecimentos. Isso é o que podemos determinar como sua *experiência*. Os orientados adultos possuem muito mais experiência que as crianças. Uma parte disso facilita o aprendizado, mas pode também agir como um inibidor. Os orientados adultos aprendem se o treinamento for inclinado ao seu nível e tipo de experiência. Se o treinamento for pouco assimilado por eles ou se estiver fora de suas experiências (como no caso de nossa questão de matemática em francês, que perguntava: "Quanto é 5 × 72?"), então você os perde. Uma vez perdidos, são muito difíceis de se achar novamente.

Tratar os orientados adultos como se eles tivessem pouca ou nenhuma experiência quando eles as têm, você os insultará e os perderá. É crítico a um efetivo treinamento que você reconheça o rico estoque de experiências que seus orientados possuem – talvez diferente do tópico que você os está treinando, mas não menos valioso – e explore isso. Ajude-os a contribuir com seus próprios aprendizados e os de outras pessoas. E esteja ciente de que algumas de suas prévias experiências podem criar resistência a novo conhecimento. Eis aqui uma situação-padrão que ilustra nosso ponto.

Situação-padrão: O que Você Quer do Cliente? A empresa de transporte público da cidade decidiu fazer algo sobre o crescente número de reclamações dos usuários e o declínio nas receitas. Após muitas investigações, decidiu enviar todos seus 4 mil motoristas de ônibus para fazer um curso sobre serviço ao cliente. O bem-intencionado instrutor tinha acabado de abrir a sessão com um panorama sobre o curso a fim de que ele fosse efetivo, quando um participante furioso gritou: "Você quer melhorar meu serviço ao cliente? Na última semana, fiz exatamente isso. Ajudei uma gentil senhora que mal conseguia sair do ônibus. Ela mal podia descer os degraus. Parei o veículo e, lenta e cuidadosamente, ajudei-a a sair. Assim que a deixei tranquila na calçada, um fiscal apareceu, dizendo-me que eu estava atrasado. Reclamou que eu tinha deixado meu assento. Fez uma anotação e me deu uma advertência disciplinar. Serviço ao cliente? Não, obrigado!"

O princípio da experiência sugere que, quanto mais você decompõe a experiência dos orientados no desenho e fornecimento de seu treinamento, mais efetivo será o resultado do mesmo. Eis aqui algumas regras básicas para proceder desse modo:

- Confira as experiências de seus orientados (aptidões, conhecimento anterior, atitudes, preferências de aprendizado e de linguagem, habilidades pré-requisitadas, cultura e pontos fortes ou fracos relevantes). Não os perca, mirando que sua sessão de treinamento seja forte ou fraca demais, ou por apresentá-lo de maneira pessoal ou organizacionalmente inaceitáveis.

- Utilize vocabulário, estilo de linguagem, exemplos e referências familiares sem mostrar complacência.

- Esboce exemplos e experiências do grupo para enriquecer a sessão e construir pontes desde o familiar até o novo.

- "Inocule" seus orientados. Quando tiver havido más experiências, avise-os de que você está se movendo para território negativo. Disperse a resistência demonstrando uma consciência solidária frente a problemas do passado. Para ilustrar, vamos retornar a nossos motoristas de ônibus e iniciar a sessão de treinamento mais uma vez.

Situação-padrão: O que Você Quer do Cliente? [Parte II] Estando ciente das realidades funcionais que seus orientados enfrentam no trabalho, o instrutor começa a sessão reconhecendo as experiências dos participantes e instando-os a compartilhar com o grupo:

> "Quando discorremos sobre serviço ao usuário nos ônibus, geralmente temos discussões acaloradas sobre os aspectos positivos e negativos à medida que executamos nosso trabalho de transportar nossos passageiros até seus destinos de modo seguro e a tempo. Alguém consegue me dar um exemplo de seu trabalho em que o serviço ao cliente recompensa tanto a você como ao usuário?"

> "Agora, alguém consegue me dar um exemplo em que tentar prestar serviço ao usuário foi um tiro no próprio pé?"

"Ótimo. Essas experiências positivas e negativas que você teve nos mostram que uma única perspectiva do serviço ao usuário – ser gentil, educado, amigável, prestativo – é muito ingênua para o nosso tipo de trabalho. Vamos examinar algumas estatísticas e exemplos do que está acontecendo em nossa empresa de transporte bem como em outras. Vamos examinar algumas tendências concorrentes fora de nosso setor que possam nos afetar. Em seguida, vamos pensar juntos para analisar as informações e descobrir o que é realmente correto para nossos usuários, nossa empresa e nossa comunidade, e, muito importante, para nós próprios. Somos responsáveis pela segurança e transporte de nossos usuários apesar do trânsito, do clima, das condições das pistas e dos motoristas loucos nas ruas. Vamos ver o que podemos fazer sobre servir aos nossos usuários apesar também de todos os obstáculos que temos."

Ao basearmo-nos nas experiências de nossos orientados, e falarmos sobre elas, podemos aumentar o impacto e a eficácia do aprendizado.

Autonomia

Quanta liberdade de escolha (isto é, *autonomia*) tem uma criança pequena? Ela decide o que vestir, comer, como ir à escola, organizar seu dia, ou onde ir jantar? A resposta é tipicamente "não". Os adultos controlam intensamente as atividades das crianças – especialmente na escola em que os administradores geram as programações de aulas. As matérias e os fluxos de conteúdos são os reinos do departamento de ensino e dos professores. O dever de casa é distribuído pela autoridade acadêmica. Nenhum desses itens é necessariamente ruim, mas há um contraste muito acentuado com a maioria dos ambientes modernos de trabalho. Embora as pessoas ainda devam trabalhar seguindo diretrizes, uma autonomia crescente está sendo dada aos trabalhadores na fixação de objetivos, para fazer do trabalho e dos recursos suas decisões prioritárias, no tratamento de clientes, no corte de gastos e na elaboração de planos estratégicos organizacionais.

Quando ingressamos na arena do aprendizado, particularmente em aulas formais, geralmente vemos um retorno aos modelos de instrução tradicionais, baseados na escola e centrados no professor. O treinamento, em seu sentido mais amplo, exige um clima dinâmico para que os orientados adultos cresçam e se desenvolvam. Eles entendem melhor se assumem seus próprios aprendizados. Afinal, o valor que têm na organização e no mercado depende do que sabem e são capazes de fazer. Eles detêm seu próprio capital humano pessoal, que investem em seus trabalhos. É do melhor interesse deles consolidar suas contas de capital humano. Quanto mais assumem responsabilidade, maior o valor que eles – e suas organizações – adquirem.

Os orientados adultos gostam de participar ativamente e contribuem para seus aprendizados. Reexamine os exemplos de bons treinamentos na Tabela 5-1 e observe quantos abordam as questões da participação e da contribuição. Quanto mais o orientado faz e contribui, mais ele aprende.

Os orientados adultos gostam de tomar suas próprias decisões. A tomada de decisões é uma característica importante da idade adulta. Há dois valores nisso para o aprendizado. O primeiro valor é que a tomada de decisões exige o agrupamento de informações, uma análise delas, a geração de decisões alternativas, o peso das consequências de cada alternativa, e, finalmente, a filtração e seleção do que pode ser a decisão ótima. Todo esse engajamento mental contribui fortemente ao aprendizado e à retenção, bem como para aumentar a aplicação futura do trabalho no que tenha sido decidido. O segundo valor para a tomada de decisões é que, quanto mais o orientado participa na decisão, maior a probabilidade de que o participante a considerará confiável e, portanto, se comprometerá no processo. Essa contribuição tem um impacto significativo na compreensão, na retenção e no pós-treinamento da aplicação.

Os orientados adultos querem ser tratados como pessoas capazes e independentes. Eles exigem respeito, mesmo quando cometem erros. O respeito é um aspecto essencial da autonomia, especialmente num contexto de aprendizado. Permite ao orientado testar e errar sem se sentir ameaçado ou humilhado. Sob muitos aspectos, os orientados adultos são mais frágeis e vulneráveis que as crianças. O medo do fracasso e a perda de honra acompanhante podem ser altos.

O equilíbrio entre ser desafiado – "vá em frente e assuma o comando" – mas apoiador – "não se preocupe se não for bem-sucedido; está tudo bem!" – é um ponto delicado para o formador, instrutor, educador ou designer instrucional.

A fim de operacionalizar o princípio da autonomia, sugerimos que você execute as seguintes ações:

◆ Crie inúmeras oportunidades para os orientados participarem em suas sessões de treinamento. Esboce exercícios, ações práticas, casos, simulações, jogos e oportunidades de discussão. (Descreveremos como criar essas atividades no Capítulo 8 e devotaremos o Capítulo 9 para esse tema envolvendo testes.) Testar, mas não necessariamente com exames, oferece ótima oportunidade para que os orientados aprendam.

◆ Crie numerosas oportunidades para que os orientados contribuam com suas ideias, sugestões, soluções, informações e exemplos. Quanto mais contribuem, mais sentem que detêm o aprendizado e se comprometem para torná-lo útil.

◆ Reforce ideias independentes e inovadoras. Ao premiar essas ideias, você estimula os orientados a se adaptarem ao aprendizado sob aspectos que aumentem seus próprios potenciais de performance.

Ação

Se só a experiência comprova, então a comprovação do treinamento está na sua aplicação bem-sucedida no próprio trabalho. Você já participou de alguma forma de treinamento ou instrução, achou-os maravilhosos, qualificou-os extremamente bem, e, depois, jamais os utilizou?

Eis aqui uma lista de alguns cursos que fizemos pessoalmente, fora da web, de um CD-ROM ou de um manual impresso.

Capítulo 5 – PRINCÍPIOS DE APRENDIZADO A ADULTOS

Nós os apreciamos muito, pensamos que eram ótimos, mas, de alguma forma, resultaram em fracasso. Marque algum que pareça familiar a você. Acrescente um par deles por sua conta no final.

- ☐ **Espanhol.**
- ☐ **Digitação pelo toque.**
- ☐ **Uma linguagem de programação.**
- ☐ **Gestão do tempo.**
- ☐ **Primeiros-socorros.**
- ☐ **Decorações de mesas.**
- ☐ **Assar pães.**
- ☐ **Cálculos com ábacos.**
- ☐ **Pintar sobre seda.**
- ☐ **Gestão de projetos.**
- ☐ **Condução de reuniões.**
- ☐ **Investimentos científicos.**
- ☐ **Redução da barriga.**
- ☐ **Culinária chinesa.**
- ☐ _____.
- ☐ _____.

Não nos interprete mal. Fazemos pequenas investidas em muitos dos tópicos ora listados – conduzimos reuniões, tentamos gerenciar nossos tempos, e, inclusive, nos exercitamos um pouco. Embora estivéssemos no modo de aprendizado, fomos inspirados, motivados e descobrimos que o que estávamos aprendendo fazia um enorme sentido. O problema estava no acompanhamento. Eis aqui uma pergunta interessante: Que porcentagem de pessoas que seguem um programa de dieta e perdem peso mantém sua perda de peso após um ano?

- ☐ 10%.
- ☐ 20%.
- ☐ 50%.
- ☐ 70%.
- ☐ 90%.

A terrível, mas correta, resposta é 10%. Mais de 90% dos seguidores de dietas que efetivamente perderam o peso que queriam recuperaram todo ele ou, inclusive, ganharam mais quilos num período de um ano. Esse achado enquadra-se muito bem ao princípio da ação.

Os orientados adultos num cenário de trabalho participam de treinamentos a fim de aprender a melhorar ou alterar seus desempenhos na função. Para assegurar a compra de ideias dos orientados, suas atenções devem ser focadas na aplicação imediata do que eles supostamente devem aprender. Se eles não conseguirem ver como podem colocar o treinamento em *ação* assim que retornam ao trabalho, seus interesses e aprendizados diminuem. E, se não percebem qualquer forma de suporte pós-treinamento para ajudá-los a sustentar a aplicação do que estão aprendendo, podem achar o treinamento divertido e iluminador, mas não ficarão motivados para aplicá-lo no trabalho. A exemplo dos programas de perda de peso, uma drástica mudança pode ocorrer durante o período de aprendizado. No entanto, fora do programa e de volta ao seu ambiente normal, ou sem plano de alimentação e de exercícios ou sistemas de suporte, os hábitos antigos logo se reafirmam. Sem uma orientação de ação de volta ao trabalho, o aprendizado se dissipa rapidamente. Este é um enorme desafio para os orientadores e gestores de treinamento.

A fim de desenvolver uma mentalidade de ação em nossos orientados, devemos desenhar treinamentos que façam as seguintes coisas:

- ◆ Apontem como os orientados podem aplicar seus aprendizados imediatamente e provê-los com mecanismos de suporte no trabalho.

- ◆ Forneçam oportunidades nas próprias sessões de treinamento para que se pratique novo aprendizado num ambiente que seja o mais próximo possível do cenário de trabalho. A prática aumenta a competência e a confiança, ambas estreitamente correlacionadas com a motivação para transferir o aprendizado ao trabalho.

◆ Garantam que o novo aprendizado possa ser aplicado no trabalho. Trabalhem com o meio operacional para alinhar diretrizes, procedimentos, sistemas de *feedback*, incentivos, recursos e recompensas com o novo aprendizado. Isso requer que o orientador assista aos supervisores dos orientados no estímulo e suporte da aplicação do novo aprendizado.

◆ Se o aprendizado é utilizado apenas ocasionalmente (por exemplo, em emergências, ou duas vezes ao ano na chegada dos auditores), crie materiais instrucionais e oportunidades de recapitulação que mantenham o aprendizado acessível.

O ponto principal no princípio da ação é "se você não o utiliza, você o perde". Os orientados adultos têm de ser estimulados por ações pois enfrentam um número muito grande de prioridades concorrentes no trabalho. Os treinamentos bem-sucedidos dirigidos a adultos devem fatorar na orientação à ação.

Situação-padrão: Princípios de Aprendizado a Adultos em Ação. A empresa em que você trabalha teve algumas ocorrências desagradáveis no ano passado. Está havendo uma concorrência acirrada no mercado global. Há uma enorme pressão para que se aumente o rendimento e para que se obtenha um aumento de produtividade de cada funcionário, desde o presidente até o contratado mais recente. A competição é feroz, e a economia, incerta.

De maneira alarmante, o departamento de Recursos Humanos e a gerência de linha têm notado os seguintes problemas internos:

◆ aumento nas taxas de absenteísmo;

◆ aumento nos pedidos de licença médica;

◆ abandono rápido de pessoas do emprego;

◆ maior tensão no ambiente de trabalho, incluindo discussões abertas e até ataques físicos;

◆ taxas mais altas de depressão, estafa, divórcios e utilização de drogas.

Uma pesquisa do RH determinou que a causa principal desses fatores negativos aparentemente é o estresse. A empresa decidiu que, embora o meio competitivo não diminuirá a pressão, há intervenções que podem ser implementadas para aliviar alguns dos efeitos negativos. O RH recebeu fundos apropriados para lançar um programa de gestão do estresse.

Você foi selecionado como membro do grupo "Lidando com o Estresse". Haverá uma série de iniciativas, desde o redesenho de ambientes de trabalho, criação de novas instalações para exercícios de modo a gerar maior flexibilidade no trabalho, arranjos para compartilhamento de funções, entre outras. Como membro do grupo de iniciativas de aprendizado, você foi incumbido com a tarefa de desenvolver um programa de treinamento sobre "Estresse e sua Gestão" para todos os funcionários, de executivos experientes a recém-contratados. O programa é para ser apresentado presencialmente em grupos de 12 a 20 pessoas. A sessão de treinamento durará um dia (7,5 horas). Foi prometida uma verba generosa, mas você terá que defendê-la muito bem para obter os fundos.

Você tem estudado estresse e sua gestão com consultores especialistas durante as últimas seis semanas. Nesse período, vocês definiram o conteúdo do programa conforme segue:

- O que é estresse? Seus sintomas psicológicos e fisiológicos.
- Como avaliar seu próprio nível de estresse.
- Seu perfil de estresse.
- Fontes de estresse no trabalho.
- Fontes de estresse fora do trabalho.
- Respostas efetivas ao estresse.
- Respostas ineficazes ao estresse.
- Modos de gerir o estresse.

Sua missão imediata é examinar atentamente o conteúdo e idealizar um plano inicial para o treinamento. Você decide abordar essa tarefa aplicando os quatro princípios de aprendizado a adultos no curso de um dia. Vamos ver o que acontecerá.

Disposição

Como você abre as mentes e os corações dos orientados ao conteúdo? Como você mostra o valor do aprendizado a eles? Invista um momento para considerar isso. O que você fará para deixá-los preparados?

Pausa. Reflita. Anote rapidamente algumas ideias sobre disposição.

◆

◆

◆

◆

◆

◆

Apresentamos agora algumas de nossas sugestões, sem alegar que as nossas são as melhores. Considere-as além daquelas que você escreveu acima.

◆ Antes de enviar os convites do programa, passe informações sobre estresse via e-mail ou nos avisos de pagamento ou cheques a todos os funcionários. Forneça informações vistosas sobre o efeito do estresse no trabalho e em nossas vidas pessoais. Rompa a barreira do silêncio transmitindo às pessoas que o estresse é um problema comum que provoca comportamentos e sentimentos normais, porém, indesejáveis.

◆ Com os convites às sessões de estresse inclua uma lista dos benefícios aos indivíduos, equipes, organização, família e amigos.

- Antes da sessão, envie uma avaliação sobre estresse simples e fácil de responder. Ofereça-se para fornecer uma explicação e interpretação de pontuações durante a sessão.

- Crie um ambiente acolhedor e com baixo estresse para a sessão.

- Abra a sessão com uma história dramática, pessoal e relativa ao estresse que seja um pouco chocante, mas que também os participantes possam enfatizar. Insira-os num diálogo desde o início.

- À medida que você abre cada nova parte da sessão, comece com uma discussão ou atividades que enfatizem seus benefícios pessoais aos participantes.

Experiência

Como você fala a linguagem dos orientados e se baseia em suas experiências no nível correto? Como você reconhece e explora experiências positivas e negativas?

> *Pausa. Reflita. Anote rapidamente algumas ideias sobre a forma de garantir que lida com, e extrai das, experiências dos participantes.*
> -
> -
> -
> -
> -
> -

Apresentamos agora algumas de nossas sugestões:

- Faça pesquisa de campo e entreviste funcionários nos vários níveis antes de desenvolver sua sessão de treinamento. Colete histórias de guerra sobre episódios de estresse. Descubra que espécies de estresse as pessoas experimentam que transcendem a todos os grupos de funcionários e que tipos de estresse são mais específicos a certas populações.

◆ Converta esses casos e as informações coletadas em exemplos, encenações, histórias (inclusive vinhetas de vídeo, se houver fundos) para utilização durante a sessão.

◆ Colete dados de pesquisa sobre como as pessoas experimentam e lidam com o estresse em organizações similares à sua.

◆ Em suas entrevistas ou grupos focais com empregados, descubra como eles lidam com estresse no trabalho e em casa. Integre suas soluções em atividades e materiais da sessão.

◆ Durante a sessão, peça aos participantes para definir estresse com suas próprias palavra e para compartilhar experiências, fontes de estresse e soluções para eliminá-lo.

◆ Forneça exemplos e deixe os participantes formarem grupos autosselecionados para resolvê-los. Pressione-os a explicar os fundamentos lógicos de suas soluções com base em experiências, tanto pessoais como a partir de observações.

Autonomia

O você faz para que os participantes assumam o comando de seus próprios aprendizados? O que você deve fazer para que participem e contribuam?

> *Pausa. Reflita. Gere algumas ideias para tornar os participantes tão autônomos quanto possível.*
> ◆
> ◆
> ◆
> ◆
> ◆
> ◆

Tabela 5-3. Exemplos de Atividades de Aprendizado Participativas

Atividade	Exemplo
Cenários	• Exiba uma vinheta de vídeo de um filme conhecido ou programa popular de TV, ou mostre uma cena de audiotape dramática e estressante. Abra a discussão. • Peça a dois ou três participantes que leiam papéis de várias personagens numa situação de estresse. Pare num momento dramático e extraia reações, soluções etc. dos participantes. (Baseie-se em suas entrevistas iniciais para construir cenários.)
Encenação	• Baseado em suas pesquisas, desenvolva um cenário com um tema estressante (por exemplo, o envelhecimento dos pais com problemas de saúde acoplados a demandas grandes de trabalho e recursos inadequados). Peça aos participantes para que encenem os papéis de modo a aumentar ou reduzir o estresse.
Casos	• Apresente casos com base na realidade que lidam com diversos temas de estresse. Peça aos participantes para selecionarem em que casos desejam trabalhar em equipes. Faça as equipes identificarem elementos-chave estressantes, sintomas, causas, soluções etc. Instrua-as. Baseie-se nas soluções para gerar listas de princípios a fim de lidar com o estresse.
Brainstorming	• Selecione alguns dos exemplos de estresse dos grupos focais que você conduziu durante seus modos de pesquisa e incentive o desenvolvimento de um *brainstorming* para lidar com eles.
Atividades Práticas	• Demonstre exercícios de identificação e de redução de estresse. Peça aos participantes para praticarem, por exemplo, técnicas de relaxamento, automassagem e massagem por terceiros. (Observação: Essas atividades são apenas para aqueles que se sentem confortáveis fazendo-as. Você não deseja que a atividade em si crie mais estresse.) • Forneça um menu de materiais, objetos e técnicas. Peças aos participantes para que os selecionem e testem.

O segredo neste caso é elaborar uma série de exercícios que exijam a participação e a contribuição. Desenvolva cenários, encenações, casos, *brainstorming* e atividades práticas que requeiram o envolvimento do orientado. Exemplos dessas atividades são mostrados na Tabela 5-3.

Ação

Como você se certifica de que seus orientados adultos veem que podem aplicar imediatamente o que estão aprendendo em seus trabalhos e vidas? De que forma você pode maximizar a transferência do contexto do aprendizado ao mundo real?

Mais uma vez, pausa. Reflita. Apresente sugestões para tornar os conteúdos do estresse e de seu gerenciamento algo que os participantes vejam que podem utilizar imediatamente e com sucesso. Ação!

◆

◆

◆

◆

◆

◆

Este é o mais difícil dos princípios de aprendizado, mas estar ciente disso o prepara para fazer muitas coisas de modo a operacionalizá-lo. Considere os seguintes meios:

◆ Elabore um plano de ação pessoal em branco para uso por toda a sessão. À medida que os participantes progridem pelas atividades, eles fazem anotações ou marcam itens em várias partes do plano de ação que conseguem aplicar imediatamente após o treinamento.

◆ Forneça material da organização e listas de recursos e serviços comunitários com informações de contato aplicáveis a vários tópicos na sessão (por exemplo, um programa de assistência ao funcionário; uma lista de grupos de suporte, agências de assistência financeira, programas contra uso de drogas, programas de assistência à carreira).

- Distribua materiais de áudio e vídeo que forneçam informações que os participantes podem compartilhar dentro ou fora do trabalho, ou informações que ajudam a reduzir o estresse no trabalho, em casa ou no trânsito.

- Crie um sistema voluntário entre os participantes e determine períodos de contato regulares.

- Desenvolva um medidor de estresse automatizado que exiba instantaneamente na tela do computador das pessoas no retorno ao trabalho. O indivíduo responde às perguntas semanalmente e obtém retorno sobre o nível de estresse e o progresso de sua redução. A pessoa pode se comparar com grupos selecionados ao escolher entre diferentes idades, sexos, tipos de trabalho ou outras descrições.

As possibilidades de desenvolver e fornecer oportunidades instrucionais centradas no orientado baseadas em princípios robustos de aprendizado a adultos são intermináveis. Esta situação-padrão pede a você refletir como poderá aplicar os quatro princípios a uma sessão de aprendizado sobre estresse e seu gerenciamento. Com esse enfoque, você está focando mais no

☐ **orientado?**

☐ **conteúdo?**

Temos a certeza de que você indicou orientado. O conteúdo somente aparece quando você foca nos princípios-chave de aprendizado a adultos. Você consegue apontá-los

1. _____
2. _____
3. _____
4. _____

Compare suas respostas com a Coluna A da Tabela 5-4. Depois, compare os quatro itens da Coluna A com as declarações apropriadas da Coluna B.

Tabela 5-4. Quatro Princípios de Aprendizado a Adultos

Coluna A	Coluna B
Disposição	1. Os orientados adultos devem participar e contribuir para seus aprendizados.
Experiência	2. Os orientados adultos devem ver como podem aplicar imediatamente de maneira confiável o que aprenderam.
Autonomia	3. Os orientados adultos conseguem ver os benefícios do que estão aprendendo para si próprios e, portanto, abrem suas mentes a isso.
Ação	4. Os orientados adultos não são recipientes vazios. Eles aprendem melhor quando o conteúdo e as atividades do aprendizado se integram ao que já sabem e visam o nível apropriado.

Você conseguiu entender todos os pontos se combinou os seguintes itens: disposição – 3; experiência – 4; autonomia – 1; e ação – 2.

O Ponto Básico sobre os Princípios de Aprendizado a Adultos

O treinamento é uma perda de tempo – sua, de seus participantes e de sua organização – se não der certo. Ao focar em seus orientados adultos e suas necessidades e características, as suas (e deles) probabilidades de sucesso aumentam vertiginosamente. Você, nós e nossos orientados são tão parecidos. O que funciona para nós, de modo geral, também funciona para eles. A regra de ouro sobre todas essas técnicas é "treine os outros como eles teriam-no treinado". Lembre-se disso quando passar ao novo capítulo onde derivamos um modelo e criamos um plano para criar sessões efetivas de aprendizado baseadas nessa regra de ouro.

Lembrete Final

- Nosso trabalho, na qualidade de professores, instrutores e educadores, é ajudar nossos orientados adultos a aprender. O sucesso deles é o nosso sucesso.

- Ao aplicar os quatro princípios-chave de aprendizado a adultos – disposição, experiência, autonomia e ação – você abre as mentes dos orientados, conecta-se com o que eles já sabem, envolve-os e lidera-os à aplicação bem-sucedida no trabalho.

- A regra de ouro do treinamento é "treine os outros como eles teriam-no treinado".

Capítulo 6

Um Modelo de Cinco Etapas para Criar Sessões de Treinamento Espetaculares

Pontos Essenciais do Capítulo:

- ◆ Seis princípios universais das pesquisas sobre o aprendizado.
- ◆ Modelo para estruturação do treinamento.
- ◆ Planilhas para orientação e suporte da aplicação.
- ◆ Instrumentos para retroadaptar treinamentos existentes ao modelo.

O que seria se lhe oferecêssemos uma ferramenta de treinamento simples e de fácil utilização que aumentasse significativamente a probabilidade de êxito no aprendizado com qualquer grupo, de qualquer tamanho e sobre qualquer tópico? Você gostaria de tê-la? Neste capítulo, isso é o que exatamente apresentamos a você. Sem restrições, advertências, probabilidades ou ocasionalidades. De certo modo, este capítulo é o cerne e o espírito do livro. Não estamos depreciando a importância dos outros capítulos, mas neste há efetivamente um agrupamento de ideias. Portanto, prepare-se!

Primeiro, apresentamos uma breve revisão. No Capítulo 1, lançamos alguns desafios para estabelecer o tema central deste livro: "Informar não é treinamento". Nossa meta também era que você percebesse imediatamente o estilo deste volume: divertido, desafiador, participativo e num modo de diálogo. O Capítulo 2 forneceu-lhe algumas palavras básicas – treinamento, instrução, formação e aprendizado – e apresentou um foco, um mantra: "Centrado no orientado, baseado no desempenho". Ele ainda destacou que o meio não é a mensagem e que o conteúdo deste livro se aplica a todas as formas de instrução, independentemente do veículo de apresentação. No Capítulo 3, abordamos os sentidos, o cérebro e a memória para adquirir um entendimento das características de aprendizado e as limitações de nossos orientados. O Capítulo 4 focou na razão pela qual geralmente temos dificuldades na transmissão de nossos conhecimentos aos orientados, ainda que saibamos muito. Enfatizou quão diferentemente *experts* e novatos processam informações e descreveu as distinções fundamentais entre conhecimento declarativo e procedimental com todas as implicações inerentes. Finalmente, o Capítulo 5 forneceu um panorama estruturado do aprendizado a adultos e exemplificou quatro princípios-chave de aprendizado a adultos.

O palco agora está preparado para a criação de efetivas sessões de aprendizado. Você já teve informações e argumentações suficientes para se convencer de que requeremos um mecanismo de estruturação que difere do comum que observamos na maior parte dos cenários de trabalho. Em que ponto nos voltamos para isso? Mais uma vez, os estudos sobre aprendizado ajudam a nos direcionar.

Seis Princípios Universais das Pesquisas sobre Aprendizado

Como você se classificaria na condição de um orientador?

☐ Mais auditivo.

☐ Mais visual.

- ☐ **Mais social.**
- ☐ **Mais independente.**
- ☐ **Mais focado em detalhes.**
- ☐ **Mais focado no todo.**
- ☐ **Mais com o lado direito do cérebro.**
- ☐ **Mais com o lado esquerdo do cérebro.**

Quando observamos indivíduos atuando no trabalho, notamos diferenças entre eles. Cada pessoa parece possuir um conjunto único de competências e características que as diferenciam. Naturalmente adotamos que elas têm seus próprios estilos de aprendizagem. Ainda, nossas observações sugerem que, idealmente, devemos personalizar nossas sessões de aprendizado a cada orientado. É óbvio que esse é um desafio incrível e, muito provavelmente, inviável, particularmente quando há tantos orientados e tão poucos recursos. Então, o que podemos fazer? Devemos nos comprometer? Aceitar menos?

Há uma má e uma boa notícia para revelar a você, dependendo de seu ponto de vista. Enquadramos cada uma delas a seguir, de modo que você possa selecionar aquela que preferir.

Má Notícia	Boa Notícia
Desculpe. Nós, humanos, não somos tão únicos como gostamos de pensar. Pesquisas sobre aprendizado indicam que há diferenças significativas no modo como orientados individuais são afetados por diferentes tipos de métodos de instrução. No entanto, as diferenças detectáveis nessas descobertas não se traduzem num impacto geral importante no aprendizado. Somos semelhantes sob mais aspectos do que somos diferentes.	A boa notícia está ligada à má. Com a mesma intensidade que gostaríamos de acreditar que cada um de nós é incrivelmente único, a menos que tenhamos alguma forma de incapacidade sensorial ou cognitiva, somos muito parecidos no modo como percebemos, processamos, armazenamos e recuperamos informações. Uma instrução bem desenhada e bem fornecida parece ter um impacto extremamente similar. Isso nos possibilita conceber uma instrução robusta com base num conjunto universal de princípios e atingir um alto grau de eficácia com uma grande variedade de orientados.

Agora que lhe demos tanto a boa como a má notícia, chegamos a uma simples conclusão: se conseguirmos extrair alguns princípios gerais, "universais", das pesquisas sobre aprendizado, podemos moldá-los num modelo para ensinar à maioria dos orientados a maioria dos tópicos com uma taxa relativamente alta de eficácia. Esses princípios são universais? Eles estão tão atrelados ao bom senso que é meio constrangedor revelá-los.

Apresentamos agora seis termos que adicionam uma porção de achados das pesquisas sobre aprendizado: por quê (justificativa), o quê (objetivo), estrutura, resposta, *feedback* e recompensa. Vamos examiná-los um a um.

Por quê (Justificativa)

Tão razoável como possa parecer, se o orientado sabe a justificativa pela qual supostamente tem de aprender algo, e ela lhe faz sentido – ou é por ele valorizada –, há um aumento na probabilidade de aprendizado. Isso parece muito similar ao princípio da disposição do capítulo anterior. A disposição sugere que o orientado adulto aprende com mais facilidade se sua mente está aberta e preparada para absorver novas informações. O segredo é mostrar o que há de significativo nisso para o orientado.

Pesquisas nas quais diferentes grupos de orientados receberam instrução com e sem uma "justificativa" robusta, significativa, geraram diferentes resultados no aprendizado. Grupos com justificativas fortes que explicaram convincentemente como os orientados se beneficiariam da instrução prestaram mais atenção e retiveram o que aprenderam mais acuradamente. Esse fato supostamente é verdadeiro independentemente do tipo de orientado. Quanto mais clara e significativa for a justificativa, melhor e mais duradouro o aprendizado.

O quê (Objetivo)

Há um velho ditado: "Se você não sabe para aonde está indo, provavelmente terminará indo a lugar algum. Isso também é válido para o aprendizado. Você já frequentou uma aula em que o instrutor/professor/educador perambulava sem rumo por todo o material do curso? Você ficava lá, tentando descobrir para onde essa pessoa estava apontando e se sentia perdido. Pesquisas sobre aprendizado demonstram o valor de esclarecer aos orientados o que serão capazes de fazer no final da lição, módulo ou curso. Essas informações iniciais atuam como um conjunto de orientações ou um guia. Quanto mais claro e significativo isso for para os orientados, maior a probabilidade de que conseguirão aprender.

Estrutura

Examine o conjunto de símbolos abaixo durante 15 segundos.

Preparado? Já!

$#Ɔ#*¿ƆƆ*¿$¿##Ɔ*Ɔ¿$*#*$¿$

Pare! Consulte a página a seguir.

Agora reproduza o conjunto na mesma ordem abaixo.

Fez tudo o que podia? Compare os dois conjuntos e dê a você mesmo um ponto para cada símbolo colocado na sequência correta. O número máximo de pontos é 25. Anote sua pontuação no retângulo abaixo.

Agora, repita o exercício utilizando o conjunto abaixo. Mais uma vez, você terá 15 segundos para "aprender" isso. Preparado? Já!

$$$$$????? ***** £££££ #####

Cubra o conjunto e reproduza o que se lembra no retângulo abaixo. Então, dê a sua própria pontuação novamente. Como antes, cada símbolo colocado na sequência correta vale um ponto.

Compare os conjuntos. Anote sua pontuação no retângulo.

Vamos examinar os resultados. Você se saiu melhor no primeiro ou no segundo teste? Quando aplicamos esse teste em orientados adultos, raramente encontramos pontuações acima de quatro ou cinco no caso em que os símbolos estão todos misturados. No entanto, quando esses mesmos símbolos estão colocados numa ordem estruturada, de fácil entendimento, a maioria das pessoas obtém uma pontuação igual a 25. Surpreendente! Mesmos símbolos (ou conteúdo), diferentes estruturas, resultados totalmente diferentes.

Nós, humanos, visamos a ordem. Quando não houver nenhuma, nós a criaremos artificialmente. Pense sobre contemplar as nuvens. Você não vê formatos em que há efetivamente padrões aleatórios? As pesquisas informam que, quanto mais clara a estrutura de um conteúdo for para os orientados, mais facilmente eles o entenderão e reterão.

Apresentamos agora mais um exemplo dessa questão de máxima importância, que é a estrutura. Suponha que tenhamos oferecido a você US$ 10 mil para indicar todos os estados dos Estados Unidos sem recorrer a qualquer referência ou obter qualquer assistência. Um erro, e você não recebe nada. O que você faria para se assegurar inteiramente de que conseguiria indicar corretamente os nomes de todos os estados. Marque a estratégia mais provável para você. Se nenhuma se enquadrar, adicione sua própria.

- ☐ **Apenas indicá-los aleatoriamente, à medida que surgem rapidamente na mente.**
- ☐ **Utilizar o alfabeto como guia e indicá-los segundo a ordem alfabética.**

- ☐ **Dividir os Estados Unidos em regiões e indicar os estados por região.**

- ☐ **Começar na costa leste (ou oeste) e indicar todos os estados em ordem decrescente e ao longo das fronteiras ao sul e ao norte. Em seguida, preencher com os estados numa espiral na direção do centro.**

- ☐ **Utilizar uma rima, som ou outro dispositivo de memória para organizar a recordação de todos os estados.**

- ☐ **Meu método:**_____

Aplicamos esse teste em centenas de orientados adultos. Cada um deles opta por algum método estrutural e sistematicamente organizado. Nenhuma pessoa seleciona indicar os nomes aleatoriamente. A necessidade de estruturar ou ordenar o que deliberadamente tentamos aprender e lembrar é universal entre todos os tipos de orientados, embora a natureza da estrutura possa variar.

Resposta

Quanto mais os orientados respondem ativamente ao aprendizado, eles conseguem aprender e reter com melhor qualidade. A resposta pode assumir a forma de responder a uma pergunta, preencher um espaço vazio, nomear algo, resolver um problema, tomar uma decisão ou, inclusive, discutir e argumentar. Pode assumir qualquer forma que obtenha uma resposta ativa para o aprendizado do conteúdo. Antes de revelarmos mais detalhes das pesquisas sobre respostas ativas, apresentamos agora um rápido desafio. Marque sua opção abaixo.

- ☐ **Os orientados aprendem melhor se a resposta que emitem é expressa abertamente ou anotada – uma resposta declarada.**

- ☐ **Os orientados aprendem melhor se a resposta que emitem está nas suas cabeças – resposta fechada ou silenciosa.**

- ☐ **Os orientados aprendem melhor se respondem. Não há diferença significativa entre respostas declaradas ou fechadas.**

Preparado para o que parece ser a resposta surpreendente? A resposta correta é a terceira opção. Praticamente todas as pessoas selecionam a primeira opção, mas o que as pesquisas evidenciam é que responder ativamente é o ingrediente crítico. O que também é importante é que a resposta seja significativa. Temos visto o chamado e-Learning interativo, no qual os orientados movem objetos, clicam em itens e digitam números, letras e até palavras que não têm nenhum significado em relação ao que supostamente estão dominando. Trata-se de respostas vazias. Isso tem algum valor limitado pelo fato de que pode manter a atenção por um período, mas faz pouco para esclarecer o significado ou assistir na retenção. Exemplos disso, tanto presenciais como mediados, são os jogos de aprendizado, nos quais o aspecto de jogar torna-se tão dominante que o conteúdo em si se desvanece. A resposta é sobre o jogo, não o conteúdo, e ele cessa de ser relevante ou significativo.

A respeito do significado e de sua importância, pense em você executando tarefas rotineiras nas quais está respondendo, mas não mais engajado mentalmente. Você já passou por alguma das seguintes situações. Marque aquelas pelas quais passou:

- **Você estava dirigindo durante alguns minutos e, depois, percebeu repentinamente que tinha ficado no "automático" e não consegue se lembrar do que fez, ou acabou pegando uma rota familiar que não pretendia.**
- **Você executou suas tarefas rotineiras (tomou banho, barbeou-se/maquiou-se, penteou o cabelo etc.) e, então, teve de conferir se tinha ou não passado desodorante.**
- **Você estudou para uma prova e leu vários parágrafos ou páginas somente para concluir que não consegue recordar uma palavra do que acabou de revisar.**
- **Você foi apresentado a novas pessoas num evento social, sorriu, trocou apertos de mão e, depois, notou que não conseguia lembrar dos nomes das pessoas que acabara de conhecer.**
- **Você terminou sua refeição e, então, não conseguiu lembrar o que tinha acabado de comer.**

Nós dois, os autores, marcamos *todos* os itens; portanto, não se preocupe se tiver a sensação de que está começando a ficar louco. Você está simplesmente no modo automático, um mecanismo normal que possibilita que você o execute inconscientemente. O problema é que, durante esses períodos, você não está engajado mentalmente com suas respostas. Não ocorre nenhum aprendizado novo. Até com uma arma apontada na cabeça, não é possível recordar o que você fez, embora responda apropriadamente. Uma resposta ativa, consciente, durante a fase inicial do aprendizado – declarada ou fechada – é essencial para a compreensão e a recordação, mas o orientado deve estar engajado mental e integralmente.

Feedback

Este é um dos mecanismos mais eficientes para o aprendizado. O problema é que há também uma porção de mitos associados ao *feedback*. O *feedback* é informação que os orientados recebem sobre se estão próximo ou longe do objetivo que perseguem (por exemplo, na identificação do componente de um sistema, descrição de um processo, resolução de um problema, lançamento curvo de uma bola). O orientado responde de certa forma a uma parte crítica do aprendizado ou a todos seus elementos que levem a atingir o objetivo. Ele chega aos orientados via um instrutor ou um meio que os informa sobre se suas respostas têm estado dentro ou fora do objetivo. Isso ajuda os orientados a ajustar ou continuar a responder. Sob uma perspectiva de instrução, o *feedback* deve ser corretivo (deixar que o orientado altere as respostas) ou confirmativo (deixar que o orientado saiba que tem atingido a meta parcial ou total).

Apresentamos a seguir o que as pesquisas nos revelam sobre o *feedback*:

- ◆ *Feedback* que o orientado percebe que está dirigido à tarefa ajuda a melhorar o desempenho.

- ◆ *Feedback* que o orientado percebe como uma crítica a si próprio tende a dificultar ou reduzir seu desempenho.

- *Feedback* imediato ajuda a melhorar o desempenho em tarefas simples.

- *Feedback* com atraso parece ser mais efetivo no que os orientados percebem como tarefas complexas (um retorno muito rápido pode confundir os orientados por sobrecarregar suas memórias de curto prazo).

- *Feedback* específico e frequente ajuda a melhorar o desempenho. No entanto, se o retorno for muito detalhado ou específico (por exemplo, "em sua gingada de golfe, altere o ângulo do cotovelo a 11%; vire o pé esquerdo para fora em 4º e avance-o cerca de 5 cm; ajuste o ângulo da superfície frontal de seu taco para 2º..."), confunde o orientado e pode ter um efeito adverso na performance.

Recompensa

Se você coloca uma nova roupa e recebe elogios sobre sua aparência, qual é a probabilidade de vesti-la novamente no futuro? É relativamente alta se você segue o que nos é informado pelas pesquisas. No aprendizado, se atingimos um objetivo – dominar uma matéria – e somos recompensados pelo sucesso, aumenta a probabilidade de que este aprendizado seja retido. O reconhecimento do sucesso para a maioria das pessoas incentiva-as a aprender e reter [o conhecimento]. No auge do behaviorismo*, dos meados da década de 50 aos meados da década de 70, o valor e impacto da recompensa era praticamente uma lei sagrada. Pesquisas cognitivas tendem a moderar um pouco o extremo entusiasmo para o bem da recompensa, mas praticamente todos os estudiosos do aprendizado ainda reconhecem o valor do reforço.

Há uma grande distinção entre recompensas intrínsecas – aquelas que emergem da sensação de realização quando as pessoas aprendem algo efetivamente – e extrínsecas, que estão associadas a algo tangível recebido pelo aprendizado (por exemplo, uma estrela dourada, alimentos, dinheiro, eliminação de algo desagradável). Quanto mais uma pessoa consegue in-

---
* N. T.: Behaviorismo é, de modo geral, um método de observação em psicologia que tem por objetivo o estudo das relações entre os estímulos e as respostas do indivíduo.

cluir e inserir recompensas intrínsecas – a alegria que nasce do aprendizado em si –, melhor é para o orientado. Com certos orientados, no entanto, as recompensas extrínsecas na forma de bônus, pontos, privilégios e eliminação de tarefas desagradáveis, como lavar pratos, podem ajudar a associar o aprendizado a experiências agradáveis.

Considerados juntos, esses seis princípios universais extraídos das pesquisas sobre aprendizado assentam os alicerces para um modelo de instrução muito eficaz. Quando suportado pelo que aprendemos sobre o modo de as pessoas processarem informações e pelos princípios de aprendizado a adultos, descobrimos os ingredientes essenciais seguintes para criar um aprendizado efetivo e eficiente:

◆ Possibilitar que os orientados saibam a razão por que o aprendizado lhes é benéfico.

◆ Ajudar os orientados a entender claramente e de modo significativo qual a importância de eles estarem aprendendo.

◆ Criar atividades e informações estruturadas que facilitem a aquisição das habilidades e dos conhecimento visados.

◆ Inserir no aprendizado algumas oportunidades para respostas frequentes e significativas.

◆ Fornecer apropriado *feedback* corretivo e confirmativo em relação às respostas dos orientados.

◆ Incluir recompensas intrínsecas e extrínsecas adequadas, que cada orientado valorize, para aumentar o prazer do processo de aprendizagem e seus resultados de sucesso.

Um Modelo Universal para Estruturar Qualquer Sessão de Aprendizado

Baseados nos ingredientes essenciais precedentes, apresentamos agora a você um modelo de fácil aplicação, amigável ao usuário, para o desenvolvimento de qualquer sessão de aprendizado. Ele leva em conta todos os tipos de variações. Nessa parte do capítulo, damos exemplos de seu uso com diferentes conteúdos, contextos e públicos-alvo. A aplicação deste modelo pode lhe proporcionar uma sessão de aprendizado de êxito instantâneo. À medida que você se torna mais habituado e confortável com sua utilização, é possível incorporar nele outros elementos partindo deste livro bem como de suas próprias experiências ou observações.

A Figura 6-1 apresenta, numa descrição geral, nosso modelo de cinco etapas para estruturar treinamentos. Apresentamos agora alguns detalhes sobre as facetas do modelo.

```
          ┌──────────────┐
          │  Base Lógica │
          └──────┬───────┘
                 ▼
          ┌──────────────┐
          │  Objetivos   │
          └──────┬───────┘
                 ▼
          ┌──────────────┐
          │  Atividades  │
          └──────┬───────┘
                 ▼
          ┌──────────────┐
          │   Avaliação  │◄─────────────┐
          └──────┬───────┘              │
                 ▼                      │
     ╭─────────────╮   Sim  ◇  Não  ┌───────────┐
     │(confirmativo)│◄──── OK? ────►│(corretivo)│
     │  Feedback   │       ◇       │ Feedback  │
     ╰─────────────╯               └───────────┘
```

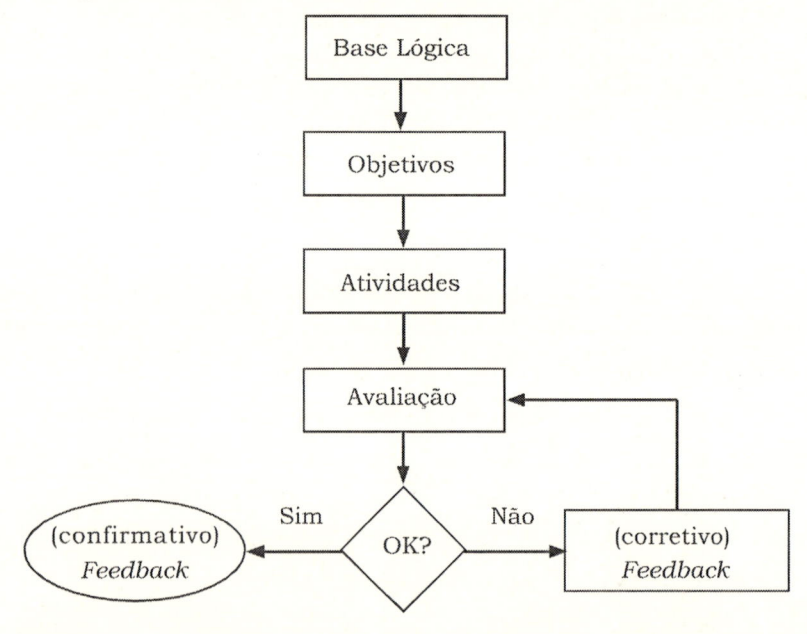

Figura 6-1. Modelo de Cinco Etapas para Estruturar Treinamentos.

Base Lógica

Apresente uma base lógica. Explique por que os orientados devem aprender sempre que estiver lhes ministrando um treinamento. No início de qualquer sessão de treinamento, os orientados exigem uma explicação da justificativa de suas participações, seja ela nas modalidades presencial, e-Learning, baseada em vídeo ou impressa. Se o orientado sabe por que deve aprender algo e o valoriza, as pesquisas sugerem que há uma probabilidade mais alta de aprendizado. Esse fato está diretamente vinculado ao princípio da disposição – a abertura da mente e da alma – descrito no capítulo 5. Na base lógica, o instrutor ou a instrução informam aos orientados sobre a importância disso para eles, bem como para outros (por exemplo, colegas de trabalho, clientes, acionistas da organização). A base lógica pode proporcionar uma explicação ou pode levar os orientados a descobrirem sozinhos por que devem aprender isso.

Vamos trabalhar com um exemplo utilizando um conteúdo relativamente conhecido, ou seja, objetivos de performance. Suponha que os participantes consistam de especialistas na matéria (SMEs) internos que receberam a tarefa de desenvolver e ministrar sessões de treinamento a organizações clientes e distribuidores externos que estarão vendendo seus produtos e serviços. O que poderíamos incluir numa base lógica para a aquisição de habilidades no desenvolvimento de objetivos de performance?

Base Lógica

- Na qualidade de formadores, seu sucesso é medido pelo sucesso de seus orientados.

- Quanto mais concreto e verificável for o que você quer que seus orientados sejam capazes de fazer e dizer, mais facilmente é possível identificar seus êxitos ou deficiências.

- Os objetivos de aprendizado são as metas para a qual toda a sua instrução e o aprendizado de todos os orientados estão voltadas. Eles fornecem objetivos concretos para que todos consigam atingir.

- Quanto mais fácil for a criação desses objetivos, mais pronta e suavemente todas as outras partes de sua instrução são implementadas. Isso facilitará muito seu planejamento de lições.

- Se seus orientados sabem para aonde estão indo, há maior probabilidade de que chegarão lá.

Na base lógica, você apresenta uma descrição geral sobre o ponto para aonde está rumando na sessão. Cria também um desejo de aprender ao sublinhar quão útil, interessante e estimulante essa sessão será aos orientados.

Objetivos de Performance

Defina o objetivo de performance aos orientados. Informe-os claramente o que eles serão capazes de fazer no fim da sessão. Se os orientados sabem o que supostamente aprenderão, as pesquisas sugerem que há maior chance de que conseguirão aprender. Se o ritmo do curso for ditado pelo próprio orientado, o instrutor ou o material instrucional fixam os objetivos significativamente em termos do orientado e não em termos do orientador ou do sistema de treinamento.

Qual das declarações abaixo é mais apropriada como um objetivo?

- ☐ **Você será capaz de converter uma chamada de serviço a um contato para venda.**
- ☐ **Eu lhe mostrarei como converter uma chamada de serviço a um contato para venda.**

A primeira declaração é mais apropriada, pois é expressa em termos do orientado. A segunda define o que o orientador fará e como tal não é um objetivo de performance focado no orientado.

O instrutor ou o material instrucional ainda fixam o objetivo em termos (mensuráveis ou observáveis) concretamente verificáveis. Selecione o item entre as duas opções abaixo que você acredita que seja um melhor objetivo de performance.

- ☐ **Você definirá as quatro etapas para converter uma chamada de serviço a um contato para venda.**
- ☐ **Você conhecerá as etapas para converter uma chamada de serviço a um contato para venda.**

O primeiro objetivo é melhor, pois utiliza um verbo mais verificável, "definir", e indica um número específico de etapas. Quanto mais concretamente verificável, sem se tornar obsessivo ou trivial, melhor o objetivo de performance.

Continuando nosso exemplo do conteúdo que os SMEs aprendem para se tornarem orientadores, apresentamos agora como o objetivo de performance poderia ser expresso.

Objetivo de Performance: Os participantes serão capazes de criar, para suas sessões de treinamento, objetivos de performance definidos em termos do orientado e que incluem verbos verificáveis e padrões específicos de performance.

Atividades

Crie atividades de aprendizado que conduzam ao alcance dos objetivos de performance. Se os orientados fazem coisas que provoquem diretamente o cumprimento dos objetivos, há uma melhor chance de que os atingirão. Isso indica que o orientador (ou designer do treinamento) cria ou seleciona apenas aquelas atividades que levem diretamente o orientado a cumprir cada objetivo. Aqui temos um dos benefícios-chave deste modelo: ele é "enxuto" e focado. A base lógica fornece benefícios ao orientado. Os objetivos de performance firmam o contrato entre o treinamento e os orientados – o que serão capazes de fazer e com que qualidade. Agora, as atividades param o barulho exterior e frequentemente disruptivo. Elas focam acentuadamente no alcance do objetivo, nada mais ou menos. As atividades são projetadas para estimular – até exigir – uma participação mais ativa do orientado. As atividades ainda devem estimulá-los a contribuir com suas próprias experiências, imaginação e julgamento. Afinal, essas pessoas são adultas!

O importante, para atividades eficazes de aprendizado, é que sejam inerentemente interessantes e, inclusive, divertidas. Isso significa que o orientador, ou designer do treinamento, deva inserir elementos de desafio, curiosidade ou fantasia. No caso de desafios, as atividades apresentam dificuldades que, com esforços, possam ser superadas para se atingir um sucesso conquistado a duras penas. A curiosidade acarreta deixar de informar aos orientados tudo de uma vez. As atividades os forçam a imaginar o que virá em seguida. Eles estão curiosos, mas não confusos. Finalmente, a fantasia atua como um tempero. Ela desperta interesse e é imaginativa. Provoca uma participação criativa. Isso torna as atividades divertidas e interessantes e ajuda a promover um tipo mais amplo de transferência ao trabalho (estimula a visualização de uma faixa mais ampla de aplicações do que se todas as atividades estivessem estreitamente focadas no trabalho imediato). O Capítulo 8 traz 25 exemplos de atividades de aprendizado interessantes, muitas das quais incluem todos esses elementos.

Em nosso exemplo sobre objetivos de performance, eventuais atividades poderiam incluir as seguintes:

Atividades:

◆ Para apresentar uma base lógica, inicie com exemplos de declarações vagas e objetivos de performance claros. Peça aos participantes para que selecionem o que preferem e articulem suas razões.

◆ Defina benefícios dos objetivos de performance para sessões de treinamento com exemplos relacionados ao trabalho.

◆ Defina o objetivo de performance dessa sessão e analise e/ou discuta com os participantes suas expectativas e o valor desse objetivo.

◆ Conduza um exercício que peça aos participantes identificarem exemplos de bons objetivos de performance comparados com exemplos negativos, e peça para que eles dêem razões para sua seleção. Resuma destacando as características críticas de objetivos de performance excelentes.

◆ Conduza um exercício no qual os participantes primeiramente editam objetivos de performance mal elaborados e, em seguida, crie objetivos a partir de determinado conteúdo, e compartilhe-os e corrija-os em grupos. Apresente algum conteúdo envolvendo fantasia (por exemplo, passar manteiga num pão, pilotar um disco voador). Forneça uma lista de confirmação para verificar objetivos.

◆ Com base em seus próprios conteúdos, os participantes geram objetivos de performance, os autoeditam e, em seguida, editam, com a ajuda de colegas, os objetivos de terceiros.

◆ Conclua com uma discussão resumida sobre os benefícios e técnicas para gerar objetivos de performance. Os participantes revisam todos os objetivos dessa sessão e os criticam, editam ou aprovam.

Avaliação

Confira a performance dos orientados. Confira para ver se eles aprenderam. Se os orientados são avaliados com base no que supostamente devem aprender, há uma melhor chance de que consigam aprender. No entanto, é importante avaliar em termos do objetivo de performance e não da pessoa em si. O orientador ou o sistema de treinamento verificam o grau com que cada orientado tem cumprido cada objetivo para o nível desejado de performance. Num treinamento computadorizado, com ritmo ditado pelo próprio orientado, esse processo pode ser automatizado e os resultados registrados para fins de correção, orientação ou posterior revisão. Em cenários presenciais, o orientador faz o que é factível. Isso pode incluir fazer perguntas; solicitar demonstrações reais ou simuladas; pedir aos orientados que façam exercícios e, depois, autoavaliá-los, corrigir pares, ou avaliar em equipes; e fornecer problemas e casos para verificar tanto o processo como o resultado.

As ferramentas mais comuns para verificação do alcance de objetivos de performance são testes escritos e/ou orais e de performance, observação de listas de conferência e resultados de performance. (No capítulo 9, detalhamos muito mais esses pontos com exercícios e testes).

Retornando ao nosso exemplo, poderíamos fazer a avaliação da seguinte maneira:

Avaliação:
- Para o exercício sobre a identificação de exemplos e exemplos negativos de bons objetivos, utilize uma resposta-chave. Inclua discussão para justificar respostas.
- Peça aos participantes que derivem e definam características críticas de objetivos de performance excelentes.
- Confira todos os objetivos editados e gerados utilizando a lista de confirmação de objetivos de performance.

- Confira todos os objetivos gerados pelos participantes com base em seus próprios conteúdos utilizando a lista descrita no item anterior.

Feedback

Forneça *feedback* em termos dos objetivos de performance. Deixe os orientados saberem se executaram corretamente. Corrija-os quando estiverem extraviados.

Se os orientados recebem informações sobre o grau de desempenho no aprendizado, eles tendem a aprender melhor. Por essa razão, é essencial que obtenham *feedback* por toda a sessão de treinamento. Conforme mencionado anteriormente, em relação às pesquisas sobre o *feedback*, sempre dê esse retorno em termos do objetivo de performance e não da própria pessoa. Geralmente, o melhor período para fornecer *feedback* é logo após a avaliação. No caso de tarefas complexas ou difíceis, no entanto, o *feedback* pode ser muito efetivo se for recebido momentos antes da próxima tentativa ou prática. Isso tem o mesmo efeito de uma atualização em termos de aprendizado e uma preparação oportuna. Se a avaliação causa ansiedade, que é frequentemente o caso para orientados adultos, não os deixe fazendo conjecturas. Forneça imediato e suficiente *feedback* para reduzir o estresse e estimular o aprendizado.

Mais importante, o *feedback* é recebido de duas formas: corretivo, que explica aos orientados como podem atingir o objetivo, e confirmativo, que informa aos mesmos que atingiram o objetivo. O *feedback* corretivo deve sempre ser declarado de maneira positiva e estimuladora.

O *feedback* nem sempre é algo para o qual podemos especificar seu planejamento. Todavia, o seu componente é essencial e onipresente nos treinamentos. Em nosso exemplo, poderíamos dar o seguinte *feedback*.

Feedback:

- À medida que orientados adquirem habilidades e conhecimento sobre objetivos de performance, forneça continuamente *feedback* corretivo e confirmativo.

Capítulo 6 – UM MODELO DE CINCO ETAPAS PARA CRIAR SESSÕES   **103**

◆ Após cada exercício, forneça informações específicas sobre como melhorar a performance ou confirme a correção da resposta em relação ao objetivo de performance.

A Figura 6-2 apresenta o modelo comentado de cinco etapas para estruturar treinamentos com um resumo dos pontos principais feito nessa parte do texto. Este modelo, aparentemente simples, incorpora descobertas significativas das pesquisas sobre aprendizado que ajudam os orientados a adquirir novo aprendizado de forma efetiva e eficiente. Na próxima seção, transformaremos os modelos em planilhas operacionais e as testaremos com conteúdo.

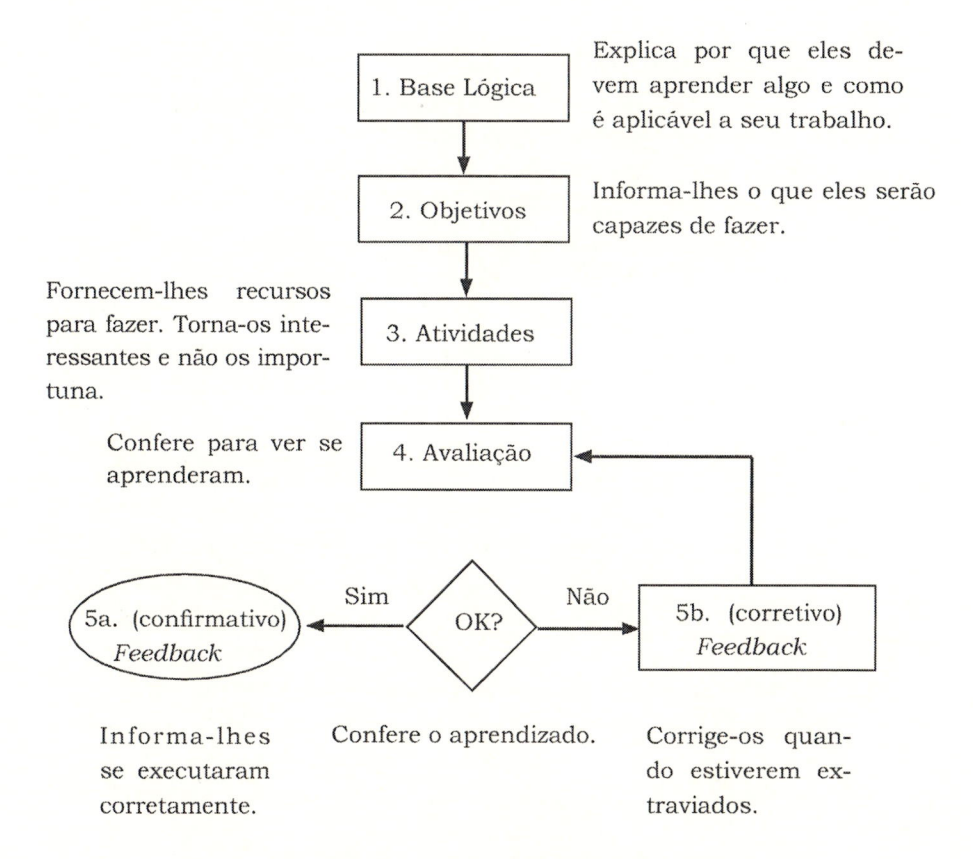

Figura 6-2. Modelo Comentado de Cinco Etapas para Estruturar Treinamentos.

A Folha de Planejamento da Sessão de Treinamento

Examine a Figura 6-3 e observe como transformamos o modelo de cinco etapas em uma folha de planejamento. Essa planilha permite que você pegue o primeiro atalho na criação de sua sessão de treinamento. Observe ainda duas de suas características-chave. Primeiro, ela não é centrada no conteúdo. Preferentemente, força-o a pensar nos orientados. Começa com o requerimento para a base lógica que fornece objetivos significativos aos orientados. Requer também objetivos centrados no orientado e baseados em desempenho, significativos e valiosos aos mesmos. Especifica as atividades que conduzirão os orientados ao alcance de objetivos. As atividades devem manter pelo menos um equilíbrio de 50% entre o orientado e o instrutor ou conteúdo instrucional, num modo com o ritmo seguido pelo próprio orientado. Em seguida, pergunta como o alcance dos objetivos será avaliado. (No Capítulo 9, passaremos um período considerável de tempo discutindo sobre ferramentas e métodos apropriados de avaliação.) A etapa final, *feedback* confirmativo e corretivo, deve ser um fruto natural da avaliação e espontaneamente adaptada ao modo de performance de cada orientado. Ela pode ser útil, no entanto, para antecipar em que pontos podem ocorrer dificuldades e de que forma podem ser abordadas se o orientado precisa ser forçado a entrar nos eixos.

Segundo, observe a brevidade e a simplicidade da folha de planejamento. Você será requerido para pensar sobre cada sessão e, em seguida, elaborar seu plano num formato projetado. Lembre-se de que, conforme discutimos no Capítulo 2, nossa tendência natural como especialistas da matéria, ou SMEs, é preencher um planejamento da sessão de treinamento com conteúdo. Neste ponto, em vez disso, estamos lhe pedindo para focar primeiramente no cliente. Quando você tiver planejado sua estratégia de treinamento-aprendizado, é possível tratar do conteúdo necessário e relevante que os orientados possam absorver e reter.

Capítulo 6 – UM MODELO DE CINCO ETAPAS PARA CRIAR SESSÕES

Título da sessão: _____
Público-alvo: _____
Tempo alocado: _____

Base Lógica:

Objetivos:

Atividades:

Avaliação:

Feedback:

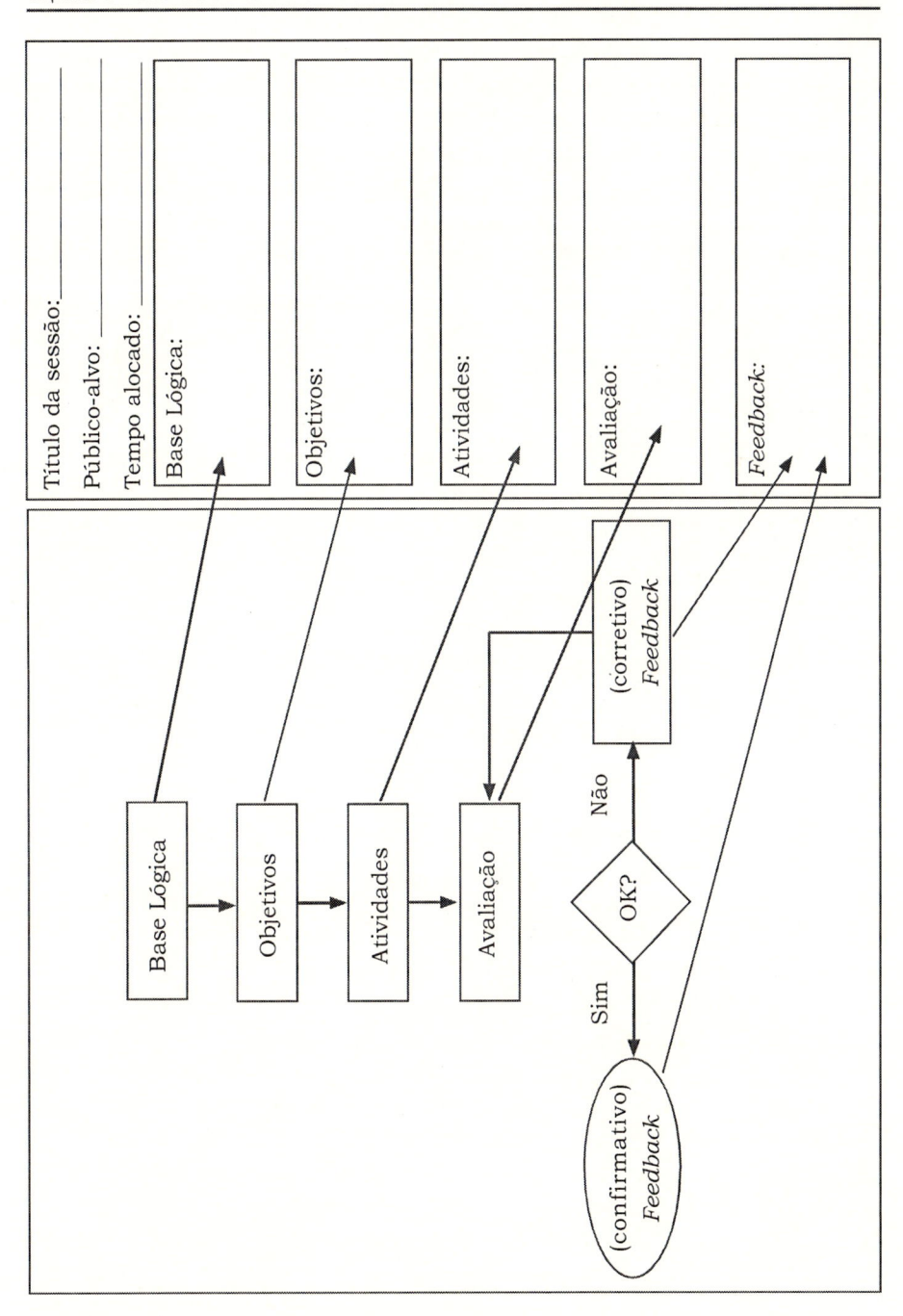

Figura 6-3. Folha de Planejamento da Sessão de Treinamento

Agora, vamos prosseguir com um exemplo que nos possibilita testar esse planejamento da sessão de treinamento. Preparado para seu primeiro voo simulado? Iniciaremos com um cenário ficcional para manter a simplicidade.

Exemplo de Cenário de Planejamento:
Um Ingresso Para a Feira

> **Histórico:** Uma vez ao ano, o Estado monta uma feira de grande porte. Durante uma semana, centenas de milhares de visitantes pagantes afluem para ela. A cada ano, a Comissão Estadual da Feira contrata trabalhadores temporários para várias funções. Você é o responsável pelo treinamento de 45 bilheteiros (vendedores de ingressos). Eles precisam ser precisos e rápidos, pois as filas podem ficar longas e os visitantes, impacientes. A precisão e a rapidez são os dois critérios-chave para a eficiência. O sistema é totalmente manual. Todos os potenciais bilheteiros são novatos, passaram por confirmações de sua formação acadêmica e têm características parecidas.
>
> **Público-alvo:** Bilheteiros para meio período com níveis de instrução que vão da 10ª série do ensino médio até a faculdade. Todos são maiores de 18 anos; alguns chegam a ter 60 anos. Cerca de dois terços é composta de mulheres. Nenhum deles apresenta problemas funcionais ou incapacidades significativas relativas à visão e à audição.
>
> **Tema da sessão:** Calcular os custos do ingresso, coletar o dinheiro, emitir os bilhetes e devolver o troco.
>
> **Tempo alocado:** Duas horas e 30 minutos.
>
> **Contexto do treinamento:** Sala de aula e bilheterias grosseiramente simuladas.

Dados os detalhes desse cenário, desenvolvemos o planejamento da sessão de treinamento ilustrado na Figura 6-4. Detalhamos esse plano de sessão de treinamento um pouco mais integralmente do que faríamos normalmente. No entanto, como primeiro exemplo, percebemos que um pouco de informações extras ajudaria você a visualizar mais claramente essa sessão. Avalie o plano utilizando a Lista 6-1 antes de ler adiante.

Lista 6-1. Avaliação da Folha de Planejamento da Sessão de Treinamento

Critério	Sim	Não
A base lógica é apresentada em termos dos orientados	☐	☐
Os orientados participam e contribuem para a criação da base lógica.	☐	☐
Os objetivos de performance são estabelecidos em termos dos orientados.	☐	☐
Os objetivos de performance são verificáveis.	☐	☐
Os objetivos de performance são apropriados aos orientados e ao conteúdo.	☐	☐
As atividades são apropriadas aos objetivos de performance (elas conduzem os orientados a atingir os objetivos).	☐	☐
As atividades exigem a participação do orientado no mínimo em 50% do tempo.	☐	☐
Os orientados podem participar e contribuir durante as atividades.	☐	☐
A avaliação é apropriada aos objetivos de performance.	☐	☐
O *feedback* é apropriado.	☐	☐
A sessão pode ser conduzida dentro do tempo alocado.	☐	☐

Talvez você tenha que fazer algumas suposições para completar a Lista 6-1, mas, de modo geral, deveria existir um "sim" marcado para cada item. Do contrário, determine o que poderíamos ter feito para obter marcas "positivas" em todas as respostas.

Por favor, queira melhorar sua sessão.

Folha de Planejamento da Sessão de Treinamento
Título da Sessão: _Vender ingressos, arrecadar dinheiro e devolver trocos_
Público-alvo: _Bilheteiros da feira estadual (15 participantes por sessão)_
Tempo alocado: _Duas horas e 30 minutos_

Base Lógica:
- A parte mais importante e intrincada do trabalho é vender ingressos e devolver corretamente o troco.
- Apesar do ruído de fundo, se você pegar o jeito, não terá problemas.
- Você será responsável por seus erros até a quantia de 100 dólares. Aprenda a função direito e não cometerá erros.
- Diariamente oferecemos um bônus para o bilheteiro mais preciso e mais rápido.
- Algumas pessoas ficam hostis quando você está lento ou comete erros. Essa sessão ajudará você a evitar o problema.

Objetivos:

Objetivo geral:
Os participantes serão capazes de vender os números exatos e os tipos de ingressos, coletar a quantia exata de dinheiro e devolver o troco correto para qualquer usuário, num tempo médio de 20 segundos por transação (grupo máximo de oito pessoas por transação) e sem erros.

Objetivos específicos:
- Identificar os números exatos e os tipos de ingressos solicitados pelo usuário.
- Calcular o custo total exato em 10 segundos sem erros.
- Coletar a quantia total correta sem erros.
- Devolver o troco exato ao usuário sem erros.

Atividades:
- Extrair dos participantes o que mais os preocupam sobre a nova função.
- Mostrar como essa sessão ajuda a diminuir ou eliminar essas preocupações.
- Apresentar pontos-chave da base lógica e discuti-los individualmente.
- Exibir preços de ingressos e/ou materiais instrucionais ao usuário e demonstrar seu uso.
- Utilizar diferentes vozes e pedidos para entrada, bem como fazer com que os participantes determinem o pedido e o custo exatos. Após diversos exemplos, cronometre o exercício.
- Utilizar notas e moedas de brinquedo, bem como pedir aos participantes que pratiquem a coleta de dinheiro, a emissão dos ingressos e a devolução do troco. Essa é uma atividade perfeita para ser feita entre pares de colegas.
- Utilizar bilheterias simuladas, bem como criar uma sessão prática que reúna tudo. Reproduza uma gravação com som alto simulando o ruído do fundo.

Avaliação:
- Pratique exercícios com limite de tempo no fim de cada atividade.
- Avaliação final: Nas bilheterias simuladas, cada orientado serve 10 parceiros representativos dos usuários; cada um deles com suas próprias características e requisitos. Uma gravação toca um som alto representando o ruído do fundo. Há conversas entre os participantes. O orientador cronometra cada participante e verifica a precisão.

Feedback:
- Forneça *feedback* aos participantes sobre como está seus desempenhos e como podem melhorar, graças à autoavaliação, avaliação dos parceiros e verificação do orientador.
- Forneça informações precisas e oportunas após as avaliações finais. Dê sugestões sobre modos de aperfeiçoamento, quando necessário.
- Forneça prêmios para os participantes com melhor desempenho.

Figura 6-4. Exemplo de Planilha de Planejamento.

A Folha de Roteiro da Sessão de Treinamento

A folha de roteiro da sessão de treinamento simplesmente foi uma primeira tentativa de organizar uma experiência de aprendizado centrada no orientado e baseada no desempenho. Em muitos casos, ela pode ser suficiente. Tudo o que você precisa fazer é acrescentar o *timing*, programar seus recursos e, então, coletar e preparar seus materiais para os testes. Apresentamos agora uma regra prática para planejar sessões de treinamento centradas no orientado e baseadas no desempenho:

> *Quanto mais* expertise *de conteúdo o orientador possui, menos informações de conteúdo você requer em seu plano. Quanto mais competência e experiência de treinamento o orientador possui, menos detalhes instrucionais você requer em seu plano.* Isso é essencialmente válido para treinamentos presenciais, síncronos. Para um aprendizado de qualquer natureza em que o ritmo é ditado pelo próprio orientado, o plano final deve conter mais detalhes tanto para os métodos de conteúdo como para os instrucionais.

Quando é exigida uma maior elaboração do plano de treinamento, o modelo de cinco etapas pode ser expandido para acomodar mais roteiros. Neste livro, oferecemos uma série de folhas de roteiro de sessão de treinamento somente para treinamento presencial, liderado por instrutor, pois qualquer outro tipo de método de apresentação tem seu próprio conjunto de requisitos detalhados. Os roteiros com vídeos lineares diferem dos roteiros de vídeos controlados pelo orientado, de acesso aleatório, e ambos são distintos de todas as variedades dos formatos de e-Learning.

Constatamos que as folhas de roteiro da sessão de treinamento ilustradas na Planilha 6-1 e na Figura 6-5 são muito úteis quando a circunstâncias garantem seu uso. Algumas dessas circunstâncias são:

- ◆ quando você tem orientadores relativamente inexperientes: elas lhe dão um roteiro a seguir e aumentam suas probabilidades de sucesso;
- ◆ quando seus orientadores são inseguros sobre a sessão: a folha de roteiro torna-se uma "rede de segurança" para eles;

Planilha 6-1. Folha de Roteiro da Sessão de Treinamento

Título da Sessão: _____
Público-alvo: _____
Tempo alocado: _____
Objetivos:

Faça	Diga	Recursos	Tempo

Capítulo 6 – UM MODELO DE CINCO ETAPAS PARA CRIAR SESSÕES

Título da Sessão: *Extraído da folha de planejamento da sessão de treinamento*

Público-alvo: *Extraído da folha de planejamento da sessão de treinamento*

Tempo alocado: *Extraído da folha de planejamento da sessão de treinamento*

Objetivos: Extraídos da folha de planejamento da sessão de treinamento. Se houver um objetivo geral, defina-o primeiro. Em seguida, inclua os objetivos específicos.

Faça	Diga	Recursos	Tempo
Parecido às orientações numa peça teatral. Liste em ordem o que o orientador e os orientados efetivamente fazem – que pode ser observado.	*Parecido com o roteiro de uma peça. Você fornece ao orientador palavras efetivas ou sugestões de falas. Se ele exige ajuda no conteúdo, detalhe os pontos a esse respeito. Se exige orientação quanto a métodos instrucionais, detalhe mensagens instrucionais para que ele declare.*	*Parecido com as especificações profissionais de uma peça. Para cada atividade ou evento instrucional, liste a mídia ou os requisitos dos recursos.*	*Para cada atividade ou evento instrucional, liste a alocação exata de tempo*

Figura 6-5. Conteúdos da Folha de Roteiro da Sessão de Treinamento.

- se você tiver vários orientadores ministrando a mesma sessão (alguns deles gostam de seguir seus próprios roteiros), elas fornecem uniformidade ao método;

- em situações em que há uma grande exigência de consistência entre orientadores e localidades, elas delineiam um método comum que facilita o monitoramento da consistência;

- quando há frequente rotatividade entre os orientadores, os novos treinadores têm uma sessão pronta para uso já preparada para eles;

- nos casos em que a sessão é raramente ministrada, a folha de roteiro diminui o tempo de preparação;

- se houver requisitos legais ou regulatórios para fins de precisão ou se você exigir uma série de auditorias de treinamento para proteger a organização num processo de litígio, a planilha de roteiro apresenta claramente a trajetória de treinamentos oficialmente aceita.

Vamos reexaminar essa planilha com informações sobre o que incluir em cada seção. Você provavelmente notou a similaridade desse formato de roteiro com um roteiro teatral. Uma sessão de treinamento é uma forma de produção teatral. A exemplo de uma peça, o treinamento exige precisão, reflexão cuidadosa, sequência coerente e lógica e um término entusiasmante. Acreditamos que, sob muitos aspectos, o treinamento exige mais do que uma representação teatral. Na qualidade de orientadores ou *designers* de treinamento, devemos não somente cativar nossos públicos e entretê-los, mas também engajá-los ativamente e ajudá-los a aprender e reter algo. Muitas de nossas produções duram muito mais que uma peça e demandam muito mais intelectualmente do público. Ainda mais desafiador, é que muitos dos participantes podem não estar presentes voluntariamente. Mais uma razão para planejar bem, se esperamos transformá-los!

Para concluir essa seção de roteiros, vamos examinar como nosso exemplo da Feira Estadual é transferido das folhas de planejamento à de roteiro. Na Figura 6-6 exibimos apenas um fragmento do conteúdo para propósitos de demonstração. Essa amostra deve lhe dar um toque sobre como deve se parecer um roteiro de sessão de treinamento. Ela é relativamente detalhada. Como observado anteriormente, o número de detalhes depende do conhecimento e da experiência do orientador ou orientadores. Também depende do grau de precisão e consistência que o treinamento precisa ter.

Conforme salientamos no início, este capítulo comprido é o cerne do livro. Ele agrupa os elementos de todos os capítulos anteriores. Os capítulos remanescentes elaborarão partes deste modelo. Eles lhe ajudarão a desenvolver atividades efetivas e divertidas impactantes, que aumentarão o aprendizado e a retenção, e que se transferirão ao trabalho. Ajudarão ainda para que você teste e avalie eficiente e significativamente, e lhe fornecerão ferramentas e ideias para tornar seu treinamento bem-sucedido e gratificante a você e seus orientados.

O modelo de cinco etapas, baseado em pesquisas sobre aprendizado e suportado pelo que você está ganhando em relação a como os humanos percebem, processam e utilizam informações, é um arcabouço mental – estrutura – com base no qual é possível criar sessões de treinamento efetivas. O que é maravilhoso é que é possível aplicar o modelo não somente a novas sessões de treinamento, mas também em treinamentos existentes, não tão bem elaborados ou repletos de conteúdo.

Utilizar o Modelo de Cinco Etapas para Retroadaptar Sessões de Treinamento Existentes

Suponha que você tenha herdado materiais e planos de cursos existentes de uma outra pessoa. Você os examina e descobre que não passam de um extenso banco de dados. São ricos em conteúdo, mas essencialmente envolvem informar e a transmissão de uma via. Podem até incluir um número vasto de slides (transparências) com texto manuscrito. O que é possível fazer para aumentar sua eficiência sem começar do zero? (Isso igualmente aplica-se a um número muito grande de cursos baseados no computador e impressos.)

Título da Sessão: *Vender ingressos, arrecadar dinheiro e devolver trocos*
Público-alvo: *Bilheteiros da feira estadual (15 participantes por sessão)*
Tempo alocado: *Duas horas e 30 minutos*

Objetivos: *Objetivo geral:*
    Os participantes serão capazes de vender os números exatos e os tipos de ingressos, coletar a quantia exata de dinheiro e devolver o troco correto para qualquer usuário, num tempo médio de 20 segundos por transação (grupo máximo de oito pessoas por transação) e sem erros.
    Objetivos específicos:
- *Identificar os números exatos e os tipos de ingressos solicitados pelo usuário.*
- *Calcular o custo total exato em 10 segundos sem erros.*
- *Coletar a quantia total correta sem erros.*
- *Devolver o troco exato aos usuários sem erros.*

Faça	Diga	Recursos	Tempo
• Sorria de modo acolhedor. Faça perguntas ao grupo. • Anote as respostas nas folhas soltas do cavalete de apresentação. • Aponte cada item nas folhas soltas do cavalete de apresentação, conte as mãos levantadas e anote os números.	• Pergunte: "Quando vocês enfrentam essa nova função como bilheteiros, que preocupações, inclusive medos, têm neste exato momento?" • Pergunte: "À medida que aponto para cada item que vocês me forneceram, levantem as mãos se sentem isso. Anotarei os números."	• Cavalete de apresentação e canetas marcadoras. • Cavalete de apresentação e canetas marcadoras.	• Oito mintos

Figura 6-6. Exemplo de Folha de Roteiro de Sessão de Treinamento.

Capítulo 6 – UM MODELO DE CINCO ETAPAS PARA CRIAR SESSÕES

• Mostre pontos-chave a partir da base lógica	• Declare: "Como pode ser visto, somente alguns de vocês compartilham os mesmos medos e preocupações. Deixem-me assegurar que isso é normal. Todas as pessoas sentem um certo medo do desconhecido. O que é ótimo para vocês é que esta sessão apresentará uma série dessas preocupações e medos para provar que são falsos. Vamos ver o por quê?" • Explique como essa sessão prepara os orientados para servir aos usuários, apesar de todo o barulho e pressões. • Destaque os benefícios e a diversão que os orientados obterão com os exercícios práticos nesta sessão, e comente que eles podem ganhar prêmios.	• Folha solta do cavalete de apresentação preparada com os benefícios da sessão para os orientados.	• Oito minutos
• Mostre a folha solta do cavalete de apresentação preparada com objetivos. • Leia, explique e discuta os objetivos gerais e específicos. Mova-se rapidamente. Se houver dúvidas, coloque-as numa folha separada para tratá-las mais tarde.	• Declare: "Aqui estão os objetivos para esta sessão. Vamos ler o primeiro objetivo geral e discuti-lo. Em seguida, explicarei brevemente cada um dos objetivos específicos que vocês atingirão no final da sessão."	• Folha solta do cavalete de apresentação preparada com os objetivos	• Três minutos

Figura 6-6. *Continuação.*

Apresentamos agora nossas sugestões para retroadaptar treinamentos existentes ao modelo de cinco etapas:

1. Considere um curso repleto de conteúdos. Examine-o para determinar a justificativa geral para a sua existência. Extraia de todo esse material o que as pessoas a ele expostas supostamente seriam capazes de fazer com o conteúdo.

   Por exemplo, suponha que o curso é sobre nossa nova linha de produtos e visa ao quadro de vendedores. Ao revisar todos esses materiais do curso, você obtém a base lógica e os objetivos a seguir:

   Base Lógica: O mercado tem pedido uma nova linha de agulhas de costura. Com o envelhecimento da população e o declínio da visão, as pessoas estão achando cada vez mais difícil enfiar os fios nas agulhas. Elas também estão procurando agulhas melhores e mais versáteis. Coincidindo com essa tendência, há uma onda de pessoas que adotam a costura como *hobby* à medida que se aposentam e têm mais tempo para o lazer. Tem crescido os interesses no bordado, design de moda, confecção de roupas, feitura de acolchoados e até na confecção de velas para embarcações. Nossas novas agulhas apresentam um conjunto atrativo de características e benefícios para os atacadistas, varejistas, clubes de recreação e usuários finais. Elas lhe oferecem oportunidades incríveis de marcar o mercado, aumentar as vendas e melhorar significativamente seus ganhos. Não apenas isso, são produtos inteiramente inovadores... (Achamos que você entendeu a ideia.)

   Objetivos gerais: Até o final desta sessão, você será capaz de identificar oportunidades inovadoras de vendas para a nova linha de produtos, posicioná-la favoravelmente em relação a todos nossos concorrentes e apresentar os novos produtos de um modo que aumente as margens de lucro dos clientes em 20% a 30%, e suas comissões e volume em, pelo menos, 20% a 40%.

   Objetivos específicos:

   ◆ Indique e descreva as características únicas e os benefícios da nova linha de agulhas e de cada um de seus produtos.

   ◆ Vise precisamente aos atacadistas, varejistas e membros de clubes de recreação para a linha de produtos e/ou os produtos específicos.

Notou como você está adotando um curso baseado em conteúdo já existente e transformando-o num programa mais centrado no orientado?

2. Divida o curso existente em seus componentes individuais. Reorganize-o, se necessário, para criar uma sequência de aprendizado lógica, baseada na lógica do aprendizado e não na lógica do conteúdo. Elimine componentes desnecessários ou insira-os num manual de referência se a gerência não quiser descartá-los.

3. Para cada componente retido, crie uma base lógica e um objetivo.

4. Para cada componente, crie atividades interativas e participativas que envolvam os orientados. Em nosso exemplo, peça a eles que disputem jogos para harmonizar características e benefícios com os produtos. Em vez de informá-los sobre os produtos apropriados para grupos específicos de clientes, forneça casos de usuários e, em equipes, peça-os que examinem a documentação de produtos e recomendem produtos comparáveis apropriados. Crie um menu completo de exercícios e simulações envolventes centrados no aprendizado e baseados no desempenho.

5. Para avaliar, crie jogos de perguntas e respostas, testes, competições (afinal, eles são representantes de vendas), e, particularmente, casos para soluções individuais, por pares de colegas e equipes. Forneça ferramentas e listas de confirmação para pares e autoavaliações. Desenvolva uma atividade de avaliação para cada objetivo de performance.

6. Certifique-se de que ao longo da sessão reorganizada haja espaço para uma série de diálogos e *feedbacks* que confirmam e corrigem conforme apropriado.

Voilá! O modelo de cinco etapas pode se tornar um recipiente de retroadaptação para converter sessões monótonas de transmissão de informações em eventos de aprendizado altamente eficazes e motivadores.

Revisão Final do Modelo de Cinco Etapas

Este tem sido o capítulo mais longo até o momento. Ele exige um pouco de reconstituição do conteúdo-chave. A Figura 6-7 é um diagrama em branco para o modelo de cinco etapas acoplado com alguns pontos-chave sobre cada uma de suas partes. Para ajudar você a reter o modelo, preencha os espaços em branco ao lado de cada número. Depois, insira, nos círculos, a letra do ponto-chave correto referente a cada elemento. Para conferir suas respostas, retorne à Figura 6-2.

Lembrete Final

◆ Embora a noção de nossa singularidade nos atraia no que se refere ao aprendizado, apresentamos muito mais similaridades do que diferenças.

◆ Se orientados adultos sabem a razão pela qual devem aprender, o que serão capazes de fazer como resultado do aprendizado, ver como as partes do aprendizado se encaixam, praticam, obtêm *feedback* e são recompensados por seus aprendizados... eles efetivamente aprendem.

◆ Ao aplicar o modelo de cinco etapas – base lógica, objetivos, atividades, avaliação e *feedback* corretivo e confirmativo –, você aumenta a probabilidade de aprendizado.

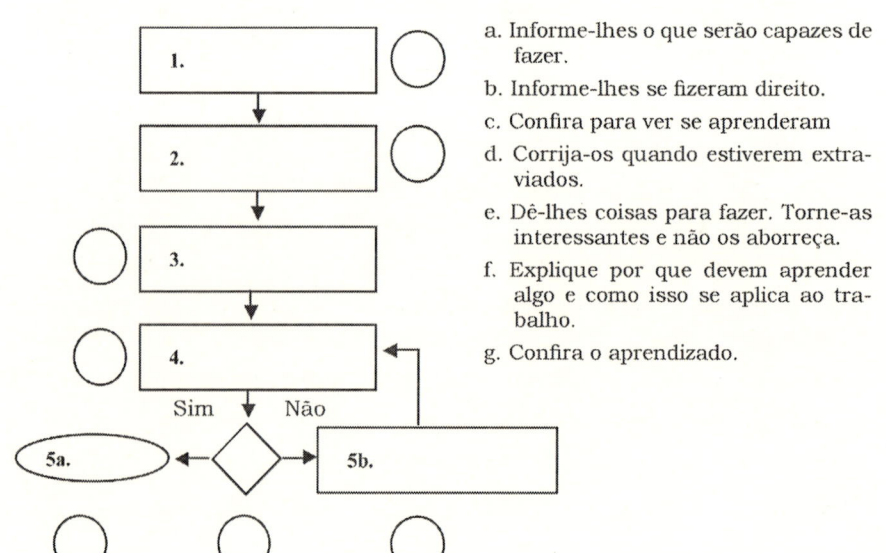

a. Informe-lhes o que serão capazes de fazer.
b. Informe-lhes se fizeram direito.
c. Confira para ver se aprenderam
d. Corrija-os quando estiverem extraviados.
e. Dê-lhes coisas para fazer. Torne-as interessantes e não os aborreça.
f. Explique por que devem aprender algo e como isso se aplica ao trabalho.
g. Confira o aprendizado.

Figura 6-7. Modelo de Cinco Etapas para Estruturar Treinamentos.

Capítulo 7

Fazer os Orientados Lembrarem

Pontos Essenciais do Capítulo:

- ◆ Diferenças críticas entre os considerados bons e fracos orientados.
- ◆ Cinco habilidades cognitivas.
- ◆ Seis conjuntos de estratégias cognitivas para facilitar o aprendizado e a retenção.

Se adotarmos a estruturação cuidadosa de sessões de treinamento, um conteúdo atraente e a atenção aos princípios de aprendizado para adultos, a conjunção desses elementos deve resultar num treinamento superior. Mas, apesar do cuidado com que os tratamos, às vezes não atingimos a transformação do orientado que nós (e, geralmente, eles) desejamos. Podemos orientá-los durante o treinamento, mas é impossível fazê-los aprender. A eficiência com que os orientados adquirem o conhecimento declarativo ou procedimental que empacotamos a eles depende extensivamente do que fazem se e quando os recebem.

Assim, aqui no Capítulo 7, primeiro consideraremos as diferenças-chave entre "bons" e "fracos" orientados, isto é, aqueles que "entendem" a matéria que estamos treinando, retêm-na por mais tempo e utilizam-na mais apropriadamente, e aqueles que não. Isso gera uma discussão sobre um importante tópico em psicologia cognitiva e na aplicação prática do aprendizado – a metacognição. Não fique alarmado; tornaremos esse termo, que realmente tem um nome que impressiona, mais acessível num breve espaço de tempo. Quando lidamos com a metacognição, sua importância para o aprendizado e o que podemos fazer de modo a ajudar os orientados com habilidades metacognitivas menos desenvolvidas são os pontos em que iremos nos aprofundar um pouco mais. Este capítulo apresenta seis conjuntos de estratégias cognitivas (processamento mental ou de informações) que é possível explorar a fim de facilitar o aprendizado. De modo geral, você extrairá deste capítulo explicações claras da justificativa pela qual alguns orientados aprendem melhor do que outros; de coisas que você pode fazer algo sobre essa disparidade; e de como você pode fazer de modo que seus orientados aprendam com mais eficiência, mais rapidez e com resultados mais duradouros.

Metacognição: Os Controles do Aprendizado Executivo

No Capítulo 4, descrevemos as três principais influências no aprendizado: a aptidão, o conhecimento anterior e a motivação. Acrescentamos agora à nossa lista uma quarta influência decisiva para um aprendizado eficiente: a *metacognição* – a série de processos de controle (meta – superior) de níveis mais altos que orientam nossas ações deliberadas no processamento de informações. Esses processos no nível executivo são executados a qualquer hora que fixemos objetivos mentais ou cognitivos para nós próprios, tais como aprender ou resolver um problema e, em seguida, tentar cumpri-los de modo eficaz. Desenvolvemos habilidades na utilização desses processos de níveis superiores numa idade muito jovem e continuamos a aperfeiçoá-los à medida que aprendemos a aprender. Pense na metacognição e nas suas habilidades como o sistema operacional das mentes (conceito esse emprestado de R.C. Clark, 1998, pág. 129) responsável pelos processos de supervisão de alto nível. Nós nos envolvemos com essas habilidades todas as vezes nas quais aprendemos algo.

Por que as Habilidades Cognitivas São Importantes?

Imagine-se perambulando numa floresta, sozinho e morrendo de fome. Você está desesperado para comer. Quando você entra numa clareira, vê um naco de comida. Sua boca até saliva. Mas, antes de poder fazer qualquer movimento, uma pessoa com aspecto humilde, alta e musculosa entra na clareira, rosna e corre avidamente na direção da comida. A cooperação obviamente não funcionará neste caso. Trata-se da sobrevivência do mais apto. Quem sobreviverá? O grande ogro grosseiro e rude ou você?

A natureza tem dotado você e o "Brutus" com diferentes físicos. Ele é geneticamente dotado com grande tamanho, musculatura poderosa e força bruta. Você, não. Quem que você acha que mais provavelmente vencerá? Aposte suas fichas no resultado.

- **O Brutus vence. Ele come. Você passa fome.**
- **Você vence. Delícia!**

Espere um pouco! O que seria se você fosse menor e menos musculoso, mas tivesse habilidades tremendas nas artes marciais? Essa circunstância alteraria a probabilidade de sucesso? Você consideraria mudar suas apostas?

Ainda que não exatamente perfeita, a analogia da competência natural para aprender e as habilidades metacognitivas bem-desenvolvidas com a(o) musculatura/tamanho e as habilidades nas artes marciais ilustra a importância de competências extremamente desenvolvidas no planejamento e raciocínio no nível executivo. Estudos conduzidos para examinar as diferenças mais importantes entre orientados excelentes e fracos têm destacado a importância das habilidades metacognitivas. Quais são essas habilidades cognitivas? Estudiosos e autores descrevem-nas de diferentes modos. Reconhecemos as descrições de Richard Clark (1998) de cinco dessas habilidades e de como elas atuam, num maior ou menor grau, em orientados bons e fracos. Suas descrições são reproduzidas e resumidas na Tabela 7-1.

Tabela 7-1. Habilidades Metacognitivas em Orientados Bons e Fracos

Habilidade Metacognitiva	Orientado Bom	Orientado Fraco
Planejamento	Diante de um novo aprendizado, raciocina sobre o que deve ser feito, elabora um plano para cumpri-lo e organiza o tempo e os recursos apropriadamente.	Enfrentando um novo aprendizado, não sabe o que fazer. Tenta aleatoriamente vários enfoques sem qualquer planejamento prévio. Utiliza o que vier na mente e atinge o objetivo de qualquer jeito. Aplica o que foi usado antes, quer ou não tenha funcionado, ou, inclusive, se enquadre no novo desafio do aprendizado.
Seleção	Olha, ouve, estuda, analisa e seleciona pelo caos para identificar elementos críticos e focais do novo material. Separa o joio do trigo.	Não sabe onde recorrer. Tudo é importante; tudo tem que ser aprendido. Logo sucumbe ao dilúvio de novas informações e se afoga nos detalhes. Pode fazer seleções inapropriadas ou triviais.
Conexão	Busca continuamente construir vínculos com o conhecimento anterior. Tenta entender o novo conteúdo e o vincula com o que já é conhecido. Cria pessoalmente analogias e lembretes mnemônicos significativos.	Visualiza o novo conteúdo como uma massa a ser digerida e tenta memorizá-lo sem vínculos com competências e conhecimentos já sabidos. Isola o novo aprendizado da experiência prévia e não faz conexões úteis com o que já dominava previamente. Pode criar analogias errôneas ou falsas.

Tabela 7-1. *Continuação*

Habilidade Metacognitiva	Orientado Bom	Orientado Fraco
Ajustamento	À medida que novas informações são recebidas e o orientado as pratica, ele transforma o novo conhecimento num foco mais agudo e claro. Ajusta as analogias e as imagens mentais para que coincidam mais exatamente com o novo aprendizado. Descarta premissas erradas ou os iniciais suportes úteis no aprendizado que não mais são requeridos.	Adquire um entendimento confuso do novo aprendizado, e não consegue focá-lo. Continua a adicionar mais informações em vez de testar, ajustar e eliminar. Não consegue elaborar um retrato claro das novas competências e conhecimentos e, portanto, comete erros ou aplica o novo aprendizado de uma forma supergeneralizada.
Monitoramento	Durante o aprendizado, substitui estratégias improdutivas ou ineficientes por outras com maior probabilidade de sucesso. Ao aplicar o novo aprendizado, faz adaptações aos modelos conceituais e identifica limitações e a extensão com a qual pode ser aplicado o novo aprendizado. Verifica constantemente o entendimento e a aplicação e faz ajustes seguidos.	Durante o aprendizado, utiliza estratégias conhecidas quer funcionem ou não. Aplica mais esforço em vez de adotar diferentes rumos no mesmo. Na prática, aplica novo aprendizado de modo rígido, forçando o que tem sido aprendido a se adequar a cada caso. Pratica com poucas modificações ou com modificações erradas. Não monitora o impacto nem faz mudanças conceituais ou operacionais necessárias.

Por que essas habilidades são tão importantes para nós como formadores, instrutores, educadores ou gestores de aprendizado? São significativas porque somos apenas tão bem-sucedidos como nossos próprios orientados. Por mais que possamos nos esforçar nos trabalhos para estruturar sessões de treinamento centradas no orientado e baseadas no desempenho, se faltam aos orientados habilidades metacognitivas para lidar com o que fornecemos, nossa eficácia – nosso sucesso – diminui.

Portanto, o que podemos fazer? Primeiro, lembre-se de que nossa instrução é uma compensação para o que falta ao orientado. Examine as informações contidas na Tabela 7-2 que sugerem ações corretivas para orientados que carecem de qualquer ou todas as influências principais do aprendizado.

Tabela 7-2. Corrigindo Deficiências do Orientado

Fator Deficiente Afetando o Aprendizado	Ações Corretivas
Aptidão	• Fragmente o aprendizado em pacotes menores. • Simplifique. • Utilize vários exemplos concretos. • Elimine conteúdo não essencial. • Forneça prática suficiente para cada pacote menor de aprendizado de modo a assegurar seu domínio. • Construa lentamente do simples ao complexo. • Ilustre.
Conhecimento anterior	• Crie sessões especiais de aprendizado focando em competências e conhecimentos pré-requisitados. • Faça conexões com a experiência familiar passada. • Distribua materiais que forneçam material essencial pré-requisitado com exercícios práticos conforme necessário. • Elabore tutoriais e sessões reparadoras. • Forme pares de indivíduos com lacunas no conhecimento prévio com aqueles indivíduos que possam ajudá-los – conhecimento compartilhado. • Monte grupos de estudo com níveis mistos de conhecimento e torne-os responsáveis por se ajudarem mutuamente.
Motivação	• Demonstre o valor e os benefícios do aprendizado pessoalmente aos orientados bem como aos demais. • Exiba modelos de pessoas admiradas que compraram a ideia do conteúdo do aprendizado. • Crie confiança ao fornecer uma prática orientada e suportada; recompense o sucesso. • Inclua desafios suficientes de modo a estimular o envolvimento. • Exiba histórias de sucesso. • Mantenha uma atmosfera otimista e positiva. Torne o aprendizado divertido e gratificante.

Tabela 7-3. Corrigindo Deficiências nas Habilidades Metacognitivas

Deficiências nas Habilidades Metacognitivas	Ações Corretivas
Planejamento	• Informar ao orientado o que se exigirá para que ele seja bem-sucedido. • Fornecer listas de materiais e recursos requeridos. • Fornecer diretrizes para a preparação do aprendizado, criando o apropriado meio físico e mental, e elaborando o orçamento para um aprendizado adequado. Inclui uma programação sugerida para o aprendizado e/ou estudos. • Revisar com os orientados como planejar para obter sucesso no aprendizado. Responder a perguntas. Monitorar o desempenho.
Seleção	• Indicar claramente o que é importante em sua instrução e todos os materiais correspondentes. • Dizer aos orientados onde devem focar a atenção e a energia. • Revisar pontos importantes com os orientados. • Fornecer dicas para ajudar na seleção de pontos focais. Essas dicas devem incluir títulos e subtítulos em branco e palavras e termos sublinhados, etiquetas, inserções de quadros com informações-chave e revisões de itens importantes. • Preparar os orientados a ouvir e/ou ler e selecionar pontos-chave. Fornecer informações à medida que os orientados façam anotações. Revisar e verificar o que eles selecionaram. Fornecer tanto *feedback* confirmativo como corretivo. • Fornecer manuais de anotações ou figuras e diagramas em branco que dão pistas e orientam a seleção de informações prioritárias. • Elaborar frequentes exercícios e testes que enfatizem os elementos-chave do aprendizado.
Conexão	• Pedir aos orientados que recordem de conhecimento anterior relevante e que vinculem diretamente a ele o novo aprendizado. • Utilizar exemplos conhecidos ou de fácil conexão que gerem novidades concretas ou conceitos, processos, princípios e procedimentos abstratos.

Tabela 7-3. Continuação

Deficiências nas Habilidades Metacognitivas	Ações Corretivas
Conexão	• Incluir analogias, metáforas e outros tipos de comparações que construam pontes entre os conhecimentos e as competências conhecidas ou desconhecidas. • Basear-se nas formações ou observações dos orientados para criar conexões entre o que têm visto ou sentido e o que estão aprendendo no momento.
Ajustamento	• Apresentar casos e exemplos práticos que exijam que os orientados apliquem o aprendizado imediatamente. • Criar práticas que focam em diferenças grandes e óbvias com o familiar. Incluir gradualmente exercícios e atividades de aplicação que exijam quantidades crescentes de discriminações sutis e de ajustes mais refinados. • Variar atividades de prática que requeiram enfoques diferentes no aprendizado e na solução de problemas. • Avaliar e apresentar *feedback* confirmativo e corretivo frequentemente graças a autoexames, listas de confirmação ou observação e intervenção presencial.
Monitoramento	• Apresentar experiências de simulação que requeiram aplicação de novo aprendizado em contextos realísticos. Variar a natureza das experiências. Aumentar os níveis de dificuldades. • Peça aos pares para monitorarem e observarem durante a aplicação do aprendizado. Utilize listas de confirmação e instrumentos de observação para registrar as aplicações. Peças aos pares para fazerem perguntas entre si. • Observe aplicações presenciais ou gravadas no trabalho. Questione os orientados e investigue-os com perguntas. • Coloque os orientados em situações de aprendizado e de prática no trabalho. Peça para que eles se autoavaliem utilizando ferramentas estruturadas de avaliação. Faça com que funcionários experimentados observem aplicações de aprendizado com *feedback* estruturado. • Questione os orientados sobre seus aprendizados. Pergunte em que pontos estão tendo dificuldades e selecione conjuntamente diferentes técnicas de aprendizado.

Capítulo 7 – FAZER OS ORIENTADOS LEMBRAREM

Em relação às habilidades metacognitivas, faça uma análise do orientado previamente ao planejamento do treinamento. Identifique, de antemão, o nível de desempenho que os orientados tiveram no aprendizado ou na execução no passado. Examine seus registros para identificar em que pontos ocorreram problemas nos treinamentos anteriores. Observe no trabalho que tipos de problemas os orientados tiveram. Questione supervisores. Quando você começa seu treinamento, fique atento às deficiências cognitivas. A Tabela 7-3 sugere meios para você compensar tais deficiências.

Esta seção não pretende transformá-lo num terapeuta do aprendizado. Ela serve para informá-lo de algumas características importantes do orientado que podem facilitar ou inibir o aprendizado se levarmos em consideração o estado dos níveis de habilidades metacognitivas de seus orientados na condição de um grupo ou quando você encontra um orientado individual que desejaria assistir. A fim de ajudá-lo a ver se você conseguiu adquirir os pontos essenciais sobre a metacognição, passe para o Exercício 7-1 e combine algumas situações de aprendizado com problemas metacognitivos com suas possíveis intervenções. Se você comparar a maioria ou todas elas corretamente, dê um tapinha nas suas costas. Se errar alguma, sugerimos que retome as explicações e intervenções sugeridas nas páginas anteriores e tente novamente. A metacognição ainda é relativamente desconhecida entre os profissionais de treinamento, e seu conhecimento sobre este aspecto muito importante do aprendizado coloca você na frente da massa.

Uma última observação sobre habilidades cognitivas: tendemos a desenvolvê-las com o tempo, iniciando nos primórdios de nossa criação (tão cedo como a infância). Talvez você tenha notado que algumas pessoas, que não considerava especialmente dotadas, tiveram desempenhos melhores na escola do que outras que eram supostamente brilhantes. As habilidades metacognitivas podem ter desempenhado um papel forte à época. Em seu treinamento de orientados adultos, lembre-se de que você pode ajudar aqueles cujas habilidades ainda não estão bem-desenvolvidas fazendo o que sugerimos. Eles adquirirão proficiência com o seu conteúdo. As pesquisas sugerem que, se os orientados são orientados a aplicar habilidades.

Exercício 7-1. Corrigindo Deficiências Metacognitivas

Situação de Aprendizado	Problema Metacognitivo e Possível Intervenção
☐ 1. "Nossa, estou confuso. Todas essas palavras – tantos detalhes. Tudo parece importante. Quanta matéria para estudar e aprender!"	a. Problema de conexão – Construa uma ponte até o que o orientado já saiba. Utilize analogias e exemplos vivos. Mostre como isso tem relações com conteúdo conhecido.
☐ 2. "Mal consigo entender isso. Às vezes, pareço que entendo. Depois, na próxima vez, fico um pouco desligado. Parece que estou um pouco perdido. Sinto que estou próximo de aprender, mas não diretamente no alvo."	b. Problema de seleção – Indique explicitamente o que é essencial para aprender. Forneça pistas e conteúdo-chave de destaque. Forneça um mapa ou orientador de estudos.
☐ 3. "Tudo parece tão novo. Todas essas ideias e termos estranhos. Novos conceitos e novos procedimentos. Nada parece familiar. O material é realmente abstrato."	c. Problema de planejamento – Indique o que é preciso para se organizar eficientemente no curso. Forneça porções sugeridas de aprendizado e tempo para estudo. Entregue pessoalmente uma programação recomendada de estudo com sugestões para a coleta de recursos e/ou preparação de um meio pessoal de aprendizado.
☐ 4. "Bem, este será um curso difícil pelo que posso ver de fora. Apenas farei o que sempre fiz. Vou me limitar a mergulhar nele e tentar decorar os pontos importantes."	d. Problema de monitoramento – Sugira técnicas alternativas de aprendizado. Forneça práticas de aplicação simples em simulações de baixa fidelidade. Dê *feedback* sobre o desempenho. Aumente as variações e a complexidade com *feedback* abrangente. Confirme comportamentos e resultados apropriados.
☐ 5. "Não consigo. Continuo fazendo a mesma coisa. Por que não consigo aprender isso. Às vezes parece que consigo. Depois sou informado que não o entendi corretamente ou que não é possível aplicá-lo neste caso. O problema é que não estou conseguindo melhorar."	e. Problema de ajustamento – Esclareça as distinções sutis. Forneça mais prática e *feedback* específico para trazer mais claramente no foco conceitos, princípios e procedimentos. Aprofunde-se em lacunas e mal entendidos e esclareça quando necessário.

Respostas: 1-b; 2-e; 3-a; 4-c; 5-d.

Estratégias Cognitivas: Como Criar um Aprendizado Mais Rápido, Melhor e Mais Econômico

Quando criamos produtos e serviços para uma organização, há um ditado que diz: "Bom, rápido e barato – escolha dois". Falando de outro modo, se você deseja que eles sejam rápidos e bons, lhe custarão muito caro. O que você deseja é rápido e barato? Então a qualidade do resultado sofrerá. Suas escolhas são o bom e barato? Desculpe, mas você não os conseguirá rapidamente; nós os faremos quando pudermos. Nesta seção, oferecemos todos os três a você. Apresentamos-lhe seis disposições de estratégias cognitivas que você e seus orientados podem aplicar. Essas estratégias comprovadamente ajudam a acelerar o aprendizado, tornando-o mais efetivo e duradouro, e, na realidade, custam menos em questão de tempo e energia tanto para o ensino como para o aprendizado. Você poderá desenvolver atividades de aprendizado que se aproveitam de todos esses benefícios.

Primeiramente, o que são estratégias cognitivas? Tomamos emprestadas definições de três autores pesquisadores da Universidade de Illinois: Charles K. West, James A. Farmer e Phillip M. Wolff (1991). As *estratégias cognitivas* são as metodologias mentais que utilizamos quando estudamos e aprendemos. À diferença das habilidades metacognitivas, que são habilidades executivas de nível mais alto que disponibilizamos para qualquer aprendizado, nossas estratégias cognitivas formam um banco de dados de pacotes de raciocínio e aprendizado que podemos aplicar a situações específicas de aprendizado.

Elas nos permitem organizar um aprendizado específico de modo que possamos internalizá-lo e rememorá-lo mais facilmente.

Vamos aplicar um exemplo simples nesse exato momento. Retomaremos o seu fundamento subjacente mais tarde.

Examine as duas moedas cunhadas com a figura de Lincoln ilustradas a seguir:

Na moeda da esquerda, o presidente Lincoln está olhando para a direita. Na moeda da direita, está olhando para a esquerda. Sem dar uma espiada numa moeda real de Lincoln, qual ilustração está correta, A ou B?

Sua resposta:

A resposta correta é a opção A. Fizemos esse teste com milhares de orientados adultos norte-americanos e, surpreendentemente, 70% deles selecionaram a opção B embora tenham visto a moeda inúmeras vezes. Eles apenas não estavam prestando atenção. Quando perguntamos aos participantes de nossas palestras se apostariam US$ 10 mil em suas opções antes de revelarmos a resposta correta, encontramos poucos que se dispusessem a fazê-lo.

Assim, como podemos garantir que nos lembraremos da direção para a qual o presidente Lincoln está voltado? Eis agora uma declaração para ajudar: "Nosso grande presidente Lincoln sempre agiu *direito* em nome de seu povo". Você se lembraria agora? Provavelmente. Mas, e sobre as moedas de níquel, de 10 centavos e de 25 centavos de dólar? Para qual direção os presidentes estão voltados nessas moedas? Eis agora uma dica: "Todos os outros presidentes foram desconsiderados *(left)*". Sim, suas faces estão voltadas para a esquerda *(left)*.

Qual é o ponto desta discussão sobre moedas? É simples. Você agora provavelmente se lembrará dessa série de fatos não muito úteis pelo resto de sua vida. Associar alguns fatos arbitrários (portanto, difíceis de reter) com um dispositivo mnemônico fácil e familiar ("... agiu *direito* em nome de seu povo... foram desconsiderados *[left]*) é um recurso expressivo para coletar e reter informações. Trata-se da parte de uma estratégia cognitiva que é boa (aprender e reter bem), rápida (você aprendeu isso rapidamente, não é mesmo?) e econômica (duas sentenças simples – não muita armazenagem mental e pequenos custos de recuperação).

Agora que lhe apresentamos o que é uma estratégia cognitiva, vamos continuar a aperfeiçoar seu entendimento. As estratégias cognitivas são conjuntos de métodos que ajudam as pessoas a aprender. Bons orientados têm um repertório mais amplo dessas estratégias e utilizam-nas de modo mais natural, frequente e apropriado do que os fracos orientados. Eles também obtêm melhores resultados. Embora haja muitos meios para organizar e discutir estratégias cognitivas, adaptaremos e apresentaremos pontos essenciais para ajudá-lo a integrar a utilização das estratégias cognitivas de modo a transformar seus orientados.

Seis Tipos de Estratégias Cognitivas

1. ***Agrupamento:*** Diferentes meios de dispor informações a fim de facilitar a percepção, o entendimento, a retenção e a recordação.

2. ***Espaciais:*** Exibições visuais de informações que disponibilizam um número elevado de elementos de modo que seja fácil sua compreensão, retenção ou recordação.

3. ***Organizadores avançados:*** Pacotes informativos introdutórios, breves e organizados, que definam uma expectativa ou criam uma visão. Eles ajudam o orientado a retratar o que está por vir e como isso se relaciona ao conhecimento prévio ou ao conteúdo passado.

4. ***Comparações ricas em imagens:*** Analogias, metáforas e comparações literais que constroem pontes entre o que os orientados já sabem e o novo aprendizado.

5. ***Repetição:*** Atividades que possibilitam aos orientados ensaiar conteúdo que encontraram e praticá-lo de modo organizado até ficar retido na mente.

6. ***Recursos de memorização:*** Grupos de letras, palavras ou imagens de fácil memorização que ajudam a armazenar e recuperar materiais mais complexos.

A seguir apresentamos discussões mais detalhadas sobre essas seis estratégias cognitivas, com exemplos e sugestões para uso.

Estratégias de Agrupamento – Organizando Informações

Apresentamos agora 20 palavras para você lembrá-las. Como é de hábito, lhe damos somente um tempo limitado para fazer isso – 30 segundos. Pronto? Já!

tênis, leopardo, jogo de damas, Austrália, arroz, etiqueta, massa, peru, cachorro, Holanda, laranja, amarelinha, iguana, pipoca, bilhar, avestruz, Dinamarca, urso, China, pão judaico

Agora cubra essas palavras com um pedaço de papel. No espaço a seguir, escreva o maior número de palavras que consiga lembrar.

Exiba a lista de palavras e insira o número delas que você escreveu corretamente no retângulo a seguir.

respostas corretas

Agora estude o próximo conjunto de 20 palavras durante 30 segundos. Pronto? Já!

Animais	Jogos	Países	Alimentos
girafa	hóquei	Fiji	ovo
salamandra	xadrez	Rússia	rosquinha
ganso	pula-pula	Bélgica	cereja
lobo	ping-pong	Noruega	chocolate
camundongo	handebol	Japão	amendoim

Como no teste anterior, cubra essa lista e escreva as palavras que lembre no retângulo a seguir. Confira suas respostas e registre o número de palavras corretamente recordadas.

Sua pontuação

Houve alguma diferença em suas duas pontuações? Muito provavelmente, sua pontuação foi mais alta com o segundo conjunto de palavras, pois elas estavam agrupadas por títulos. Qualquer forma de agrupamento lógico facilita a percepção, a compreensão, a armazenagem e a recuperação. As estratégias de agrupamento podem assumir muitas formas: classificação (como fizemos nos testes); listagem de um procedimento logicamente numa receita; eventos sequenciais num período de tempo; organização de objetos num arranjo lógico, como na descrição de uma moradia cômodo após cômodo; e, inclusive, na narrativa de uma história. Lembre-se da história que lhe contamos no Capítulo 1:

> Os sete (7) anões encontraram os três (3) leitõezinhos em 2002, a 39 passos de uma encruzilhada com quatro (4) saídas. De repente, houve um ataque de 101 dálmatas. Os anões e os animais correram tão rapidamente quanto suas duas (2) pernas e quatro (4) patas conseguiram suportar. Eles escaparam, se cumprimentaram efusivamente com cinco (5) toques de mão, e continuaram pela Rota 66.

A qualquer hora, com seu conhecimento declarativo ou procedimental reunido em grupos de fácil entendimento e lógicos, você emprega uma estratégia cognitiva extremamente eficiente.

Estratégias Espaciais – Exibições Visuais de Informações. Disponibilizar informações que devem ser aprendidas com algum tipo de método visual geralmente ajuda os orientados a verem como as coisas se relacionam. Essa forma de organização espacial é outro meio de desencadear e fomentar aprendizado eficiente. A Figura 7-1 ilustra um tipo de representação espacial. Observe como todas as subtarefas para fazer uma mala são disponibilizadas. Com essa forma de orientação, o orientado pode ver rapidamente todas as coisas necessárias e suficientes que tem de fazer. Isso facilita o aprendizado, o monitoramento e a recordação.

Um outro organizador espacial é um fluxograma, que é excelente para ajudar os orientados na visualização de uma sequência de etapas, na prática e na retenção delas. No fluxograma ilustrado na Figura 7-2, note os retângulos com formato de diamante (discriminadores) que estimulam uma decisão. Os fluxogramas podem se tornar muito mais complexos, mas, quando trabalhar com orientados novatos, uma representação simples com explicações limitadas colabora para que o orientado veja o que está envolvido no procedimento como um todo.

Outro organizador espacial comum é a matriz. Vamos ensiná-lo um pouco mais de francês utilizando uma matriz de assistência. Apresentamos como conjugar um verbo francês regular:

1. Considere o infinitivo (exemplo: *donner* = dar).
2. A partir de seu presente, elimine o *-er* (*donn*) e adicione as terminações listadas na matriz.
3. Para os tempos futuro do presente e futuro do pretérito, adicione as terminações ao infinitivo (*donner*) na matriz.

Pessoa	Presente	Futuro do Presente	Futuro do Pretérito
Je (eu)	-e	-ai	-ais
Tu (você [tu], singular)	-es	-as	-ais
Il, elle (ele, ela)	-e	-a	-ait
Nous (nós)	-ons	-ons	-ions
Vous (vocês [vós], plural ou formal)	-ez	-ez	-iez
Ills, elles (eles, elas)	-ent	-ont	-aient

Exemplo:
Je donne (eu dou); *tu donneras* (você [tu] dará); *elles donneraient* (elas [mulheres] dariam).

Será que esta informação organizada num formato de matriz dá certo? Teste sozinho.

Il parl_____ (Ele fala)

Nous march_____ (Nós caminharemos)

Vous dans_____ (Vocês [vós] [plural] dançariam)

As respostas corretas são *il parle*, *nous marcherons* e *vous danseriez*. Parabéns se você deu as respostas corretas. Se não conseguiu, revise a matriz. Ela deve ser de grande ajuda para o aprendizado, a aplicação, a recordação e a autoavaliação.

Capítulo 7 – FAZER OS ORIENTADOS LEMBRAREM

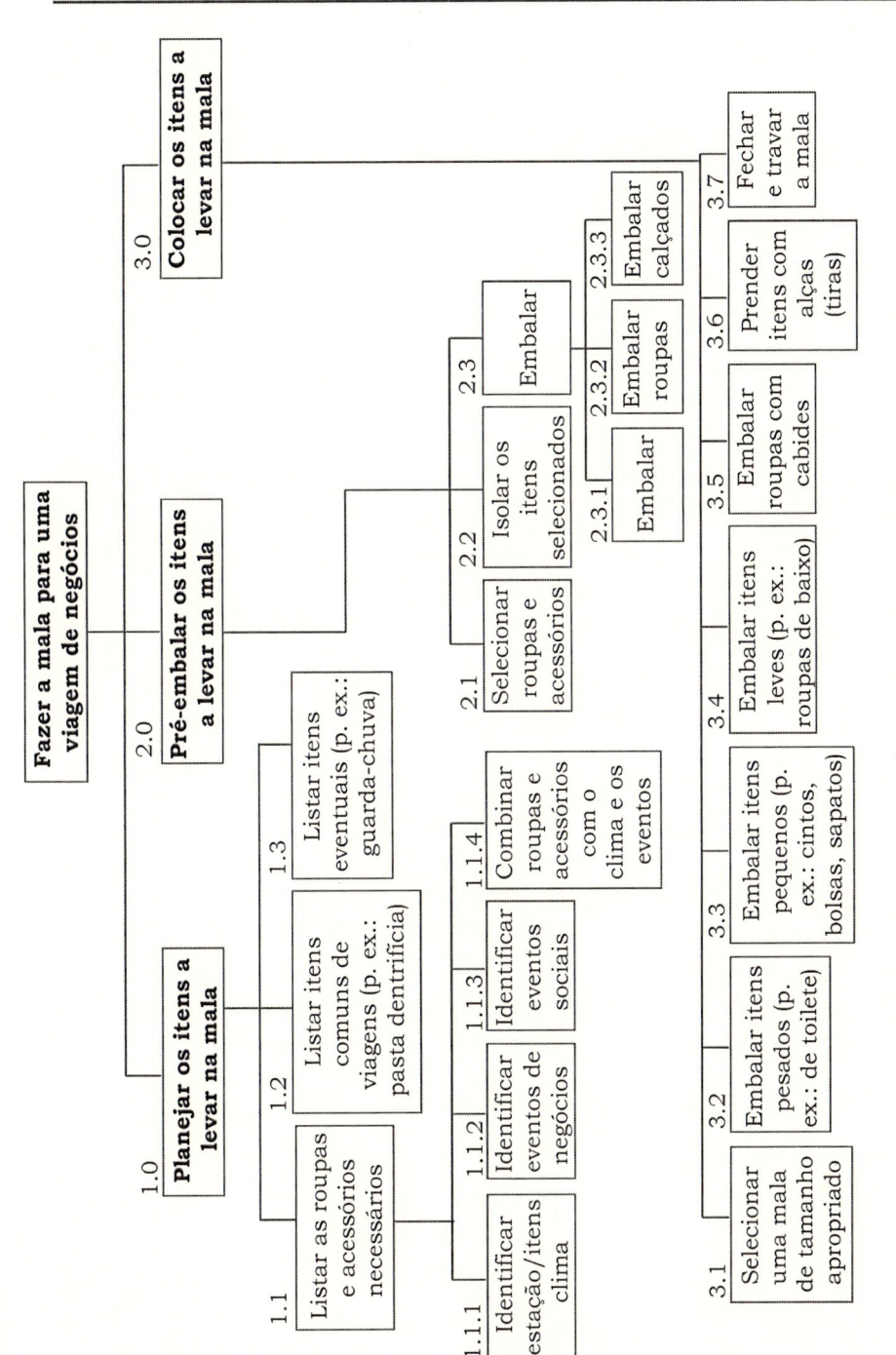

Figura 7-1. Representação Espacial do Processo: Fazer uma Mala.

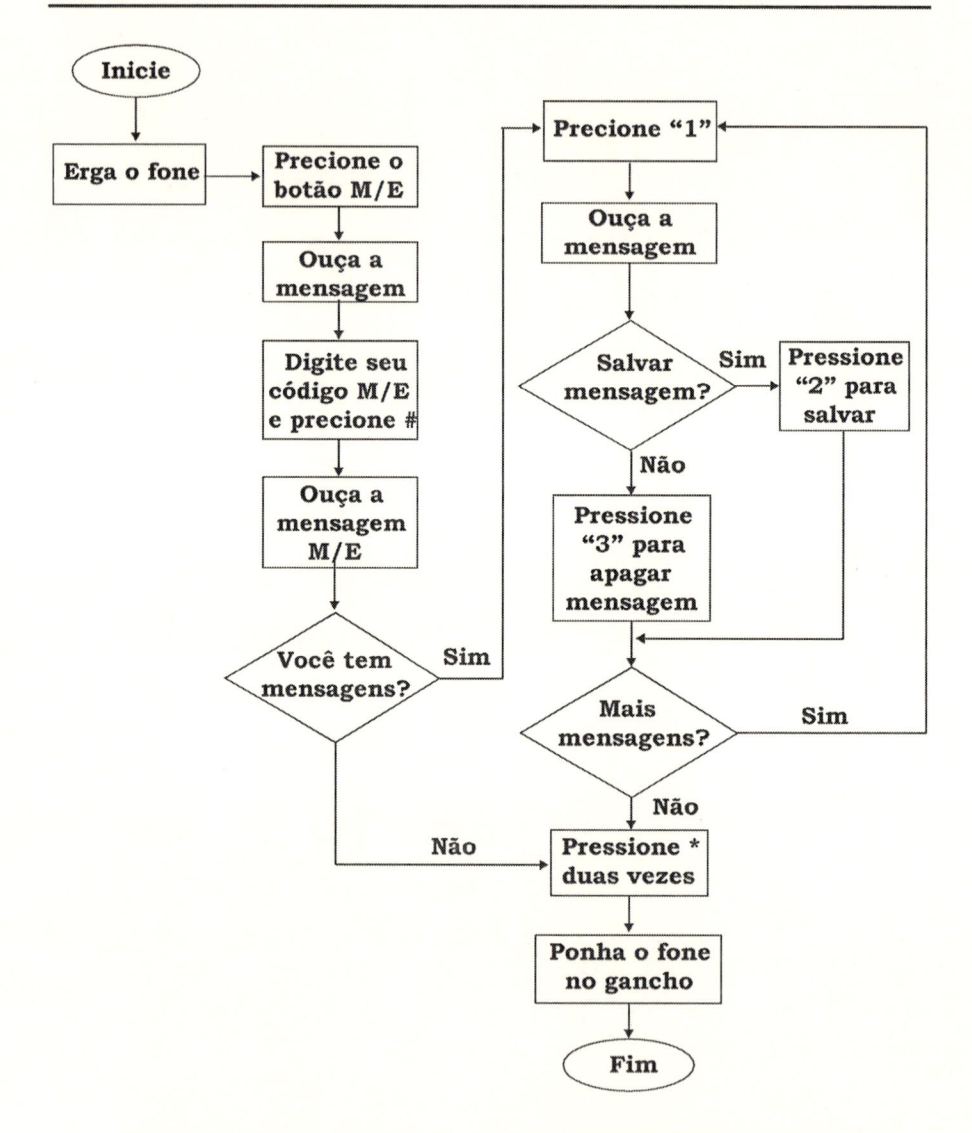

Figura 7-2. Fluxograma: Verificando Mensagens Eletrônicas.

A propósito, neste exemplo, efetivamente combinamos tanto um procedimento lógico como uma matriz. Combinar estratégias cognitivas é em si uma excelente estratégia.

Uma matriz pode também ser utilizada como foco central de uma aula. Os orientados podem participar em sua construção e depois utilizá-la para fins de estudo, para propósitos de recordação e, inclusive, para aplicações. Por exemplo, um instrutor ou uma aula de e-Learning podem ser utilizados para apresentar aos funcionários recém-contratados de uma nova filial bancária as quatro principais contas oferecidas aos novos clientes. À medida que é apresentado cada tipo de conta, ela pode ser inserida numa matriz tal como a exibida a seguir, com informações-chave preenchidas pelo(a) instrutor e/ou instrução, e pelos orientados com o progresso da lição.

Conta	Características-chave	Benefícios-chave	Limitações
Corrente			
Aplicação financeira			
Poupança			
Economias de bônus			

A matriz organiza informações essenciais e ajuda os orientados na feitura de comparações e discriminações lógicas. Ela pode ser utilizada para ensinar; como um jogo de tabuleiro para recordação; ou como um material instrucional no trabalho, primeiro com casos simulados e, depois, com casos reais no retorno ao trabalho.

Organizadores avançados – Visando Futuras Informações.
Tem sido conduzida uma série de pesquisas sobre o uso de organizadores avançados para facilitar o entendimento, o aprendizado, a memória e, inclusive, a transferência ao trabalho. De modo geral, os resultados do uso apropriado desse tipo de estratégia cognitiva podem ser muito efetivos. Um organizador avançado é geralmente uma breve introdução feita antes de se abordar um novo tópico ou conjunto de habilidades que oferece ao orientado uma direção para o que está vindo. Quase sempre é muito curto. Na maior parte das vezes liga um conhecimento prévio ao novo material e faz comparações e vinculações lógicas. Pode também descrever o novo conteúdo e preparar o orientado mentalmente para abordá-lo com sua própria mentalidade.

O Capítulo 1 deste livro é de alguma forma um organizador avançado para o que se seguiu, embora meio extenso e incomum. Cada capítulo tem um modo de organizador avançado nos pontos essenciais introdutórios que enumeram seus destaques. A seguir temos um exemplo de um organizador avançado mais típico para uma nova unidade de aprendizado. Idealmente, ainda incluiria um fundamento lógico para o orientado aumentar sua disposição quanto ao aprendizado.

> **Exemplo de um organizador avançado para um capítulo sobre conhecimento procedimental**
>
> Você teve a oportunidade de jogar com diferentes aspectos do conhecimento *declarativo* ou *informativo* no último capítulo. Viu que este tipo de conhecimento é extensivamente tratado e armazenado nas áreas neocorticais do cérebro. Trata-se de nossa nova modalidade de conhecimento. Você ainda praticou técnicas para reconhecer e recordar conteúdo declarativo. Este capítulo lhe apresenta nosso conhecimento "executivo". Ele é denominado *conhecimento procedimental*. À diferença do conhecimento declarativo, compartilhamos a habilidade de adquirir essa modalidade de conhecimento numa medida muito maior do que todos os outros animais.

Basicamente, como no caso do resumo de um artigo, um organizador avançado situa imediatamente os orientados e força que eles pensem sobre o que ocorrerá na sequência. Você pode utilizá-lo na fase inicial de um curso, módulo, aula ou unidade. Ao construir o elo entre o conhecido e o novo, definindo pontos essenciais do que está por vir, e empacotando-o numa maneira clara e atraente, os organizadores avançados preparam os orientados, aumentam seus entendimentos e melhoram suas aplicações no trabalho.

Comparações Ricas em Imagens – Analogias, Metáforas e Comparações. Quando crianças nos narraram histórias, tais como as fábulas de Esopo ou os contos bíblicos sobre os pães ou os peixes, ou do filho pródigo. Platão nos ensinou a alegoria da caverna para descrever o relacionamento entre os mundos real e ideal. Ao longo de nossas vidas recebemos ensinamentos com comparações ricas em imagens. Utilizamos metáforas em nossa fala diária: "Ela é um pêssego!" ou "Ele é um gambá!". As interfaces de nossos computadores são construídas com base em metáforas. Temos um "computador de mesa" com uma tela recheada de menus e ícones.

Capítulo 7 – FAZER OS ORIENTADOS LEMBRAREM

As comparações ricas em imagens têm uma eficácia muito grande para fins de aprendizado e retenção. Se você apenas lembra que "mais vale prevenir que remediar", saberá que a manutenção preventiva poupa nossos dólares, tempos e recursos e, paralelamente, nos ajuda a evitar desastres pessoais.

A força dessa energia cognitiva reside na ponte (conexão) estabelecida entre o que o orientado já conhece – o familiar – e o que ainda está para ser aprendido. A Tabela 7-4 exibe uma lista de objetivos de performance para vários módulos ou aulas e algumas possíveis metáforas para ajudar na facilitação do aprendizado desse novo conteúdo. Há também alguns itens em branco para você testar sua imaginação. Tente citar uma metáfora para cada espaço vazio. Não há respostas exatas. Compartilharemos nossas sugestões para os três últimos objetivos depois que você fizer uma tentativa. Agora, vá em frente!

Tabela 7-4. Fazendo Metáforas

Objetivos de Performance	Metáfora
• Acessar um banco de dados	• Páginas amarelas inteligentes; biblioteca
• Fazer reparos num equipamento	• Diagnóstico médico
• Vender itens luxuosos	• Restaurante fino
• Selecionar um local para passar férias	• Exploração/aventura
• Prestar um serviço eficiente ao cliente	• Receber convidados em casa
• Desenhar um curso	• _____
• Organizar arquivos	• _____
• Montar e gerenciar equipes	• _____

Após muita discussão quanto os três últimos objetivos, decidimos pelas seguintes metáforas: desenhar um curso – construção de uma casa; organizar arquivos – faxina de primavera; montar e gerenciar equipes – esportes/produção teatral. Há muitas possibilidades. As nossas são viáveis. Muito provavelmente, as suas também são.

Baseando-se novamente nas pesquisas e na experiência, o ponto é que comparações ricas em imagens estimulam a imaginação e facilitam o aprendizado. São divertidas de usar, gostosas de gerar (para envolver os orientados na construção de pontes ricas em imagens entre o conhecimento prévio e o novo material) e incrivelmente efetivas como estratégias cognitivas para o aprendizado.

Repetição – Pratique, Pratique, Pratique. Essa série abrangente de estratégias cognitivas não parece ser muito glamurosa. No entanto, a repetição e o ensaio em suas várias formas podem ser imensamente efetivos, especialmente para um aprendizado baseado em computadores de longo prazo. Você se lembra há quanto tempo aprendeu a recitar o alfabeto? Passados todos esses anos, você alguma vez pronunciou a sequência errada? Você já esqueceu uma letra? E sobre as tabuadas de multiplicação? Apresentamos agora quatro exemplos. Você consegue completá-los em menos de 10 segundos! Já!

7 × 5 = _____   6 × 6 = _____

9 × 9 = _____   8 × 6 = _____

Quando aplicamos esses exercícios a adultos que afirmaram que não têm feito operações de multiplicação durante vários anos, muitos deram suas quatro respostas em menos de cinco segundos! Quer declarativas (capitais europeias; partes de um motor; etapas de um processo) ou procedimentais (fazer um teste de freio hidráulico numa locomotiva; dançar um tango; verificar um relatório de auditoria), o aprendizado está envolvido e organizado a fim de repetir e/ou ensaiar para armazenar e recordar. A Tabela 7-5 apresenta algumas técnicas de repetição sugeridas com exemplos de suas aplicações.

Um dos métodos testados e comprovados de estudo para fins de entendimento e retenção é o método SQ3R (Pesquisar [Survey], Perguntar [Question], Ler [Read], Rever [Review] e Recitar [Recite]). Visitamos recentemente uma famosa universidade na qual observamos um curso de estudos dedicado aos calouros. Os alunos estavam praticando o SQ3R com uma variedade de conteúdos, e ficamos encantados com os resultados. Embora desenvolvido entre o fim da década de 30 e o início da década de 40, o SQ3R era miraculosamente inovador para esses calouros.

Os estudos, as memorizações, as práticas, os ensaios, os autotestes e os testes em si têm demonstrado poder para assistir o aprendizado. Os segredos de todos esses elementos são a organização e a aplicação significativas e sistemáticas. Com o tempo, há uma melhora na aquisição de conteúdos, bem como na eficiência do aprendizado.

Tabela 7-5. Técnicas de Repetição

Técnica	Exemplos de Aplicação
Repita as palavras ou etapas. Confira ao processo um ritmo ou batida. Converta-o num *rap*	• Classes de produtos perigosos • Procedimento para desmontar e montar um equipamento
Leia e/ou ouça o conteúdo. Faça anotações. Converta cada ponto em uma pergunta. Continue fazendo as perguntas até que consiga entendê-las perfeitamente. (Pode ser feito em equipes.)	• Diretrizes que devem ser internalizadas • Características e benefícios de produtos • Procedimentos de corte de emergência
Invente perguntas de teste (ou peça aos orientados para que inventem) para uma matéria. Teste até atingir a perfeição	• Quadro profissional de conteúdo para certificação (p. ex., direito, contabilidade, engenharia de rede) • Medidas de segurança para vários contextos (p. ex., ambiente físico, propriedade intelectual, antiterrorista)
Crie manuais de anotações. Podem ser listas com termos-chave que exigem explicações ou elaborações, diagramas, matrizes ou fluxogramas não etiquetados com quadros vazios. Os orientados os preenchem à medida do fornecimento dos conteúdos, e, em seguida, os comparam com modelos. Estude. Repita até chegar à perfeição	• Curso técnico com uma série de processos e novo jargão • Curso sobre linguagem corporal com ilustrações de posturas e significados • Ações a executar dirigidas a diferentes tipos de incêndios

Recursos de Memorização – Ferramentas para Retenção. Deixamos a melhor parte para ser discutida por último. Essa estratégia cognitiva, também conhecida por *mnemônica*, é uma das favoritas para a memorização. Ela é tão poderosa que alunos em programas técnicos, nas Forças Armadas e nos cursos de Direito e Medicina, memorizam literalmente centenas de dispositivos mnemônicos em seus estudos. Essencialmente, um elemento mnemônico é um amparo para a memória – um grupo de letras, palavras ou imagens de fácil recordação que ajudam a estocar e recuperar materiais mais complexos. Examinaremos agora quatro tipos de elementos mnemônicos, todos os quais podem ser utilizados para ajudar seus orientados a reter informações-chave. Você pode também incentivá-los a criar seus próprios termos.

- **Acrônimos:** Este é o favorito de todos. Você adota a primeira letra de cada item a ser lembrado e cria uma palavra ou frase significativa. Um dos mais comuns é HOMES para lembrar os cinco Grandes Lagos da América do Norte: Huron, Ontario, Michigan, Erie e Superior. Criamos um acrônimo para o grupo das seis estratégias cognitivas: I SCRAM (comparações ricas em imagens [*image-rich comparisons*], espaciais [*spatial*], de agrupamento [*clustering*], repetição [*repetition*], organizadores avançados [*advance organizers*] e recursos de memorização [*memory aids*]). Talvez ele não seja ótimo, mas, como o criamos, lembramos das estratégias mais prontamente.

- **Acrósticos:** Agora você cria uma frase significativa para representar algo a ser memorizado. Um acróstico comum é "*Every good boy deserves fudge*" ou, em nosso idioma, "Todo bom garoto merece comer um doce de leite". A primeira letra de cada palavra representa os nomes das linhas na escala musical:

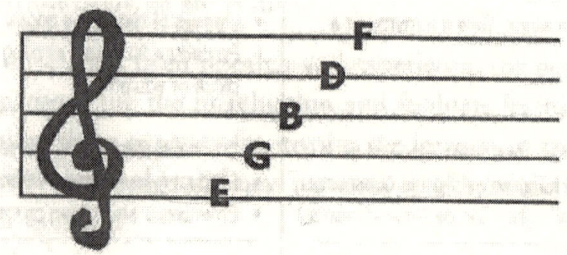

- **Rimas:** Há numerosas pequenas rimas que as pessoas desenvolveram para reter fatos de difícil recordação. Um exemplo muito famoso na língua inglesa é "*30 days hath September, April, June, and November All the rest have 31...*" ou, em nosso idioma, "Setembro, abril, junho e novembro têm 30 dias. Todos os demais meses têm 31..."

Poucas pessoas se lembram do restante da rima, mas isso é suficiente para que a maioria das pessoas a utilize.

◆ **Palavras-chave:** Essas são palavras importantes inseridas em frases ou sentenças de fácil recordação. Demonstramos isso com a moeda cunhada com a figura do Lincoln ("... *direito* em nome de seu povo") e as outras moedas ("... foram desconsiderados *[left]*).

Há muitas outras técnicas mnemônicas e uma grande variedade de livros sobre como criá-las e utilizá-las para melhorar a memória. Mencionamos diversos desses recursos no final desta publicação. Lembre-se de que você pode ajudar seus orientados criando elementos mnemônicos, estimulando-os a gerar seus próprios recursos de memorização e, em seguida, pedir para que os pratiquem para reforçar tanto o aprendizado declarativo e procedimental como a memorização.

Estratégias Cognitivas – Uma Palavra Final

Todas as estratégias cognitivas apresentadas neste capítulo são pacotes de métodos para raciocinar que podemos disponibilizá-los sempre que desejamos aprender algo. Na qualidade de orientadores/instrutores/educadores, nossa missão é criar um aprendizado efetivo. Seria maravilhoso se todos nossos orientados fossem dotados de uma grande aptidão, um conhecimento anterior profundo e uma motivação poderosa para aprender, e todos possuíssem habilidades metacognitivas bem-desenvolvidas juntamente com um grande repertório de estratégias cognitivas azeitadas e eficientes para cobrir todas as situações específicas de aprendizado. Poderíamos simplesmente disponibilizar os objetivos do aprendizado, fornecer os recursos e ficar na espera dos resultados. Mas essa não é a realidade. Nossos orientados chegam a cada evento de aprendizado com uma gama ampla de pontos fortes e fracos, e nossa função é estruturar o aprendizado de modo a obtermos uma transformação de sucesso. Para fazer isso, utilizamos o modelo de cinco etapas, compensamos as necessidades de habilidades metacognitivas ao atender cada um de seus componentes – planejamento, seleção, conexão, ajustamento e monitoramento – e aplicamos uma grande variedade de estratégias cognitivas para reforçar o aprendizado.

Lembrete Final

Vamos encerrar este capítulo com uma repetição final de alguns pontos-chave. Queira completar corretamente as declarações a seguir marcando com um traço a palavra ou frase incorreta em parênteses:

1. As habilidades metacognitivas bem desenvolvidas (podem/não podem) superar deficiências na aptidão.

2. (Nascemos/Não nascemos) com nossas habilidades metacognitivas plenamente desenvolvidas.

3. O agrupamento, os recursos de memorização e a repetição (são/não são) habilidades metacognitivas.

4. O planejamento, a seleção e a conexão (são/não são) habilidades metacognitivas.

5. Como formadores, (podemos/não podemos) compensar nossas deficiências metacognitivas em nossos orientados.

6. O presidente Franklin Roosevelt está com sua face voltada (à direita/à esquerda) na moeda de 10 centavos de dólar norte-americana.

7. Na qualidade de formadores, (podemos/não podemos) utilizar estratégias cognitivas para ajudar nossos orientados a adquirir, armazenar e recuperar competências e conhecimentos requeridos.

8. Os orientados (podem/não podem) desenvolver suas próprias estratégias cognitivas.

Temos as respostas a seguir:

1. As habilidades metacognitivas bem desenvolvidas podem superar deficiências na aptidão. Elas podem ajudar os orientados a maximizar suas competências inatas para aprender e lembrar.

2. Não nascemos com nossas habilidades metacognitivas plenamente desenvolvidas. Começamos, na infância, a

desenvolvê-las e continuamos a apurá-las à medida que aprendemos.

3. O agrupamento, os recursos de memorização e a repetição não são habilidades metacognitivas. Elas são estratégias cognitivas.

4. O planejamento, a seleção e a conexão são habilidades metacognitivas juntamente com o ajustamento e o monitoramento.

5. Como formadores, podemos compensar nossas deficiências metacognitivas em nossos orientados. Essa é uma das partes mais importantes de nossa função. A transmissão de informações, não.

6. O presidente Franklin Roosevelt está com sua face voltada à esquerda na moeda de 10 centavos de dólar norte-americana. Lançamos essa afirmação apenas por diversão.

7 Na qualidade de formadores, podemos utilizar estratégias cognitivas para ajudar nossos orientados a adquirir, armazenar e recuperar competências e conhecimentos requeridos. Exploramos essas estratégias e as reforçamos em nossos orientados graças às atividades e materiais que fornecemos.

8. Os orientados (podem/não podem) desenvolver suas próprias estratégias cognitivas. Assisti-los pela utilização dessas estratégias é denominado ensino recíproco. Eles aprendem nosso conteúdo e reforçam sua capacidade de aprender outro material bem como adquirir as estratégias cognitivas que utilizamos.

Este capítulo focou nas capacidades mentais e nas estratégias que nossos orientados devem aprender efetivamente e de que forma podemos criar nossa instrução de modo a assisti-los nessa tarefa. O próximo capítulo apresenta quatro abordagens gerais para o treinamento e incluem uma grande quantidade de atividades de aprendizado que você pode inserir em suas sessões de treinamento. Faça um intervalo neste ponto do livro. Nós o encontraremos novamente no Capítulo 8.

PARTE III

APLICAR O QUE VOCÊ APRENDEU – CONDUZIR PESQUISAS SOBRE O APRENDIZADO

Capítulo 8

Abordagens de Treinamento e uma Infinidade de Atividades de Aprendizado

Pontos Essenciais do Capítulo:

- ♦ Quatro principais tipos de treinamento.
- ♦ Vinte e cinco atividades de aprendizado.
- ♦ Modelos para a criação de treinamentos ativos.
- ♦ Fórmula simples para um treinamento efetivo: "ensinar-preparar-liberar".

Este capítulo apresenta dois temais principais. A primeira parte lida com os vários métodos de treinamento no local de trabalho. Apresentamos quatro tipos de treinamento que cobrem a maior parte dos enfoques utilizados em cenários formais de aprendizado no trabalho, descrevendo-os individualmente com exemplos e sugerindo como você pode utilizá-los isoladamente ou numa forma combinada. Isso ampliará sua visão sobre a forma de abordar suas missões de treinamento e servirá para assisti-lo a decidir conscientemente sobre o que deve fazer e por que deve fazer isso.

A segunda parte do capítulo foca numa grande variedade de modelos de atividade que você pode utilizar para "apimentar" o aprendizado, integrar estratégias cognitivas de um modo natural e maximizar o envolvimento do orientado. Lembre-se que quanto mais atividades os orientados fazem, mais eles aprendem. Orientados ativos, engajados em atividades estimulantes e significativas que estejam claramente ligadas a objetivos de performance desejados, aprendem o máximo que podem e retêm esse conhecimento durante o máximo período de tempo.

Quatro Principais Tipos de Treinamento

Com uma certa frequência, ouvimos a expressão "diferentes intervenções para diferentes pessoas". Num sentido mais amplo, os quatro principais tipos de treinamento ora descritos são para diferentes tipos de orientados. Vamos avisá-lo de antemão. O mesmo orientado pode ser um excelente candidato para todos os tipos de treinamento – mas em diferentes etapas de seu aprendizado em relação a uma área de conhecimento ou uma competência específica. Examinaremos cada um desses tipos e determinaremos como você pode usá-los apropriadamente.

Os quatro tipos de treinamento são: *receptivo*, *diretivo*, da *descoberta orientada* e *exploratório*. Vários pesquisadores e profissionais do aprendizado utilizam outros nomes e sistemas de classificação. Constatamos que esses quatro tipos, empregados por Ruth Clark (1998), são convenientes e úteis.

Treinamento Receptivo

Este tipo de treinamento se enquadra no modo de "informar". Essencialmente, a perspectiva do orientado se resume a um vaso no qual são despejadas informações integrais, nutricionais. O perigo no uso deste tipo de treinamento é que há uma expectativa de que os orientados possam converter o que ouvem e veem em conhecimentos e habilidades utilizáveis.

No entanto, há ainda algum valor limitado no modo receptivo. Basicamente, ele faz os orientados ficarem "conscientes". Se bem-concebido e apresentado de maneira interessante, pode demonstrar valor aos orientados e aumentar suas motivações a fim de aceitar, aprender, suportar e desejar descobrir mais. Para orientados com grande conhecimento, pode ser suficiente para que eles façam conexões e adaptem o conhecimento prévio a novas circunstâncias. O conteúdo do treinamento é frequentemente transmitido em uma direção. Os orientados têm pouco ou nenhum controle, exceto o de "se desligar", parar de prestar atenção ou de ficar sonhando acordado.

Infelizmente, uma boa parcela do que é denominado treinamento no trabalho tem uma natureza receptiva. Apresentamos agora um caso verdadeiro que experimentamos numa empresa de alta tecnologia bastante progressiva e de alto renome internacional:

> Uma equipe de engenheiros doutores em software extremamente qualificados tinha acabado de completar uma revisão importantíssima sobre um sistema operacional (O/S). Eles receberam a tarefa de sair a campo e treinar o grupo de engenheiros que daria suporte e resolveria os problemas do novo e atualizado sistema operacional em várias localidades do mundo. O método deles de treinamento era reunir os engenheiros da área durante cinco dias; entregar a cada um deles um manual com aproximadamente 1.200 páginas e informá-los sobre o novo e atualizado sistema operacional (como ele fora desenvolvido, como ele se diferenciava de seu antecessor, quais foram os desafios envolvidos, como tinham conseguido superá-los, o que tiveram de descartar etc.). Quando perguntamos a eles se solicitariam aos participantes que se engajassem na prática envolvendo a solução de problemas, houve muita surpresa. Eles não tinham planejado tal intervenção.

Dado seu público-alvo de solucionadores de problemas do sistema, esse seria seu método adotado para o treinamento? O tipo *receptivo* de treinamento pode ter um papel limitado na introdução de algo novo, apresentando histórias fascinantes e formando a consciência e o entusiasmo, mas logo perde a força com qualquer tipo de público. Nosso principal conselho em relação a um aprendizado receptivo é utilizá-lo moderamente. Procure sempre buscar uma alternativa, exceto no caso de sessões breves direcionadas apenas a aumentar a consciência.

Treinamento Diretivo

Esta abordagem de treinamento é similar ao slogan da infantaria do Exército norte-americano: "Siga-me". Como seu próprio nome sugere, esse método direciona. Com esse enfoque, você analisa os conhecimentos e as habilidades exigidas para liderar orientados do ponto onde estão ao ponto em que desejam estar. Você cria objetivos de performance claros e combina itens de testes (mais sobre isso no capítulo 9). Em seguida, organiza e sequencia módulos ou unidades de aprendizado que conduzem os orientados de suas posições iniciais a linhas intermediárias e de chegada definidas. Há pouco controle dos orientados, mas à diferença do tipo receptivo de treinamento, eles são ativa e significativamente engajados à medida que progridem por trajetórias predeterminadas.

O método diretivo é particularmente bastante adequado para orientados com pouca experiência no conteúdo do aprendizado, que exigem ajuda para consolidar a competência e a confiança, e que, posteriormente, executarão no trabalho sob aspectos idênticos ou muito similares aos que aprenderam no treinamento. Apresentamos agora uma lista de tarefas a serem dominadas por um grupo de orientados. Eles tiveram pouco contato com o conteúdo implicado. Coloque um X nos itens antes das tarefas que você acha que se enquadram num método diretivo de treinamento:

- ☐ **1. Montar uma peça em novo equipamento.**
- ☐ **2. Solucionar o problema com uma peça num equipamento complexo.**
- ☐ **3. Fazer um cálculo de contabilidade.**
- ☐ **4. Auditar uma firma pequena.**
- ☐ **5. Determinar se um cliente atende a critérios predeterminados para a concessão de empréstimo.**
- ☐ **6. Baseado nas características do cliente, sugerir um tipo de conta.**

Capítulo 8 – ABORDAGENS DE TREINAMENTO E UMA INFINIDADE DE ATIVIDADES

☐ **7. Responder a uma série de objeções do cliente.**

☐ **8. Criar uma página básica da web em HTML.**

Antes de darmos nossas respostas, alguém pode defender e rejeitar o treinamento diretivo para cada uma dessas tarefas, dependendo da natureza dos orientados e da profundidade do aprendizado. Assumindo que os orientados são relativamente novatos, escolhemos as tarefas 1, 3, 5, 6 e 8 como possíveis candidatas a um método diretivo, especialmente para um aprendizado inicial. Nossa base lógica: limitação da faixa de opções na realização da tarefa; aproximação dos requisitos do trabalho com pouca variação, e um conteúdo relativamente simples. Decidimos que as tarefas 2 e 4 exigem uma visão mais ampla e maior profundidade do que um tipo diretivo de treinamento pode oferecer (exceto, talvez, para algumas etapas iniciais). No caso da tarefa 7, percebemos que as respostas seriam excessivamente mecânicas para lidar com o espectro de possíveis objeções do cliente. Acreditamos que são disponíveis outras opções. Vamos abordá-las.

Descoberta Orientada

Neste tipo de treinamento, o controle é compartilhado entre o orientado e o orientador ou o programa de treinamento. A descoberta orientada geralmente é baseada em casos. Os orientados imediatamente mergulham em casos, cenários ou problemas. Eles podem requerer algum *input* inicial, mas, na maior parte das vezes, tomam a iniciativa. Os orientados podem ter acesso a uma série de fontes de informação ou ferramentas de suporte, sejam fisicamente materiais ou eletrônicas, para lidar com a situação. Podem, ainda, sozinhos, ter que descobrir o que e quando fazer. Buscam e identificam informações e ferramentas apropriadas para prosseguir. O instrutor ou o programa instrucional oferece assistência nas formas de dicas, lembretes, sugestões e *feedbacks* corretivos por todo o curso, ou redirecionamentos, serviços de consultoria e *debriefings*[*]. A quantidade

---

[*] N. T.: O *debriefing* é, em linhas gerais, a condução de uma conversa informal pelo instrutor/orientador para a troca de informações entre os orientados após a execução de uma certa atividade e, depois, a tentativa de realizar uma conexão entre o que foi vivenciado pelo grupo e o mundo real.

de orientação ou suporte bem como a sua natureza dependem dos níveis de competência e de conhecimento dos orientados. Para os menos capacitados, independentes ou confiantes, o treinamento pode incluir um número muito grande de orientações. Quanto mais capaz e conhecedor (habilitado) for o orientado, mais ele pode atuar independentemente. Nesse caso, o papel do orientador ou do treinamento é confirmar, conduzir um bate-papo sobre as experiências com o grupo, agregar nuanças nos textos, oferecer variações e, naturalmente, recompensar. Quando os orientados atingem altos níveis de competência e confiança, estão preparados para o próximo tipo de treinamento.

Treinamento Exploratório

Neste caso, criamos e organizamos um meio informacional e rico em aprendizado para os orientados e, depois, efetivamente, deixamos que eles prossigam sozinhos. Os orientados estão no controle. Sabem o que é exigido e partem para buscar o que existe a fim de resolver o problema e a ajudá-los a progredir até o próximo nível. Com frequência, há apenas a fixação de objetivos gerais (de modo geral, pelos orientados). Bancos de dados extensos de informações integrados num sistema de gestão do conhecimento oferecem um ambiente ideal para o aprendizado exploratório. Num nível menos sofisticado, um *workshop* com todas as ferramentas, materiais e manuais tem o mesmo efeito. O aprendizado é, de modo geral, personalizado. O instrutor pode monitorar e oferecer *feedback* ou suporte e conduzir um bate-papo sobre as experiências com o grupo conforme requerido. No treinamento exploratório, o orientador é essencialmente um recurso para os orientados.

Reunindo os Quatro Tipos de Treinamento

Há uma natural progressão entre os quatro tipos de treinamento em relação ao controle e à sofisticação do orientado. A Tabela 8-1 resume alguns pontos-chave sobre os métodos de treinamento.

Tabela 8-1. Quatro Métodos de Treinamento

Tipo de Treinamento	Principais Usos	Proporção de Controle do Orientado	Características Assumidas para o Orientado	Riscos
Receptivo	• Cria consciência • Informa • Motiva	• Virtualmente nenhuma, exceto em perguntas e respostas, se permitido • O orientado pode escolher entre "prestar muita atenção" ou "se desligar"	• O orientado é automotivado • Se o conteúdo é novo, complexo ou abstrato, assume-se que o orientado tenha suficiente conhecimento anterior • Informar basta para reter as informações transmitidas	• Sem qualquer controle, os orientados se sentem como metas • Se não estiverem automotivados ou se o conteúdo não for percebido como importante, os orientados "se desligam" • Número reduzido de pontos de adesão ao cérebro dos orientados • Convicção de que informar é treinamento
Diretivo	• Fornece uma trajetória racional e robusta e *feedback* suficiente para a obtenção de um efetivo aprendizado inicial • Consolida rapidamente conhecimentos e habilidades requeridas • Consolida competência e confiança iniciais • Prevê resultados do aprendizado	• Pouca; a trajetória do aprendizado é prescrita, embora possam ser oferecidas trajetórias alternativas com base no progresso do orientado	• O orientado não é necessariamente automotivado • Pouco conhecimento anterior • Talvez apresente deficiências nas habilidades metacognitivas • Falta de iniciativa ou confiança para assumir o controle • Os orientados sabem que aplicarão os conhecimentos e as habilidades aprendidas sob aspectos muito similares ao treinamento	• Pode provocar o desligamento de orientados mais independentes • Pode implicar uma via (ou uma faixa estreita) para a execução • Não estimula a exploração ou a criatividade • Restringe os orientados mais avançados

Tabela 8-1. *Continuação*

Tipo de Treinamento	Principais Usos	Proporção de Controle do Orientado	Características Assumidas para o Orientado	Riscos
Descoberta Orientada	• Estimula a iniciativa do orientado num ambiente de aprendizado seguro • Baseado em casos para envolver o orientado na análise e na solução de problemas de questões cada vez mais realistas • Consolida uma transferência mais ampla de conhecimentos e habilidades aprendidas • Cria independência no aprendizado e, paralelamente, fornece uma rede de segurança • Próximas etapas após o treinamento diretivo	• Moderada a relativamente alta, dependendo do grau de orientação	• Confiança para se envolver na descoberta • Um pouco de conhecimento anterior do conteúdo • Boas habilidades metacognitivas • Automotivado para aprender, mas aprecia orientações e *feedbacks*	• Para o orientado menos confiante, possível estresse ou confusão • Para o orientado independente, muita coisa ainda fora de controle – excessivamente limitador • O orientado pode levar mais tempo para aprender do que no treinamento receptivo ou diretivo • Resultados menos previsíveis que no treinamento diretivo
Exploratório	• Cria um meio para o aprendizado autoiniciado • Fornece máxima liberdade para o orientado assumir o controle do aprendizado • Responde a uma série de necessidades de aprendizado que são extremamente individualizadas	• O objetivo do aprendizado, os recursos e as trajetórias para explorar estão no topo	• Extremamente automotivado para aprender • Grande conhecimento anterior do conteúdo e/ou aprendizado autoiniciado • Habilidades metacognitivas bem-desenvolvidas • Sabe o que é necessário e sabe como encontrá-lo	• O orientado pode ficar perdido • O orientado pode perder tempo • Inadequado para orientados sem as características apropriadas • O orientado talvez não aprenda o que é necessário ou pode tirar conclusões precipitadas • Baixos controle e previsibilidade dos resultados

Capítulo 8 – ABORDAGENS DE TREINAMENTO E UMA INFINIDADE DE ATIVIDADES

Para concluir a discussão sobre esses tipos de treinamento, eis aqui alguns pontos resumidos:

- Todos os tipos são diferentes métodos de abordar o treinamento.

- Todos os tipos têm um lugar no treinamento, mas a abordagem receptiva é o método mais frequentemente empregado – e devia ser o menos utilizado. Essencialmente, trata-se apenas de transmitir informações, e *informar não é treinamento*.

- O treinamento diretivo é o que promove maior controle ao orientador e à organização. O efeito colateral é a diminuição da iniciativa dos orientados e uma transferência mais limitada e mais próxima do potencial de aprendizado.

- A descoberta orientada é um método de treinamento equilibrado, excelente, para estimular a iniciativa dos orientados sob condições seguras. Os resultados do aprendizado são geralmente mais fortes e fluidos (por exemplo, transferência a uma gama mais ampla de situações). Os resultados são menos previsíveis, e o tempo de aprendizado pode aumentar.

- O treinamento exploratório é efetivo para orientados capacitados, diferenciados. Possibilita uma maior individualização e personalização do aprendizado. No entanto, exige recursos suficientes, diminui o controle do orientador e é imprevisível em termos de resultados específicos.

Nossa recomendação é utilizar o treinamento receptivo muito raramente. Foque nos outros três tipos. Combine e compare suas abordagens de modo a satisfazer as necessidades dos orientados e do aprendizado. Acima de tudo, mantenha o treinamento *ativo*.

Para reforçar essa última observação, a próxima seção deste capítulo apresenta uma variedade de atividades de treinamento/aprendizado que podem ser inseridas em todos os cursos, módulos ou lições e unidades instrucionais. Elas são particularmente convenientes para substituir o treinamento receptivo, mas podem ser integradas a todos os quatro métodos.

25 Atividades de Treinamento Passíveis de Utilização

Esta parte do capítulo exige uma pequena preparação do terreno. Até o momento, exploramos como os orientados processam informações para aprender, o que considerar quando treinamos adultos, como estruturar sessões de treinamento (o modelo de cinco etapas), as aptidões mentais e estratégias cognitivas requeridas para um aprendizado efetivo e eficiente e os quatro principais tipos de treinamento. Todas essas informações nos ajudam a entender melhor nossos orientados e nos orientam no planejamento e na organização de nosso treinamento, quer presencial, gravado ou sob outro formato, mas ainda nos faltam atividades concretas de treinamento que podem ser aplicadas imediatamente – hoje – para tornar o conteúdo deste livro uma fonte de renovação. Acreditamos que você possa utilizar algumas atividades práticas, realistas, que envolvam os orientados e transformem drasticamente a transmissão de informações em treinamento.

Temos a seguir, em ordem alfabética, 25 atividades de treinamento que podem ser utilizadas em uma variedade de contextos de aprendizado com um cardápio leque de conteúdos virtualmente ilimitado. Fornecemos descrições e exemplos. Seu trabalho é alimentar a imaginação. Após nossa descrição de cada atividade e da exemplificação de sua aplicação, há um espaço em branco para receber sugestões sobre os modos pelos quais você ou seus colegas possam utilizá-la. No final do capítulo será possível encontrar uma tabela resumida indicando as circunstâncias de treinamento para as quais cada atividade é particularmente apropriada.

Supere-me!

Essa atividade simples funciona bem para o aprendizado no próprio trabalho. Um mentor no trabalho, ou parceiro tutor, explica como executar uma tarefa ou aplicar um procedimento (por exemplo, acender e ajustar a chama de um bico de soldagem, acessar um arquivo num banco de dados de clientes ou preencher um formulário com base numa ordem de trabalho). Após apresentar a prática orientada inicial, o tutor oferece um desafio. *Supere-me!* Isso significa, dadas as mesmas informações ou tarefas, que o novato e o tutor competirão para completar a tarefa procedimental. A competição pode ser entre o tutor e o novato (com alguma forma de desvantagem para o tutor) contra o relógio ou algum outro padrão (por exemplo, precisão, finalização). Ao acrescentar um desafio, o aprendizado assume uma dimensão de jogo e estimula a motivação. Os novatos podem, inclusive, competir contra seus próprios recordes prévios.

> **Exemplo:** No trabalho, José estava aprendendo sobre materiais perigosos e a forma de manuseá-los. Shirley mostrou a José como utilizar o Manual de Produtos Perigosos. Após explicar como encontrar informações no manual, e pedir para que José praticasse identificando dois itens com ele, lançou-lhe o desafio: "Aqui estão cinco materiais. Quando eu disser 'já!', encontre a página correta que lhe informa o que você deve fazer com eles. Quero todas as cinco páginas perfeitas. Também farei isso com meu manual. Vamos ver se consigo finalizar a tarefa na metade de seu tempo. Você ganha se eu não conseguir. Preparado? Já!".

> *Como considero que essa atividade pode ser utilizada em minha organização:*

Concentração

Baseada no jogo clássico de nome *Concentration*, uma ilustração ou termo é colocado em um cartão e sua definição ou nome num outro. Num baralho há geralmente 15 a 25 pares de cartas. As cartas são embaralhadas e distribuídas com a face para baixo em colunas e fileiras. Os jogadores, em pares, se revezam para virar duas cartas em busca dos pares. Se um par equiparável (definição do termo ou nome da ilustração) é virado com a face para cima, o jogador coleta o par e joga novamente. Se não consegue formar um par, a rodada é passada ao próximo jogador. O jogo termina quando não houver mais cartas remanescentes na mesa. O vencedor é o jogador que tiver a maioria das cartas. Essa é uma ótima atividade de aprendizado destinada a ser executada entre colegas.

> **Exemplo:** Fred e Alphonse estão fazendo um curso de Meteorologia para serem qualificados como navegadores, como parte de seus trabalhos. Eles precisam aprender todas as diferentes formações de nuvens (12) e serem capazes de citá-las com exatidão. Receberam dois baralhos, um com 24 ilustrações de nuvens e as outras 24 contendo nomes de formações de nuvens. Utilizando as regras do *Concentration* que, porventura, possam ter aprendido quando crianças, agora estão brincando com o jogo *Implemente as Nuvens*, memorizando seus formatos e suas posições nas cartas, bem como seus nomes. Como todas as cartas possuem números, é possível conferir com uma folha-padrão para verificar se cada par que selecionaram está correto. Perdem pontos se cometerem erros.

Como considero que essa atividade pode ser utilizada em minha organização:

Confrontação

Esta é uma atividade envolvendo encenações executadas em rodadas. O grupo é dividido em equipes de três elementos. Cada participante recebe um cartão que descreve uma situação de confrontação e são atribuídos papéis (por exemplo, consultor de vendas, cliente, observador). Dois participantes estão numa situação de confronto e o terceiro age como observador. Os participantes adversários escolhem uma das cinco posições que lhes são dadas para resolver a questão. Eles compararam suas escolhas e, então, tentam chegar a um acordo antes do término

Capítulo 8 – ABORDAGENS DE TREINAMENTO E UMA INFINIDADE DE ATIVIDADES **161**

do tempo. O consultor de vendas, por exemplo, trabalha com o cliente para chegarem aos mesmos interesses. No fim de diversas rodadas, o instrutor extrai as lições aprendidas com o grupo.

> **Exemplo:** A classe de supervisores está aprendendo a mediar disputas em grupos de trabalho. Agora, a instrutora, Elisa, apresenta aos participantes a atividade de confrontação de modo que possam aplicar a teoria que vêm discutindo na prática. Divide-os em seis grupos, cada um deles com três participantes. Depois distribui um primeiro conjunto de cartas do jogo aos grupos. Todos os grupos têm o mesmo cenário: um trabalhador experiente e uma funcionária relativamente novata estão se confrontando. O primeiro deseja que a segunda não consulte seus manuais e guias de referência. A novata na organização reclama que ele os está escondendo de modo que ela não consegue fazer seu trabalho apropriadamente. Cada um dos oponentes escolhe entre cinco possíveis opções como desejam que a questão seja resolvida. Eles compararam suas seleções. O supervisor tem de mediar. Um observador dotado de uma lista de observação observa e anota o que o supervisor faz para que se chegue a um acordo. Há seis cenários. Cada um deles dura cinco minutos e é seguido por um *debriefing* estruturado. Há rotação de papéis.

> *Como considero que essa atividade pode ser utilizada em minha organização:*

Lista Crítica

Após as instruções sobre uma grande quantidade de conteúdo, o instrutor divide o grupo em quatro ou cinco equipes e pede a cada uma delas que crie uma lista com os cinco pontos mais importantes que têm que ser cobertos. Depois de cinco a sete minutos, ele pede a cada equipe que divulgue sua lista. À medida que elas são anunciadas, o instrutor monta uma lista comum nas folhas soltas do cavalete de apresentação. Fazendo-se a eliminação das redundâncias, a lista comum deve conter entre 10 a 15 itens. O instrutor pede a cada equipe que selecione o item mais importante. Explica, ainda, que as equipes receberão um ponto por suas escolhas, mais um ponto para cada outra equipe que selecione o mesmo item. Se houve um empate, todos os itens empatados tornam-se o número 1. O instrutor pede que as equipes joguem mais duas rodadas para identificar os próximos itens mais importantes. As pontuações se baseiam em quantas equipes fazem as mesmas opções. Isso estimula o pensamento de consenso. Após três rodadas, as pontuações são totalizadas. O instrutor conduz um bate-papo sobre as experiências com o grupo, destacando as principais opções e extraindo ideias de outros pontos-chave existentes na lista comum.

> **Exemplo:** Numa aula sobre serviço ao cliente, os motoristas de ônibus participantes passaram três horas discutindo sobre fatos, problemas, oportunidades, políticas e outros tópicos que têm um impacto no transporte, suporte público e na segurança no trabalho. Essas questões também afetam a imagem e outros fatores críticos. Agora, o orientador pede aos participantes para que montem uma lista de ações que motoristas de ônibus podem empreender de modo a melhorar o serviço ao cliente. Após seu afunilamento em cinco itens, cada equipe gera cinco ações. Elas são agrupadas numa lista comum entre 10 a 12 ações. Através da pontuação consensualizada, e após três rodadas de atividades, os participantes selecionam três itens principais e se comprometem a implementá-los no início do próximo turno.

Como considero que essa atividade pode ser utilizada em minha organização:

Aglomeração de Criptografias

O instrutor apresenta um quebra-cabeça à classe com itens criptografados correlacionados a um tema específico (por exemplo, benefícios de um modelo particular de carro, características da tecnologia automotiva, concepções errôneas comuns a respeito de tecnologias específicas). Os itens são criptografados utilizando-se um sistema simples de substituição de letras: algumas outras letras do alfabeto consistentemente substituem cada letra no item (por exemplo, cada "e" no item pode ser substituído por um "j", e cada "t", por um "n"). O desafio é para os participantes decifrarem os itens na lista ao utilizarem uma combinação de princípios criptográficos gerais e conhecimento do tópico em questão. Essa atividade pode ser realizada individualmente ou em equipes.

> **Exemplo:** A unidade está se preparando para a instalação de um novo equipamento automatizado. Todos os seus funcionários afetados têm feito uma série *online* de cursos sobre a nova geração de maquinário e tecnologia. Para ajudar os orientados a ter um contato bastante estreito com as novas características, os benefícios e as concepções errôneas relativas a uma reforma geral de US$ 200 milhões, os designers do treinamento criaram um cenário de espionagem industrial baseado em computador dotado de informações codificadas. O orientado tem que decifrar, memorizar e voltar à sede da empresa após destruir o documento codificado. Ao tomar essas providências e responder às perguntas formuladas pela organização, o orientado a salva e vence a competição.

Como considero que essa atividade pode ser utilizada em minha organização:

Efeito Dominó

Este jogo consiste de uma pilha de 20 a 30 cartões do tipo dominó. O instrutor cria cartões que têm um termo numa extremidade e a definição para outro termo na outra extremidade. O jogo é disputado utilizando as regras do *Dominoes*, exceto que um participante deve apresentar um termo contra sua definição ou vice-versa.

> **Exemplo:** Os operários da montadora estão passando por uma série de sessões de treinamento que visam aperfeiçoar seus co-

nhecimentos e suas habilidades técnicas em eletrônica, pneumática, hidráulica e robótica. O que torna o aprendizado difícil é todo o novo vocabulário. Felizmente, o grupo de treinamento tem criado alguns jogos de dominó atrativos e divertidos para cada uma dessas áreas. Uma metade do cartão tem um termo; a outra, uma definição. Jogando em equipes e pares, os trabalhadores estão achando que é mais fácil decorar o grande número de novos termos e seus significados. E isso também é engraçado! Incidentalmente, a equipe de treinamento acabou de lançar uma versão baseada em computador com a qual você joga contra o computador ou uma outra pessoa.

Como considero que essa atividade pode ser utilizada em minha organização:

"Rachar" para os Exames

O instrutor divide a classe em pares ou grupos de estudo e distribui uma prova para cada equipe. Os participantes recebem a informação de que serão testados sobre o conteúdo. Eles têm 20 minutos para "rachar" para a prova, utilizando quaisquer recursos que lhes sejam disponíveis. O instrutor, em seguida, aplica ou não o teste, ficando a seu critério desde que o propósito é fazê-los revisar o conteúdo.

Exemplo: A classe dos representantes de vendas tem passado a maior parte da manhã sendo atualizada sobre as novas tecnologias automotivas para os modelos que estão vendendo. Chassi, sistema de transmissão, eletrônica, hidráulica, sistema de freios, suspensão, aerodinâmica etc. Há muitas coisas para aprender e lembrar. Há também o estresse do teste final. A instrutora agora surpreende todas as pessoas. Ela distribui a prova com 10 perguntas e anuncia que a turma pode se dividir nos grupos formados inicialmente e que eles podem despender 30 minutos para "rachar" para a prova utilizando quaisquer materiais e métodos escolhidos. No final desse prazo, ela recolherá todos os materiais de treinamento, distribuirá a mesma prova e lhes dará 20 minutos para que a completem individualmente. Suas pontuações serão registradas.

> *Como considero que essa atividade pode ser utilizada em minha organização:*

Matriz de Fatos Quíntupla

Os participantes recebem um cartão com uma matriz 5 x 5 que tem diferentes categorias nas colunas e diferentes letras do alfabeto nas linhas. Eles preenchem cada célula da matriz com uma palavra-chave iniciando com a letra especificada que se enquadra à categoria apropriada. As palavras fornecidas marcam pontos extras pela originalidade. A atividade é normalmente utilizada para uma área específica de conteúdo (por exemplo, tecnologia da computação, terminologia de vendas) que limita os tipos de palavras-chave que podem ser utilizadas.

> **Exemplo:** Os *trainees* de gestão de lojas estão aprendendo bastante coisas sobre os produtos vendidos por uma rede varejista de ferragens. O treinamento em si tem, surpreendentemente, alertado muitos desses novatos recém-saídos da faculdade. Mais da metade dos nomes dos produtos é novidade para a maioria dos participantes. Agora, o instrutor divide a classe em quatro grupos e distribui uma matriz de fatos quíntupla. Ao longo do eixo vertical há cinco letras; no eixo horizontal, os nomes de cinco lojas de departamento. Os *trainees* têm cinco minutos para completar a matriz, colocando o nome de um produto que inicie com a letra atribuída para a linha sob a coluna da loja de departamento. Eles obtêm um ponto para cada produto que mais do que uma outra pessoa indique, dois pontos se somente uma outra pessoa indique, cinco pontos para cada produto singular indicado, e 10 pontos se ninguém mais for capaz de inserir qualquer produto naquela célula. Os grupos circulam os cartões no sentido horário após cada rodada de atividades. Há um prêmio para cada uma das três maiores pontuações gerais. Há, ainda, algumas matrizes autodesafiadoras em seus materiais de estudo ditados pelos próprios *trainees*.

> *Como considero que essa atividade pode ser utilizada em minha organização:*

Grande Debate

O instrutor seleciona um tópico geral (por exemplo, tecnologia automotiva, modelos de carros) e subtópicos ricos em questões discutíveis (por exemplo, a eficácia de um veículo com tração dianteira, preço como o fator-chave nas vendas). Dependendo do tamanho da classe, ele divide os participantes em seis ou oito equipes. Se houver seis equipes, o instrutor distribui três questões como segue: três recebem individualmente uma das questões com um sinal "+"; três delas também recebem individualmente uma das questões com um sinal "–". As equipes detentoras do sinal "+" despendem 10 minutos para preparar dois minutos de argumentos sobre o lado positivo da questão (por exemplo, por que um veículo com tração dianteira não apenas é desejável, mas o melhor meio de locomoção). As detentoras do sinal "–" preparam dois minutos de argumentos sobre o lado negativo da questão durante os 10 minutos do período de preparação. O instrutor aleatoriamente seleciona uma questão e um sinal "+" ou "–" para determinar qual é a equipe que começa. Após dois minutos de argumentos, a equipe concorrente começa a justificar seus pontos. Cada equipe recebe um minuto extra para as réplicas. O instrutor continua selecionando tópicos até que todos eles tenham sido debatidos e, em seguida, conduz um bate-papo sobre as experiências com o grupo de modo a utilizar os argumentos levantados para dar suporte a uma venda.

> **Exemplo:** Um grupo de 12 gerentes seniores do nível executivo tem estado num retiro num fim de semana prolongado para discutir várias questões. Estamos na tarde do terceiro dia. O facilitador apresenta a atividade de nome *Grande Debate*. São formadas aleatoriamente seis equipes. Cada equipe tira aleatoriamente um tópico atual que tem sido discutido seja com um "+" ou um sinal

"—" a ele anexado. Os tópicos são padrões flexíveis de ética comercial em negociações internacionais, o direito público que deve ser conhecido para fins de interesses corporativos e a competição em unidades de negócios. Cada equipe prepara justificativas favoráveis ou contrárias, conforme indicado, para seu respectivo tópico e, em seguida, debate-os formalmente. O facilitador, o CEO e o presidente observam e conferem os pontos. O facilitador relata a atividade e, ocasionalmente, solicita comentários dos dois outros membros principais. O facilitador ajuda o grupo a tirar conclusões sobre questões-chave do momento.

> *Como considero que essa atividade pode ser utilizada em minha organização:*

Verdadeiro ou Falso

Os participantes recebem uma lista com afirmações referentes a um tópico que são verdadeiras ou falsas. Após decidirem individualmente se cada uma delas é verdadeira ou falsa, o instrutor revisa cada declaração e a discute. As declarações geralmente incluem mitos comumente aceitos que são falsos. Os participantes obtêm um ponto para uma resposta correta mais um bônus de um ponto para cada participante que errar. Esse sistema de pontuação beneficia os participantes que respondem corretamente às declarações mais difíceis.

> **Exemplo:** Devido às classificações negativas na supervisão do serviço de barcaças pelos inspetores governamentais, todo o pessoal que trabalha a bordo dessas embarcações teve que passar por treinamento intensivo em diretrizes, procedimentos e ações voltadas a situações de emergência. O instrutor criou um teste de verdadeiro ou falso com 20 itens e o distribuiu aos participantes no início da sessão de treinamento. Cada participantes fez suas próprias escolhas (verdadeiro/falso). O instrutor registra, pela contagem de mãos levantadas, as escolhas dos participantes. A seguir, ele começa a sessão utilizando os 20 itens como um dispositivo de estruturação. No final da sessão, os participantes refazem

o teste para ver se "aprenderam". O instrutor novamente repassa os itens e conduz um bate-papo sobre as experiências com o grupo.

Como considero que essa atividade pode ser utilizada em minha organização:

Perigo

A exemplo do programa televisivo, apresentam-se respostas, soluções ou até resultados (bons e ruins) aos orientados, e estes têm de falar as perguntas apropriadas. Essa atividade pode ser cronometrada, ter níveis crescentes de dificuldade ou receber pontuações.

Exemplo: Para seu programa de aprendizado assistido por pares (PAL – *Peer-Assisted Learning*), a Bytecom tem criado uma série de perguntas (na verdade, respostas) do tipo *Jeopardy* para empregar no trabalho com técnicos recém-contratados. Os tutores de pares recebem uma folha em seus *kits* de PAL que contém esses itens. O técnico novato, que tem recebido treinamento e, no momento, está passando pelo *coaching* no trabalho com a ajuda do tutor do programa, precisa inventar uma pergunta que combine com o progresso ou resultado selecionado por esse orientador (por exemplo, tutor do programa: "O teclado faz um som de clique perceptível quando você digita, mas não há nenhum resultado." A pergunta do técnico novato: "O que são as teclas de aderência [*sticky keys*]?"). O tutor utiliza essa atividade como um fechamento após passar por uma série de atividades correlatas de trabalho ou, eventualmente, conforme apropriado.

Como considero que essa atividade pode ser utilizada em minha organização:

Quebra-cabeça

O instrutor divide a classe em equipes e nomeia seus líderes. Ele fornece documentação às equipes e cada uma delas lida com uma parte de um tópico; em seguida, pede às mesmas que preparem apresentações sobre suas partes específicas. Cada equipe decide sobre o estilo de apresentação e os recursos para tornar seu conteúdo interessante para o grupo. Os líderes das equipes estruturam as breves apresentações numa "palestra" completa. O instrutor administra um questionário conciso no final e conduz um bate-papo sobre as experiências com o grupo.

> **Exemplo:** Os profissionais de saúde estão participando de uma sessão de treinamento de fim de semana como parte de seus requisitos regulares para uma nova certificação. Recentemente, tem havido um grande número de mudanças nas leis que afetam seu trabalho. Essas mudanças essencialmente afetam a revelação de informações de pacientes, a prescrição de certos medicamentos e tratamentos, a má conduta e os registros financeiros. Por causa da natureza ativa desse grupo, e para criar um maior envolvimento, o instrutor dividiu os participantes em quatro equipes. Ele entregou a cada uma delas uma série de materiais preparados sobre um dos quatro tópicos e atribuiu-lhes a tarefa de preparar apresentações de 20 minutos a serem dadas a todo o grupo. As equipes têm uma hora para preparar suas partes relativas a *Mudanças Legais que Afetam Suas Práticas*. Os participantes são alertados que haverá um teste sobre todas as partes no final. Utilizando anotações, artigos de jornais, transparências preparadas e seus materiais específicos, cada equipe elabora sua apresentação de 20 minutos. As equipes transmitem suas informações para o grupo. O instrutor acrescenta comentários editoriais a cada apresentação e entrega um teste sobre todas as partes para verificar o aprendizado, dar *feedback* e detalhes extras, e esclarecer completamente quaisquer concepções errôneas.

Como considero que essa atividade pode ser utilizada em minha organização:

Competição de Apresentações entre Equipes

O instrutor divide a classe em quatro equipes e anuncia que fará uma apresentação de 10 minutos sobre uma área de conteúdo. Após 10 minutos, cada equipe deve formular uma pergunta baseada no conteúdo e estar preparada para responder uma pergunta sobre o mesmo conteúdo. As equipes têm cinco minutos para criar uma pergunta e preparar potenciais respostas. A Equipe 1 faz sua pergunta para a Equipe 2. Os membros da Equipe 2 que acreditam ter a resposta erguem as mãos. O líder da Equipe 1 escolhe um respondente. Se a resposta estiver correta, a Equipe 2 ganha cinco pontos. Em caso contrário, os membros da Equipe 3 consultam e dão uma resposta conjunta. Se correta, eles recebem dois pontos. Se incorreta, não são conferidos pontos. A Equipe 2, em seguida, faz perguntas à Equipe 1. Quando uma rodada estiver completa, o instrutor continua com a aula e com o exercício perfazendo mais duas rodadas. As equipes totalizam suas pontuações para determinar o grau de eficiência na retenção de informações.

> **Exemplo:** A diretriz da empresa exige que os funcionários da manutenção (aqueles que cuidam da malha ferroviária) participem de sessões mensais de treinamento. Essa sessão é sobre segurança na ferrovia. Os lapsos de atenção podem ser curtos, mas as consequências de práticas inseguras, mortais. O orientador decide fragmentar a sessão em filmes informativos de cinco minutos com ilustrações e exemplos. O grupo é dividido em quatro equipes. Cada equipe presta atenção durante cinco minutos, formula uma pergunta recorrente e, em seguida, coloca-a para a equipe à sua direita. Se um membro daquela equipe souber a resposta, levanta a mão. O líder da equipe que fez a pergunta seleciona o respondente e verifica a resposta. Se a resposta estiver errada, a próxima equipe à direita é inquirida. Após cada rodada de passagem dos filmes de cinco minutos, outra equipe formula a pergunta. Durante esse tempo de preparação da pergunta, as outras equipes compartilham o que aprenderam entre seus próprios participantes e se preparam para a pergunta. As pontuações são registradas e a equipe que se saiu melhor é premiada.

> *Como considero que essa atividade pode ser utilizada em minha organização:*

Jogo de Letras

O grupo é dividido em quatro ou cinco equipes. Cada equipe recebe um envelope com um problema para resolver escrito nele. Cada equipe recebe também fichas de arquivo em número menor que os envelopes. As equipes criam um logotipo ou símbolo secreto e o desenham em cada ficha de arquivo. Elas têm de dois a três minutos para interpretar o problema, decidir sobre uma solução, anotá-la nas fichas e introduzir estas no envelope. Os envelopes são passados para a equipe mais próxima no sentido horário. Mais uma vez, a equipe lê o novo problema, gera uma solução e introduz a ficha no envelope. Este procedimento é repetido até que cada equipe receba um envelope, mas não tenha mais fichas (por exemplo, se houver cinco equipes, cada uma delas completa quatro fichas com soluções. Na quinta rodada, não há mais fichas). Então, as equipes, individualmente, abrem os envelopes, leem e avaliam as soluções, e as classificam segundo a ordem. Se houver quatro soluções, a primeira classificada obtém quatro pontos; a segunda, três pontos; a terceira, dois pontos; e a quarta, um ponto. Cada equipe lê seu problema e a solução com a melhor classificação e dá uma explicação para a sua escolha. Finalmente, são coletadas e distribuídas todas as fichas com as soluções para as equipes por logotipo ou símbolo. As equipes somam seus pontos para determinar quão bem resolveram os problemas.

> **Exemplo:** Um grupo de engenheiros de sistemas está numa sessão de treinamento focado na discussão e solução de problemas. O instrutor entrega um envelope contendo quatro fichas de arquivo a cada uma das cinco equipes. Cada equipe cria um símbolo, tira as fichas e desenha o símbolo em cada ficha. A Equipe A escolhe o símbolo de um átomo, a B, o de um dólar, a C escreve 777, a

D desenha uma tulipa em cada ficha e a E escreve a letra grega *qui* em suas fichas. A Equipe A repassa seu envelope vazio à Equipe B, a B à C, e assim sucessivamente até a Equipe E repassar o seu à Equipe A. Cada equipe interpreta o problema de sistema escrito na frente do envelope, chega a uma solução, redige-a em uma de suas fichas e a introduz no envelope. As equipes repassam e trocam os envelopes às suas direitas, redigem a resposta numa ficha e a introduz no envelope (sem dar uma olhadela na parte interna das outras fichas). Esse processo se repete até que as equipes recebem seus envelopes originais. Elas retiram as soluções do *troubleshooting*, as avaliam e as classificam segundo a ordem: desde as melhores = quatro pontos, até as menos valiosas = um ponto, e escrevem o *ranking* no verso de cada ficha. Cada equipe revisa seu caso para o grupo e explica a seleção das melhores soluções com fundamentos lógicos. No final, as fichas são empilhadas num monte. Cada equipe encontra suas fichas baseando-se no símbolo e totaliza sua pontuação.

> *Como considero que essa atividade pode ser utilizada em minha organização:*

Equipes de Escuta

O instrutor divide o grupo em quatro ou cinco equipes e torna cada uma delas responsável por ouvir e gravar informações-chave sobre um tópico específico. Em seguida, pede às equipes que divulguem essas informações em sequência para todo o grupo na forma de resumos.

> **Exemplo:** A companhia ordenou que todos os funcionários operacionais participassem numa sessão de treinamento de uma hora sobre modificações em uma série de procedimentos que serão realizados no próximo mês. As modificações são resultado de novos requisitos para o sistema de transmissão de informações. Há multas para as organizações que não se adequarem. A orientadora divide cada grupo em quatro equipes de escuta à medida que apresenta as mudanças, e pede aos participantes que apliquem as mudanças

a exemplos. Após cada uma das quatro mudanças principais, ela retorna à equipe designada de escuta para obter um sumário dos pontos-chave. No final da sessão, ela concede a essa equipe cinco minutos para que ela apresente o que considera ser as três principais conclusões de suas partes. Ela resume e acrescenta quaisquer pontos extraídos importantes que as equipes tenham esquecido.

> *Como considero que essa atividade pode ser utilizada em minha organização:*

Falta de Combinação

Este é um exercício simples e divertido para verificar se os participantes absorveram as informações sobre uma série de tópicos ou produtos apresentados num curto espaço de tempo. O instrutor descreve de quatro a oito cenários breves em que uma pessoa faz uma pergunta e recebe uma resposta. Embora possam parecer razoáveis, as perguntas e as respostas estão mal combinadas. Os participantes devem combinar os pares corretos de perguntas e respostas.

> **Exemplo:** Para concluir a sessão sobre tratar objeções de clientes, Francine distribui aos participantes 10 cenários breves de conversas, em oito dos quais a objeção e a resposta não casam. O grupo tem cinco minutos para acertar a confusão. No fim desse período, Francine chama aleatoriamente os 10 participantes para que leiam corretamente cada cenário. O grupo discute cada uma das respostas. A instrutora dá *feedback*. Se o grupo é formado por pessoas mais confiantes, ela inclui um sistema de pontuação. No final, pede aos participantes que deem a si mesmos um ponto para cada resposta certa e um ponto a mais para os participantes que deixaram de responder aquele item. Este método recompensa quem dá as respostas para os cenários mais difíceis.

> *Como considero que essa atividade pode ser utilizada em minha organização:*

Nossos *versus* **Deles**

Este é um exercício interativo, rápido e divertido que foca em "nossos" produtos *versus* os da concorrência. Os participantes leem cada uma da série de afirmações (num número oscilando entre 10 a 15) (por exemplo, tem 10% a mais de eficiência na utilização do combustível) e selecionam o produto para o qual ela se aplica. Geralmente, as declarações estão dispostas numa coluna vertical com nossos produtos e um ou dois produtos dos competidores listados lado a lado, como abaixo.

	Honda "X"	Toyota "Y"	Ford "Z"
	☐	☐	☐

- Tem 10% a mais de eficiência na utilização do combustível do que as outras duas marcas.

As declarações devem surpreender e aumentar o interesse para que se aprenda mais. Essa atividade é uma abertura excelente para uma área de conteúdo.

Exemplo: Com a apresentação da empresa de uma nova linha de impressoras baseada numa tecnologia inovadora, é essencial que todos os representantes nacionais de vendas estejam preparados para acelerar as comparações entre essas novas impressoras e as da concorrência. Gerhard criou uma nova atividade denominada "Beatcha" tanto para uso em sala de aula como para autoestudos. Seu propósito é demonstrar claramente como as impressoras Lightning superam a concorrência como um todo. No entanto, é criticamente importante que os representantes saibam em que dimensões os produtos Lightning "são superiores", e em que outras não. Para cada um dos cinco novos produtos, ele criou uma lista de 10 a 15 declarações comparando a linha Lightning com os três principais competidores.

Os participantes em equipes (classe) ou individualmente (estudos ditados por eles próprios) encontram a resposta buscando planilhas de especificação que tinham sido fornecidas. Após todas as declarações terem sido respondidas, os participantes recebem *feedback* e informações adicionais, completas com planilhas comparativas resumidas para utilizar durante seus contatos de venda.

> *Como considero que essa atividade pode ser utilizada em minha organização:*

Interrogatório da Polícia

O instrutor informa ao grupo sobre o tópico que deve ser aprendido e anuncia que haverá uma competição no fim de um período de tempo. Os orientados devem perguntar e investigar para "extrair forçadamente" o conteúdo do instrutor. Este apenas responde a perguntas específicas feitas pelos participantes. O instrutor pode abrir a sessão para interrogadores individuais ou, também, manter grupos que formulem perguntas e, em seguida, interroguem. Antes da competição, os orientados podem resumir entre si o que aprenderam.

> **Exemplo:** Zeta tinha treinado os novos *trainees* de gestão de grande potencial durante mais de uma semana. Ainda resta mais uma semana antes de eles serem liberados para exercerem suas funções no trabalho. Ela tem apreciado esse grupo brilhante de pessoas jovens, ambiciosas, que constantemente a desafiam. Agora é a hora de mudar as funções. Zeta entra na sala de aula e anuncia que dentro de uma hora haverá uma competição com pontuações. Ela anuncia o tópico, características de mercado e idiossincrasias culturais dos países do sudeste asiático, e informa que os *trainees* podem lhe fazer perguntas para se prepararem para o teste. Ela responderá de forma honesta – mas não necessariamente completa – a todas as perguntas, e também dará todas

as informações, exceto as perguntas do teste. Os *trainees* podem interrogá-la incansavelmente sobre o tópico.

A princípio, os *trainees* fazem algumas perguntas como teste. Zeta responde a cada uma delas de modo claro e aberto. Após alguns minutos, todos os participantes estão "bombardeando-a" com perguntas exploratórias. Algumas ela, de modo geral, responde; outras, responde-as evasivamente. Durante uma hora, o interrogatório sobre o sudeste asiático processa-se num ritmo furioso. Quando o teste com perguntas e respostas é finalmente feito, nenhum dos *trainees* tem dificuldade para responder às perguntas. Eles mostraram à instrutora que podem assumir a responsabilidade e obter o que necessitam.

> *Como considero que essa atividade pode ser utilizada em minha organização:*

Entrevista Coletiva à Imprensa

O instrutor cria um ambiente para uma entrevista coletiva à imprensa organizando os participantes em equipes de repórteres incumbidos de extrair informações específicas de um *expert*. Assim que ele prepara o terreno e especifica os temas gerais da entrevista (geralmente três ou quatro), os participantes criam perguntas específicas referentes a cada tema. Eles anotam suas perguntas em fichas de arquivo de diferentes cores; uma pergunta por ficha. As cores das fichas estão relacionadas aos temas. O instrutor coleta as fichas (nas quais pode inserir perguntas adicionais). O grupo é dividido em equipes de repórteres investigativos; uma equipe por tema. As equipes gastam 15 minutos classificando perguntas e preparando para bombardear o *expert*, num estilo típico desse tipo de entrevista. Cada equipe tem sete minutos para perguntar de maneira agressiva ao *expert*, enquanto faz anotações. Quando todas as equipes tiverem o interrogado sobre todos os temas, elas revisam suas anotações durante cinco a sete minutos e listam pontos-chave que formariam parte de um boletim informativo. Eles transmitem os pontos-chave em voz alta acompanhados pelos comentários do instrutor. Os orientados fazem a maior parte do trabalho e sentem que estão no controle da situação; no entanto, o instrutor é que efetivamente apresentará os conteúdos – fazendo muito mais.

> **Exemplo:** Num *workshop* sobre jogos dedicados ao aprendizado, Hal apresenta o tópico e os quatro temas para a entrevista coletiva à imprensa: identificar oportunidades para a utilização de jogos, desenhar jogos para o aprendizado, aplicar os jogos e conduzir um bate-papo sobre as experiências com o grupo nesses tipos de jogos. Os participantes preparam perguntas para cada tema; um por ficha (verde, amarela, azul e rosa). Hal coleta-as após cinco minutos, introduzindo secretamente cerca de uma dezena de perguntas que tinha preparado. Em quatro equipes, cada uma manuseando um monte de fichas para um dos temas, os participantes selecionam e organizam perguntas para fazer como repórteres. Hal então assume o papel do *expert* visitante e concede sete minutos a cada equipe para que façam perguntas, recebam suas respostas e façam anotações. As equipes podem interrompê-lo e lançar outra pergunta. Após as quatro rodadas, elas gastam 20 minutos redigindo boletins informativos de uma página. As equipes os leem sucessivamente em voz alta. Hal faz o trabalho de editoração. Ele, em seguida, coleta os quatro boletins informativos, tira cópias deles e os distribui a cada participante. Toda essa atividade dura uma hora, desde o início até o fim.

> *Como considero que essa atividade pode ser utilizada em minha organização:*

Jogo de Perguntas e Respostas

Após meio dia ou um dia inteiro de instruções, o orientador distribui tiras de papel aos participantes e orienta-os para revisar todos os apontamentos e materiais do curso individualmente de modo a identificar um único ponto-chave que valha a pena reter. O ponto deve ser importante e específico. Este ponto é a "resposta". Cada participante, em privado, formula uma pergunta para gerar sua resposta e escreve-a na tira de papel – apenas a pergunta; nenhuma resposta e nenhum nome. O instrutor coleta todas as perguntas, embaralha a pilha e passa adiante. Os participantes leem as perguntas nas fichas recebidas e dão suas respostas (num livro aberto ou fechado). As respostas são discutidas e comentadas brevemente. Se uma resposta está incompleta ou incorreta, o instrutor reúne a informação faltante com o grupo. Os participantes que erram uma resposta obtêm a chance de replicar ou adicionar informações às respostas incorretas ou incompletas dos outros. Essa atividade de revisão é, em seguida, comentada numa conversa informal com o grupo para assegurar que todas as principais informações tenham sido resumidas.

> **Exemplo:** Para iniciar a sessão da tarde com uma certa animação, Ahmed distribui tiras de papel a todos os 12 participantes. Ele pede a cada um deles que revisem todos os apontamentos da classe sobre os produtos feitos pela manhã e que descubram um ponto-chave sobre o qual acreditam que as pessoas devem se lembrar. Usando esse ponto como uma resposta desejada, cada *trainee* deve convertê-lo numa pergunta e escrever apenas ela, não a resposta nem o nome, numa ficha. À medida que recorre às páginas ou a seus apontamentos, Malika identifica o seguinte: a RX500 é a única impressora duplex de alta velocidade que é compatível com o PC e a Apple e que não precisa de trabalho de conversão. Ela anota rapidamente em sua tira, "Que impressora duplex de alta velocidade é compatível tanto com o PC como com a Apple? Requer-se algum tipo de conversão de hardware?" Todos os participantes repassam suas tiras de papel, que Ahmed prontamente embaralha e distribui, uma para cada pessoa. Os participantes estudam as novas perguntas e consultam rapidamente seus apontamentos em busca da resposta. Paulatinamente, Ahmed seleciona ao acaso os participantes para que leiam suas perguntas e deem suas respostas. Ele acrescenta detalhes quando necessário. Todos concordam que esta tem sido uma ótima revisão. E, embora tenha sido feita logo após o almoço, ninguém pegou no sono.

> *Como considero que essa atividade pode ser utilizada em minha organização:*

Jogo de Cartas

O instrutor monta um baralho de cartas para um domínio do conhecimento com um termo ou imagem em cada carta. Os participantes são agrupados em equipes de três a cinco jogadores, cada um deles com um baralho completo. O jogador que dá as cartas de cada equipe embaralha-as e distribui-as a todos os seus membros. Os jogadores colocam as cartas viradas para baixo num único monte na frente deles, sem olhar para elas. O instrutor fala em voz alta uma categoria de conteúdo existente no domínio do conhecimento (por exemplo, hipotecas), e cada jogador, no sentido horário e na sua vez, rapidamente pega a carta do topo de seu monte e a vira com a face voltada para cima sobre a mesa. Se a carta tem um termo ou imagem correlacionada ao tópico selecionado, os jogadores retiram-na rapidamente do monte. O primeiro jogador a fazer isso recupera-a e coloca-a com a face voltada para cima ao lado da pilha de cartas viradas para baixo. O primeiro jogador a retirar rapidamente uma carta incorreta recupera-a e coloca-a com a face voltada para baixo. O jogo prossegue rapidamente até que todas as cartas distribuídas tenham sido utilizadas. Os jogadores contam um ponto para cada carta correta retirada rapidamente do monte e tiram um ponto para cada erro.

> **Exemplo:** Os funcionários recém-contratados estão aprendendo muitas coisas durante suas orientações no ambiente de um supermercado. Há muito mais a aprender, mas Shakil torna a atividade divertida. Ele pega um baralho de cartas, embaralha-o e distribui 15 delas a cada um dos seis *trainees*. Em cada carta há um produto vendido pelo supermercado: maçã Granny Smith, sopa Campbell, pão de forma Wonder Bread, iogurte Dannon etc. Shakil acabou

de dar uma aula aos *trainees* sobre as seções de produtos alimentícios, dicas de beleza e saúde, laticínios, carnes e mercearia em geral. Agora, ele explica o jogo: "Falarei em voz alta o nome de uma seção, tal como 'Laticínios'. Começando com Isaac, cada um de vocês tira uma carta colocando-a com a face virada para cima no centro. Se alguém retirar uma carta referente a produtos de laticínios, com 'manteiga' ou '2% de leite nele', todos vocês tentam retirá-la rapidamente do monte. A primeira pessoa que conseguir fazer isso ganha a carta. Apanhe-a e coloque-a com a face virada para cima na sua frente. Ela vale um ponto. Se você retirar bruscamente a carta errada, também a retenha, mas coloque-a com a face virada para baixo na sua frente. Você perde um ponto. Continuarei a trocar de categorias de produtos com vocês sem aviso prévio, e, portanto, sejam rápidos. Quem obtiver a maior pontuação vence".

> *Como considero que essa atividade pode ser utilizada em minha organização:*

Desafio Tecnológico

O instrutor divide a classe em equipes com dois membros. Estes se alternam entre o papel do cliente e o do consultor de vendas. Em rodadas cronometradas de 99 segundos, os clientes fazem perguntas aos consultores sobre os produtos ou a tecnologia. Os consultores de vendas respondem ao maior número possível de perguntas dentro do período de tempo determinado. O cliente anota as respostas numa lista de perguntas. No final da rodada, os participantes trocam de papéis e repetem o procedimento para diferentes produtos ou tecnologias. Essa atividade é uma excelente revisão para uma área de conteúdo.

Exemplo: Os assistentes de vendas recém-contratados estão de volta ao treinamento. Como líder de equipe, Doris quer se certificar de que eles aprenderam bem e conseguem responder a uma série de perguntas sobre os itens do catálogo, preços, pagamentos, manuseio, envio e questões do serviço. Ela senta-se ao lado de Jeremy, um recém-contratado. Utilizando uma lista de perguntas comuns feitas pelos clientes, ela dá a ele 99 segundos para responder ao maior número possível de questões. Em seguida, ela troca de papéis e é ele quem desempenha o cliente, questionando-a. Os dois comparam quantas perguntas foram respondidas por eles e que respostas são melhores. Doris explica que a velocidade e a precisão são essenciais num meio de alto volume envolvendo assistentes de vendas. Então, ela move-se para fazer o mesmo teste com Erica.

Como considero que essa atividade pode ser utilizada em minha organização:

Contenda de Terminologias

Essa atividade é baseada na arquitetura do *bingo*. O instrutor apresenta informações técnicas que contêm nova terminologia. No final da apresentação, é distribuída a cada *trainee* uma cartela parecida a um "bingo", em que os termos estão aleatoriamente dispersos. Cada cartela é diferente. O instrutor tira as definições de um chapéu e as lê em voz alta. Os participantes colocam uma moeda ou um marcador no termo correspondente à definição. O primeiro participante a cobrir cinco termos numa fileira (horizontal, vertical ou transversalmente) ganha. Se houver muitos termos, o vencedor é quem conseguir cobrir toda a cartela em primeiro lugar.

> **Exemplo:** A montagem de placas para equipamentos eletrônicos exige tanto precisão como velocidade. Pham agora atua como instrutor e percebe que, para muitos dos novos funcionários, os nomes dos diferentes componentes podem gerar bastante confusão. Isso é especialmente válido para aqueles cuja primeira língua não é a utilizada. Assim, ele criou em seu computador uma série de cartelas de *bingo* com uma matriz 5x5 e ilustrações de cada componente (por exemplo, CPU, SIMM, DIMM, BIOS, FAN) que os

trainees encontrariam. Ao pedir que os funcionários disputassem o jogo familiar *bingo*, no qual o líder tira o nome do componente de um chapéu e os participantes cobrem com uma moeda a sua ilustração na cartela impressa, ele espera reforçar a familiaridade com os componentes e seus nomes. Em futuras sessões, Pham decidiu que tiraria componentes reais e pediria aos participantes para que lhe dessem os nomes antes de cobrir as imagens em suas cartelas.

> *Como considero que essa atividade pode ser utilizada em minha organização:*

Eles Dizem, Nós Dizemos

O instrutor organiza a classe em equipes de três ou quatro membros. A metade das equipes atua como consultores de vendas concorrentes e a outra metade como consultores da própria empresa. O instrutor, ao acaso, forma um par entre uma equipe concorrente e uma equipe da empresa. Antes de cada rodada, ele fornece uma característica ou função a cada equipe representativa da empresa e observa que ela tem 15 segundos para descrever a vantagem de seu produto em relação ao da concorrência. Os participantes, em seguida, têm 30 segundos para responder a todos os desafios competitivos.

> **Exemplo:** Em uma das sessões mensais de treinamento para representantes de vendas de produtos farmacêuticos, Max, o gerente de marketing, divide seus 12 representantes em quatro equipes de três. Ele forma pares entre duas equipes, e atribui o papel de "competidor" a uma equipe e o papel de "nosso produto" a outra equipe em cada conjunto. Selecionando um conjunto de duas equipes de cada vez, Max fala em voz alta uma característica (por exemplo, efeitos colaterais). A equipe representativa do "nosso produto" tem que demonstrar convincentemente a superioridade da característica do produto da empresa dentro de 15 segundos. A equipe do competidor tem 30 segundos para replicar. Obser-

vadores do outro conjunto de equipes comentam, assim como o instrutor. Agora ele procura trocar o primeiro conjunto de equipes pelo segundo e vai abordar uma nova característica.

> *Como considero que essa atividade pode ser utilizada em minha organização:*

Diagrama Completo

Dois eixos de um diagrama completo representam duas dimensões de um determinado tópico (por exemplo, modelos stereo em um eixo; tipo de amplificador, alto-falantes, preço de tabela e principal concorrente no outro). Seja individualmente, em equipes ou como um grupo, os participantes colocam "títulos" no diagrama para satisfazer os requerimentos de ambas as dimensões. Os participantes comparam seus diagramas concluídos com o diagrama correto.

> **Exemplo:** A Dynamite Sound é uma cadeia de lojas de som de primeira linha que tem a convicção de que sua equipe profissional de vendedores deve conhecer todos os produtos de cor. A empresa tem criado módulos de aprendizado baseados na web sobre cada um dos modelos que vende e exige que os consultores de vendas trabalhem nesses módulos individualmente quando a loja está com pouco movimento de clientes. Uma das atividades no fim de cada módulo é um diagrama de desafio. Um diagrama é exibido na tela, com o eixo vertical mostrando os vários produtos introduzidos no módulo de e-Learning, e as categorias de características específicas, no eixo horizontal. O consultor de vendas preenche todos os espaços dando um clique e arrastando os cursores da tela até pontos específicos da grade até que a mesma é preenchida totalmente. O próprio computador emite uma pontuação combinada entre tempo e precisão. Os consultores com as pontuações mais altas são convidados todos os meses para competirem *online* por preços valiosos.

> *Como considero que essa atividade pode ser utilizada em minha organização:*

Resumo das Atividades

Você acabou de revisar 25 atividades para as quais é possível usar a imaginação de modo a adaptá-las a qualquer tipo de conteúdo. Você já pode ter identificado como elas podem ser utilizadas em seu próprio ambiente de trabalho. Todas elas se enquadram no modelo de cinco etapas e podem ser aplicadas em parte ou totalmente para atingir um objetivo de performance. Queira, por favor, notar que todas as atividades demandam uma boa quantidade de esforço significativo por parte dos orientados. Praticamente, todas elas permitem uma grande interação entre os orientados e o instrutor/orientador (ou o treinamento) e outros orientados. Você pode mesclá-las e combiná-las a fim de criar uma sessão de treinamento bastante ativa – sessão essa que evita o método receptivo. A maioria das atividades pode ser incorporada numa descoberta diretiva, orientadora, ou, inclusive, numa estrutura exploratória. Elas são suas. Você agora as detém. Utilize-as e adapte-as da maneira que desejar.

A Tabela 8-2 exibe um resumo final das atividades ora detalhadas, sugerindo em que pontos elas se encaixam mais facilmente no treinamento. Não se sinta limitado, no entanto, pelos diversos X que colocamos na mesma. Vá além da tabela. Com criatividade, você encontrará muitos usos adicionais no aprendizado para essas atividades.

Fechando a Porta neste Capítulo Ativo

Ao longo da sessão com atividades deste capítulo, tentamos engajá-lo pedindo que você imaginasse como poderia utilizar cada atividade em sua organização ou ajudar um de seus colegas a adotar ou adaptar todo esse conhecimento.

Tabela 8-2. Atividades de Treinamento e Cenários Sugeridos

Atividade	Grupo Grande Liderado por Instrutor	Grupo Pequeno Liderado por Instrutor	Aprendizado Individual	Aprendizado entre Pares	Aprendizado no Próprio Trabalho
Supere-me!					×
Concentração				×	
Confrontação		×			
Lista Crítica	×				
Aglomeração de Criptografias		×	×		
Efeito Dominó		×		×	
"Rachar" para os Exames	×	×		×	
Matriz de Fatos Quíntupla	×	×		×	
Grande Debate	×				
Verdadeiro ou Falso	×		×		
Perigo			×		×
Quebra-cabeça	×				
Competição de Apresentações entre Equipes	×				×
Jogo de Letras	×				
Equipes de Escuta	×				
Falta de Combinação	×		×		×
Nossos *versus* Deles	×		×		×
Interrogatório da Polícia	×				
Entrevista Coletiva à Imprensa	×				×
Jogo de Perguntas e Respostas	×				
Jogo de Cartas		×			
Desafio Tecnológico				×	×
Contenda de Terminologias	×				
Eles Dizem, Nós Dizemos	×	×	×		
Diagrama Completo			×	×	

Concluímos com uma fórmula simples que une todas as atividades de aprendizado: Ensinar-Preparar-Liberar. O propósito de todos os aprendizados é fornecer *inputs* suficientes de modo a posicionar o orientado na trajetória correta. Essa é a fase do *ensino*. Depois, você estimula a prática com suporte que, aos poucos, vai reduzindo. Essa é a fase da *preparação*. Finalmente, quando o orientado está plenamente capacitado a tentar isso sozinho, você atingiu a fase da *liberação* (mas não do abandono). Algumas das atividades apresentadas integram-se na fase do ensino muito prontamente (por exemplo, Entrevista Coletiva à Imprensa, Interrogatório da Polícia, Equipes de Escuta). A maioria delas ajuda na preparação. Os orientados testam, mas recebem orientação conforme requerido (por exemplo, Confrontação, Concentração, Contenda por Terminologias). Uma quantidade muito pequena é mais adaptada à liberação (por exemplo, Diagrama Completo, Jogo de Perguntas e Respostas, Grande Debate). Observe em que fase seus orientados estão à medida que ganham competência e confiança. Eles lhe ativarão os melhores tipos de atividades a utilizar. Deixe que a transformação deles o oriente em seu treinamento.

Lembrete Final

Pronto para alguma atividade de sua própria criação?

Complete corretamente as declarações a seguir riscando as palavras ou frases inapropriadas entre parênteses. Consiga acertá-las sem qualquer preparação e o liberaremos para o próximo capítulo.

1. O treinamento receptivo é essencialmente (interativo/transmissão de informações de uma via).

2. O treinamento diretivo é baseado na convicção de que os orientados requerem (uma trajetória de aprendizado planejada/um espaço para explorar e descobrir).

3. O treinamento de descoberta orientada proporciona (um ambiente de aprendizado totalmente livre/dicas, lembretes, sugestões e *feedbacks* corretivos).

4. O treinamento exploratório é particularmente conveniente para orientados com (pouco conhecimento anterior e habilidades metacognitivas fracamente desenvolvidas/considerável conhecimento anterior e habilidades metacognitivas bem-desenvolvidas).

5. As atividades de aprendizado descritas neste capítulo (podem/ não podem) ser adaptadas à ministração de treinamento baseada em tecnologia.

6. As atividades de treinamento descritas neste capítulo (podem/ não podem) ser utilizadas facilmente por instrutores/orientadores relativamente inexperientes.

7. A maioria das atividades descritas neste capítulo é apropriada para (virtualmente quaisquer/muito específicos) tipos de conteúdo.

8. Uma fórmula simples para qualquer tipo de orientado, quaisquer números de orientados e qualquer tipo de aprendizado é (dizer o que você dirá – dizer isso – dizer o que já disse/ensinar-preparar-liberar).

Apresentamos nossas respostas a seguir:

1. O treinamento receptivo é essencialmente transmissão de informações de uma via. Recomendamos evitar essa modalidade de treinamento, exceto para uso limitado de modo a criar consciência. Trata-se de informar e não propriamente um treinamento.

2. O treinamento diretivo é baseado na convicção de que os orientados requerem uma trajetória de aprendizado planejada. Ele é útil como treinamento inicial para consolidar competência e confiança básicas. Dá suporte a orientados que possuem habilidades metacognitivas menos desenvolvidas.

3. O treinamento de descoberta orientada proporciona dicas, lembretes, sugestões e *feedbacks* corretivos. Estimula a independência e, paralelamente, oferece um sistema de suportes conforme requerido pelo orientado.

4. O treinamento exploratório é particularmente conveniente para orientados com considerável conhecimento anterior e habilidades metacognitivas bem-desenvolvidas. Ele ofere-

ce um meio rico para que os indivíduos encontrem o que requerem para suas melhorias de performance.

5. As atividades de aprendizado descritas neste capítulo podem ser adaptadas à ministração de treinamento baseada em tecnologia. Podem ser integradas em sessões baseadas na web interativas e síncronas; salas de aula virtuais; e programas assíncronos de autoestudo. São requeridas imaginação, competências de design e um pouco de perspicácia técnica.

6. As atividades de treinamento descritas neste capítulo podem ser utilizadas facilmente por instrutores/orientadores relativamente inexperientes. Conforme alguns dos exemplos e a Tabela 8-2 mostram, orientados em pares podem aplicá-las para fins de aprendizado da mesma forma possível com os *coaches* no próprio trabalho. Num *workshop* realizado para pais, os 20 participantes criaram e testaram 60 atividades de aprendizado para uso com crianças. Todas elas eram baseadas em atividades deste capítulo.

7. A maioria das atividades descritas neste capítulo é apropriada para virtualmente quaisquer tipos de conteúdo. Adaptamo-as para treinar estudantes de Veterinária em doenças respiratórias de bovinos, desafiando intelectualmente os adolescentes a consertar telefones e, inclusive, militares na operação de sondas submarinas.

8. Uma fórmula simples para qualquer tipo de orientado, quaisquer números de orientados e qualquer tipo de aprendizado é ensinar-preparar-liberar. "Diga o que você dirá – diga isso – diga o que já disse" é uma variação de "informe a eles o que você os informará – informe a eles – e informe a eles o que já os informou." Trata-se do modelo receptivo de treinamento. Trata-se de informar, e certamente [isso] não é treinamento.

Capítulo 9

Testar ou Examinar – Qual é a Diferença

Pontos Essenciais do Capítulo:

- ◆ Importância e benefícios dos testes.
- ◆ Diferenças entre testar e examinar.
- ◆ Explicação dos testes relacionados a critérios.
- ◆ Material instrucional para seleção e criação de métodos de teste.

Começamos este capítulo ensinando a você uma brincadeira chamada "Quadrados Iluminadores". Embora limitado no campo matemático, trata-se de um truque admirável que você pode exibir para surpreender seus amigos e familiares. O que é maravilhoso sobre ele é que você não precisa ser proficiente em matemática para executá-lo. O único pré-requisito é ser razoavelmente competente em saber as tabuadas de multiplicação aprendidas no ensino fundamental.

No fim dessa curta e divertida lição, você será capaz de elevar ao quadrado qualquer número de dois dígitos que terminem em "5" muito rapidamente. Em outras palavras, em menos de 10 segundos, você conseguirá dar a resposta a: 15^2 ou 15 × 15; 25^2 ou 25 × 25; 35^2 ou 35 × 35... até chegar a 95^2 ou 95 × 95. Você tem alguma dúvida? Vamos tentar.

Quanto dá 35^2? A resposta é 1225.

Obtivemos a resposta em quatro segundos. Impressionado? Tente multiplicar 35 × 35. Você obterá a mesma resposta, mas provavelmente essa operação levará de 15 a 45 segundos. Como conseguimos fazê-la tão rapidamente? Veja isso:

Pegue o 35^2 e o decomponha em 3 e 5^2.

O 5^2 no final é igual a 25 (5 × 5).

Agora temos 3 e 25.

Multiplique 3 por (3 + 1) ou 4; portanto, multiplique 3 × 4. A resposta é 12.

A resposta a 35^2 é 1225.

Agora temos um segundo exemplo:

65^2

Decomponha-o em 6 e 5^2.

5^2 torna-se 25, de modo que lhe restam 6 e 25

Multiplique 6 por (6 + 1) ou 6 × 7 para obter 42.

A resposta é 4225. Confira multiplicando 65 × 65.

Agora é a sua vez. O problema é 45^2. Preencha os espaços vazios.

45^2

Decomponha-o em ___ e ____.

____ torna-se ____, de modo que lhe restam ___ e ____.

Multiplique 4 × (4 + ____) ou 4 × ____ para obter ____.

A resposta é _____ .

Vire a página de cabeça para baixo para conferir seu cálculo.

> *Resposta:*
> Decomponha-o em 4 e 5.
> 5² torna-se 25, de modo que lhe restam 4 e 25.
> Multiplique 4 x (4 + 1) ou 4 x 5 para obter 20.
> A resposta é 2025.

O segredo é pegar o primeiro dígito (por exemplo, 4) e sempre acrescentar 1 a ele (por exemplo, 4 + 1 ou 5); depois, multiplicá-lo pelo primeiro dígito (por exemplo, 4 x 5 = 20). Em seguida, juntá-lo com 25 (por exemplo, 2025).

Neste ponto, você gostaria de conferir se entendeu? Tente calcular 15² com a maior rapidez possível e escreva sua resposta neste retângulo:

Sua resposta:

Confira você mesmo virando a página de cabeça para baixo.

> 1 × (1 + 1) ou 1 × 2 = 2
> *Resposta:* 225

Você gostaria de testar a si próprio antes de avançarmos neste capítulo? Tente o seguinte: 25², 75², 95². Cronometre o teste para a solução das três operações. Você tem 30 segundos. Já!

25² = _____ 75² = _____ 95² = _____

A seguir temos as respostas:

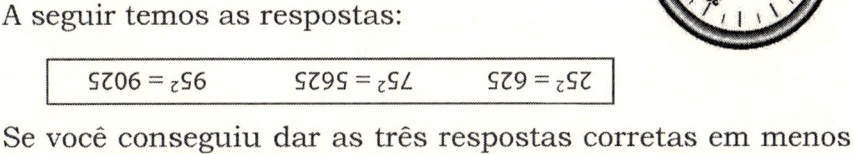

> 25² = 625   75² = 5625   95² = 9025

Se você conseguiu dar as três respostas corretas em menos de 30 segundos, parabéns! Se conseguiu dar as três respostas corretas, mas levou um pouco mais de 30 segundos, está no caminho certo. Limite-se a praticar e tentar novamente. Quando você fizer cada uma dessas operações em menos de 10 segundos, ótimo! Se cometeu erros, revise as etapas e tente novamente. Você conseguirá! Jamais tivemos algum orientado que, no final, não obteve sucesso.

Qual é a Síntese Disso Tudo?

Caso você ainda não tenha percebido, essa foi nossa introdução à parte dos testes. Primeiro lhe ensinamos algo (iniciando com uma base lógica e um objetivo de performance). Depois, após um pouco de prática na qual diminuímos gradualmente as dicas, passamos a você um "teste". Você se sentiu ameaçado por ele? Sentiu que era natural conferirmos se você conseguia executá-lo?

Quando ministramos instrução a grupos de orientados, quer presencial ou via alguma outra modalidade, tais como por livro, e-Learning ou vídeo, sempre inserimos testes. Reflita sobre a lição dos "Quadrados Iluminadores" que você acabou de ter. Marque os itens abaixo com os quais você concorda.

- ☐ 1. Eu me senti estressado pelas três perguntas do teste.
- ☐ 2. Eu me senti confortável com as três perguntas do teste.
- ☐ 3. O teste ajudou-me a conferir para ver se eu tinha entendido a parte teórica.
- ☐ 4. O teste ajudou-me a praticar e reter.
- ☐ 5. O teste ajudou-me a encontrar o que não tinha entendido na lição.
- ☐ 6. O teste e o *feedback* são úteis.
- ☐ 7. Trinta segundos? Consegui fazê-lo em menos tempo!

Quando apresentamos exercícios similares e depois conferimos com os orientados adultos, obtemos nossos achados típicos:

1. Cerca de 20% dos orientados se sentem estressados. Com alguns grupos, esse desconforto chega a atingir níveis de 30% a 40%. Eles nos contam, entretanto, que o estresse não está necessariamente correlacionado a esse teste. É a palavra "teste" que os afeta e, geralmente, deixa-os paralisados de medo.

2. Cerca de 60% a 70% dos orientados ficam totalmente à vontade com essa forma de teste. Muitos nem mesmo a percebem como um teste.

3. Praticamente todos os nossos orientados percebem que esse tipo de teste ajuda, é estressante ou tem outros efeitos. Ele se parece muito mais a uma prática, mas é apresentado de uma maneira mais desafiadora – inclusive mais estimulante.

4. Praticamente todos os adultos acham que esse tipo de prática-teste ajuda-os a reter o conteúdo por mais tempo.

5. Se os orientados cometem um erro no "teste", ficam satisfeitos por receber *feedback* e tentam novamente. De fato, em alguns casos eles chegam a dizer que, finalmente, entenderam o processo graças aos testes e ao *feedback*.

6. Isso reitera o que acabamos de afirmar: os testes e o *feedback* podem reforçar ou agregar valor à aula.

7. Fixamos um limite de tempo de 30 segundos com base em que a maioria dos orientados consegue fazê-lo em menos tempo. Esse senso agregado de "eu me superei no teste!" reforça o aprendizado e aumenta a motivação. *Cuidado:* Isso tem que ser feito cuidadosamente. O desafio tem de ser realista e possibilitar satisfação no seu cumprimento e, para aqueles que conseguirem, superar o padrão. Trata-se de um delicado equilíbrio.

Utilizando a breve lição dos "Quadrados Iluminadores" e conduzindo um bate-papo sobre as experiências com o grupo, podemos estabelecer os seguintes pontos-chave sobre testes:

1. Testar é uma parte natural do aprendizado. Ajuda tanto os orientados como os instrutores/orientadores a confirmar o alcance de objetivos de performance ou identificar em que ponto algo está faltando ou exige *feedback* corretivo.

2. Os testes não precisam ser ameaçadores, mas às vezes o são (Lidaremos com isso na próxima seção sobre testar e examinar).

3. Testar é um excelente meio para o ensino. Permitem ao orientador testar seu aprendizado com uma pitada de desafio. O instrutor/orientador ou o conteúdo do treinamento é deixado de lado. O orientado, numa situação de teste, executa todo o

trabalho. Lembre-se do seguinte ponto: quanto mais o orientado faz, mais ele aprende.

4. Os testes exigem que seja dado *feedback* logo em seguida. Confirmam o alcance de objetivos ou oferecem informações corretivas, específicas, sobre como foi o desempenho dos orientados.

5. Como os testes exigem um engajamento ativo dos orientados, eles devem ser frequentemente utilizados. Um engajamento importante aumenta a compreensão e a retenção.

Há um "porém" sobre tudo isso. Os testes às vezes assustam os orientados adultos, particularmente aqueles que provavelmente não tenham tido muito sucesso no tempo da escola. Qualquer coisa que vagamente se pareça a um teste (até um exercício simples com pontuação ou marcação de tempo) pode trazer ansiedade e uma rejeição emocional acompanhante. Essa é uma reação motivada por experiências desagradáveis no passado. Discutiremos esse tópico mais detalhadamente na próxima seção.

Testes *versus* Exames

Na escola você pode ter tido testes semanais e, na sequência, um exame final. Numa sala de tribunal, estamos habituados a ver os advogados "examinando" e "interrogando" as testemunhas, em busca de pontos obscuros em seus relatos. De fato, o conceito geral dos exames tem se tornado bastante assustador. Não é surpresa que muitas pessoas têm estresse se notam que irão participar de um exame. Com frequência, os que fazem exames percebem que é como se não fossem suas competências e habilidades que estão sendo examinadas, mas sim eles próprios. É como se seus próprios valores estivessem sendo examinados e questionados. Para várias pessoas não há muita diferença entre as frases "você repetiu no exame" e "você é um fracassado!". Incidentalmente, essa percepção não é restrita a pessoas com fraco desempenho. Muitas pessoas com altos desempenhos sentem também uma ansiedade enorme.

Não queremos dramatizar excessivamente o ponto. Também não somos terapeutas. O que efetivamente observamos é que várias pessoas confundem os testes num estilo educacional, natural e positivo com experiências ruins nos exames e, portanto, erguem barreiras a uma atividade importante do aprendizado. Definimos os testes como uma oportunidade de verificar se o orientado atingiu ou não um objetivo predeterminado. Se sim, ele deve receber informações, quer naturalmente pela conclusão correta da tarefa, ou do instrutor/orientador/treinamento na forma de uma mensagem – "Correto"; "Você conseguiu"; "Perfeita pontuação". Se o orientado não cumpriu o objetivo de performance, então temos uma oportunidade para identificar em que ponto reside a dificuldade e oferecer *feedback* de suporte, útil, com a possibilidade de aplicar novos testes até que o orientado consiga atingir os requisitos dos objetivos de performance.

Essa discussão nos leva a uma perspectiva fundamental sobre o treinamento. Treinamos trabalhadores adultos para que possam desempenhar de modos que tanto eles como as organizações valorizam. O treinamento de forma alguma é um fim. Trata-se de um meio de atingir, no nível organizacional, resultados de performance desejáveis no trabalho pela consolidação dos conhecimentos e das habilidades requeridas. Nosso treinamento deve ser desenhado para liderar os orientados adultos afetados de maneira direta, natural e simples do ponto em que estão até o ponto em que eles e a organização acreditam que podem chegar.

Para conseguir esse propósito, analisamos nossos orientados de modo a determinar os níveis atuais de seus conhecimentos e habilidades. Especificamos o estado desejado. Depois, criamos nosso treinamento como uma trajetória que os leve de "lá" para "cá". Nossos objetivos de performance são os marcos. Nossos testes são pontos de controle que satisfazem perfeitamente os objetivos. Esse enfoque integral é geralmente denominado *instrução baseada em critérios* – ou seja, instrução solidamente ancorada nos critérios para uma execução bem-sucedida no trabalho. A parte dos testes é chamada de *testes relacionados a critérios*. São os meios naturais para garantir que o orientado tenha cumprido o objetivo no nível apropriado de performance.

Se o treinamento fosse dirigido a balconistas de uma mercearia fina para que pudessem fatiar um pão em metades iguais com superfícies lisas, então o teste seria para que eles demonstrassem esse desempenho. Se eles errassem em algo (metades desiguais ou superfícies grosseiras), receberiam *feedback* e seriam testados novamente até se saírem bem.

Imagine que temos a seguir objetivos que seus orientados adultos devam atingir. Como você os testaria em um meio ligado a critérios? Reflita sobre cada um deles. Crie um teste que coincida perfeitamente com o objetivo e redija-o no retângulo de resposta existente após cada objetivo.

◆ **Dado o sistema ABC, exiba o arquivo de clientes em 30 segundos e na primeira tentativa.**

◆ **Confrontado com um incêndio, selecione o procedimento apropriado para combatê-lo.**

◆ **Cite as capitais de todas as províncias do Canadá, combinando cada capital com sua província sem erros.**

◆ **A partir de um conjunto de ossos, identifique o fêmur.**

A Tabela 9-1 apresenta nossas sugestões para os testes. Leia-as para entender como suas ideias coincidem com nossas sugestões. Indique suas reações às nossas ideias na terceira coluna da tabela.

Tabela 9-1. Sugestões de Testes Relacionados a Objetivos de Performance

Objetivo de Performance	Nossa Sugestão de Teste	Suas Reações
Dado o sistema ABC, exiba o arquivo de clientes em 30 segundos e na primeira tentativa.	**Teste de performance:** Dê ao orientado um nome de cliente. Peça para que ele interaja com o sistema ABC para exibir o arquivo. Confira a exatidão, o tempo e o número de tentativas.	*(Verifique tudo que se aplique.)* □ Exatamente do modo que pensei. □ Similar, mas não exatamente do modo que pensei. □ Queria ter pensado nisso. □ Eu estava pensando fora do padrão.
Confrontado com um incêndio, selecione o procedimento apropriado para combatê-lo.	**Teste de recordação:** Mostre diferentes tipos de incêndios (p.ex., elétrico, gás, líquido inflamável). Peça ao orientado para selecionar o procedimento de memória. (Não pedimos a ele que combata o incêndio, mas sim apenas selecionar o procedimento). Confira a exatidão da combinação.	*(Verifique tudo que se aplique.)* □ Exatamente do modo que pensei. □ Similar, mas não exatamente do modo que pensei. □ Queria ter pensado nisso. □ Eu estava pensando fora do padrão.
Cite as capitais de todas as províncias do Canadá, combinando cada capital com sua província sem erros.	**Teste de recordação:** Peça aos orientados para que falem os nomes das províncias e das capitais de cabeça. Confira a exatidão.	*(Verifique tudo que se aplique.)* □ Exatamente do modo que pensei. □ Similar, mas não exatamente do modo que pensei. □ Queria ter pensado nisso. □ Eu estava pensando fora do padrão.
A partir de um conjunto de ossos, identifique o fêmur.	**Teste de reconhecimento:** Exiba ossos. Fale no fêmur. Peça ao orientado para que aponte para ele.	*(Verifique tudo que se aplique.)* □ Exatamente do modo que pensei. □ Similar, mas não exatamente do modo que pensei. □ Queria ter pensado nisso. □ Eu estava pensando fora do padrão.

Esses quatro exemplos pretendem reforçar a ideia dos testes relacionados a critérios. Isso significa testes que verificam perfeitamente o especificado pelos objetivos de performance. Examinaremos em breve com mais detalhes esses tipos de testes.

Por favor, queira notar que os testes para verificar o alcance de objetivos de performance não necessariamente são exames. Podem adotar a forma de exercícios práticos, autotestes, desafios em equipes ou testes de rotina. Em um cenário formal, podem se tornar exames. O que é importante é que testar verifica a eficácia na obtenção dos objetivos de performance. No ambiente de aprendizado, isso deve ocorrer da maneira mais natural possível para reduzir o estresse que pode inibir a performance. Se forem requeridos exames, recomendamos que você engaje os orientados em práticas suficientes de testes para substituir a ansiedade por confiança.

O que se segue é um exemplo de nossa experiência que ilustra o ponto.

Exemplo de Cenário: Tenho Trabalhado Numa Ferrovia

Todos os maquinistas devem passar por um ritual de certificação de três em três anos. O trabalho que fazem exige que prestem exames em nove tópicos diferentes relacionados a cada aspecto da condução da locomotiva. Isso inclui uma série de conteúdos, desde a inspeção de freios a ar até a direção e manobra dos trens, passando pela interpretação de sinais e o conhecimento das regulamentações específicas sobre diferentes condições dos trilhos e do tempo. Se eles não passarem em todos os exames com um mínimo de 80% nas notas, não obtêm a renovação de suas licenças. Sem licença, não há trabalho.

Obviamente que esse pode ser um período estressante para os funcionários de ferrovias à medida que se aproximam de seus exames. Para a companhia ferroviária, é importante manter os práticos e os maquinistas no trabalho.

Quando ficamos envolvidos com uma empresa ferroviária, constatamos que os exames se concentravam sobretudo nos conteúdos e não nos desempenhos, e eram mais um conjunto de testes de interpretação do que uma verificação verdadeira da competência.

Num trabalho conjunto com a administração, sindicatos e examinadores do governo, revisamos os exames de modo que ficassem mais estreitamente equiparáveis ao que os práticos e maquinistas efetivamente faziam no trabalho. Decompomos todos os tópicos nas principais tarefas do serviço. Criamos um grande número de práticas que se vinculavam estreitamente às tarefas utilizando objetivos de performance claramente definidos. Os exercícios práticos se equiparavam aos objetivos e os testes práticos aos exercícios. Havia um entrelaçamento tão rígido que o tempo de treinamento diminuiu radicalmente e o índice de aprovação no exame subiu de maneira considerável. Acima de tudo, o pessoal da operação considerou que os testes eram mais fáceis, embora mais focados nas aplicações do trabalho e contendo 30% a mais de perguntas tipo teste.

Quando utilizamos o exame antigo para testar os práticos e maquinistas três meses após eles receberem o novo certificado, uma boa proporção não conseguiu atingir os 85% totais para passar de grau. Com o novo método, mais de 90% deles pontuou 85%, e obteve até maiores notas, três meses e, inclusive, seis meses após a nova certificação. Conforme um ferroviário bastante experiente colocou: "Antes, eu detestava os exames e não conseguia dormir durante várias noites. Com o novo método, meu exame se parecia com todos os testes práticos que eu fazia sozinho e na minha classe. Tranquilo!".

Qual é o Meu Desempenho na Criação de Testes?

Essa parte do capítulo foca nos detalhes mais importantes na criação de testes úteis. Recomendamos expressamente que você invista tempo nesta seção por três razões sólidas:

1. Ela o ajudará a selecionar e criar testes válidos.
2. Tem uma porção de materiais instrucionais que ajudam a reduzir seu tempo para a elaboração de testes, além de orientações para fazê-los bem.

3. Revisamos e condensamos uma grande quantidade de material para preparar os textos a seguir. Se você estudá-los, poupará o tempo que tivemos de gastar.

Em Que Ponto Começar com os Testes

Comece com os seus objetivos. No planejamento da sessão de treinamento que utiliza o modelo de cinco etapas, você especifica seus objetivos gerais e específicos. Para cada objetivo específico, é criado um teste. Vamos imaginar que você treinará operários de um centro de distribuição sobre o modo de operar uma determinada empilhadeira motorizada. Há dois pré-requisitos: eles devem ter uma carteira de habilitação válida e devem ter passado nos testes oral e escrito sobre regulamentos de segurança.

Imagine que o primeiro objetivo é inspecionar o veículo: "Dada uma empilhadeira modelo XYZ, você será capaz de inspecioná-la para determinar sua robustez mecânica, suas condições de segurança, sua prontidão para uso, sem erros ou omissões".

Retomando o que foi aprendido no capítulo 4, decida se a tarefa essencialmente exige conhecimento declarativo (descrever, nomear, explicar) ou conhecimento procedimental (agir, executar, fazer). Marque sua opção:

☐ **Declarativo.**

☐ **Procedimental.**

A resposta correta é procedimental. Os orientados efetivamente têm que *fazer* algo – conduzir a inspeção e determinar o estado.

Examine as informações contidas na Figura 9-1, página 202. Isso o ajudará a decidir que tipo de teste você deve criar para o treinamento da empilhadeira. Por causa desse conhecimento procedimental, você opta pela parte direita do diagrama, "Procedimento oculto?". Falando de outro modo, este é um procedimento que você não consegue observar, como no caso de fazer um cálculo mental? Se a resposta for positiva, é recomendado que você dê aos orientados um teste oral ou escrito e, depois, peça que eles lhe recontem oralmente ou por escrito o que fizeram. Você risca cada etapa e/ou decisão que tomaram à medida que narram o que fizeram. Este é o único meio de determinar se a resposta correta foi o resultado do procedimento correto. A inspeção da empilhadeira não é um procedimento oculto, de modo que você pode elaborar um teste de performance. Para verificar a performance, utilizamos uma das ferramentas de verificação listadas na Figura 9-1.

Testes de Performance e Instrumentos de Verificação

O teste de performance é um exercício que você cria para verificar se o orientado pode fazer o que é especificado no objetivo de performance. Suponha que o objetivo seja "fatiar um pão de modo a obter duas metades iguais e superfícies lisas. Não provoque ferimentos a você ou a qualquer outra pessoa". Qual das seguintes opções seria um teste de performance apropriado?

- ☐ **A.** Temos aqui um pão, uma faca e uma tábua de corte. Fatie o pão de modo a terminar com duas metades iguais e superfícies lisas, e não fira a si próprio ou a qualquer outra pessoa.

- ☐ **B.** Explique para mim o procedimento correto para fatiar um pão de modo que você consiga duas metades iguais, superfícies lisas e que não haja nenhum ferimento.

- ☐ **C.** Temos aqui um pão que precisa ser fatiado. Diga-me se ele se conforma aos padrões e justifique sua resposta.

A seleção correta é A, que coincide com o objetivo e exige um desempenho efetivo. Se por questões de segurança, custos, recursos, ou outras razões práticas, você não consegue que o orientado faça a coisa real, então pode simulá-la (utilize um modelo para fins instrutivos ou um simulador).

Se isso não for prático, teste novamente, mas com objetos que se pareçam com ou representem a coisa e o contexto reais. Lembre-se, não há um meio efetivo de medirmos conhecimento procedimental a menos que o orientado execute. Relatar as atividades não é suficiente. Os *coaches* podem conversar sobre jogos esportivos com eficácia, mas não conseguem necessariamente realizá-los.

Início

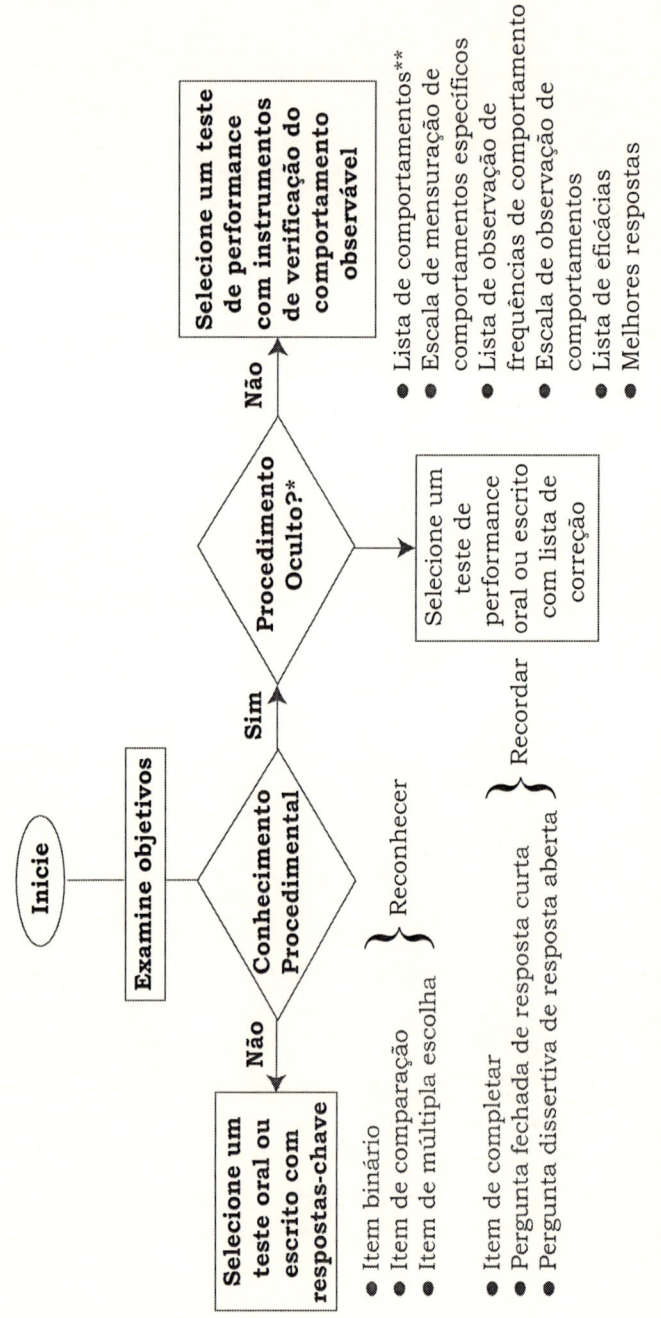

Examine objetivos

Conhecimento Procedimental

Não → Selecione um teste oral ou escrito com respostas-chave
- Item binário
- Item de comparação
- Item de múltipla escolha } Reconhecer
- Item de completar
- Pergunta fechada de resposta curta
- Pergunta dissertiva de resposta aberta } Recordar

Sim → **Procedimento Oculto?***

Sim → Selecione um teste de performance oral ou escrito com lista de correção

Não → Selecione um teste de performance com instrumentos de verificação do comportamento observável
- Lista de comportamentos**
- Escala de mensuração de comportamentos específicos
- Lista de observação de frequências de comportamento
- Escala de observação de comportamentos
- Lista de eficácias
- Melhores respostas

Figura 9-1. Material Instrucional de Seleção do Tipo de Teste.

* Um procedimento oculto é aquele que você não consegue ver sendo realizado. Ele se desenvolve na mente do orientado. Cálculos aritméticos mentais, *troubleshooting* e tomadas de decisão que ocorrem na mente do orientado sem nenhuma atividade explícita são exemplos de procedimentos ocultos.
** O tipo mais comum de teste de performance.

O teste de performance é metade do que você cria para testar os orientados sobre o objetivo. A outra metade é o instrumento de verificação. Ele ajuda a registrar o grau de desempenho com que cada orientado tem executado. É, ainda, muito útil para fornecer *feedback*. A Tabela 9-2 contém uma lista de instrumentos de verificação de testes de performance. Navegue por eles para ver a variedade, as vantagens e as desvantagens de cada um deles. Escolha seu instrumento baseado no que melhor se adapte à situação.

Vamos retornar ao exemplo da empilhadeira e ao objetivo de performance: "Dada uma empilhadeira modelo XYZ, você será capaz de inspecioná-la para determinar sua robustez mecânica, suas condições de segurança, sua prontidão para uso, sem erros ou omissões". Eis aqui um teste de performance conveniente: "Conduza uma inspeção completa da empilhadeira 23 (modelo XYZ). Verifique-a quanto à robustez mecânica, as condições de segurança e a prontidão para uso. Não cometa erros nem peque por omissões".

Que instrumento de verificação de testes de performance você selecionaria? Revise a Tabela 9-2 se necessário. Escreva sua resposta neste retângulo.

Selecionamos a lista de comportamentos porque notamos que a inspeção consiste essencialmente em uma série de ações ou comportamentos que o orientado faz ou não (por exemplo, verificar peças faltantes, conferir a pressão dos pneus). Essa seleção não elimina observações adicionais feitas para fins de *feedback*.

Em aproximadamente 75% de todos os casos, a lista de comportamentos é a escolha favorita. Ela é simples e de fácil utilização. A segunda escolha mais comum é a escala de mensuração de comportamentos específicos. A lista de comportamentos gera respostas "sim" ou "não" para cada teste, e a escala mede a observação.

Tabela 9-2. Variedade, Vantagens e Desvantagens de Instrumentos de Verificação de Testes de Performance

Tipo de Instrumento	Vantagens	Desvantagens
Lista de comportamentos: Fornece ao observador uma lista de comportamentos que o orientado deve demonstrar durante um teste.	• É fácil de desenvolver. • O treinamento dos observadores é simples. • Os itens da lista são simples e claros. • Fornece *feedback* concreto ao orientado.	• Limita a avaliação qualitativa, especialmente para as competências de nível mais alto. • Não serve prontamente para situações nas quais há uma faixa ampla de comportamentos aceitáveis. • Se mal desenhada, resulta num alto grau de subjetividade do observador.
Escala de mensuração de comportamentos específicos: Fornece ao observador uma série de comportamentos específicos e uma escala de mensuração para cada um deles. A escala é graduada por nível de competência.	• Fornece um meio para exibir diferentes níveis de competência para diferentes comportamentos dos orientados. • Diminui a subjetividade do observador. • É relativamente fácil treinar os observadores para que usem esse tipo de instrumento. • Fornece *feedback* aos orientados durante o processo de aprendizado.	• Leva mais tempo de criação do que uma lista. • Não tem utilidade se o orientado demonstra comportamentos fora da escala. • É um pouco embaraçosa para se usar. • Carrega um certo grau de subjetividade.
Lista de observação de frequências de comportamento: Fornece ao observador uma lista que ajuda a monitorar a frequência de um comportamento ou a frequência de comportamentos relevantes ou irrelevantes.	• Gera uma grande quantidade de dados. • Demonstra concretamente a presença ou falta de comportamentos específicos. • Pode ser utilizada até se o orientado se desvia dos comportamentos objetivados. • Pode fornecer *feedback* aos orientados durante o processo de aprendizado	• Não mede o grau de melhoria de um comportamento. • Exige um treinamento considerável dos observadores.

Tabela 9-2. *Continuação*

Tipo de Instrumento	Vantagens	Desvantagens
Escala de observação de comportamentos: Possibilita o julgamento de um observador sobre a conveniência de se utilizar ou não um comportamento. Quando for aprendida uma grande quantidade de comportamentos, cada um apropriado a uma situação específica, permite a verificação da equiparação entre situação e comportamento.	• É de fácil criação.	• O resultado depende da habilidade de o observador julgar a conveniência de um comportamento.
Lista de eficácias: Possibilita que um observador determine a eficácia do comportamento de um orientado. Foca nos resultados ou soluções. O que se verifica é o efeito do comportamento, não o comportamento em si.	• Os critérios de eficácia têm um alto grau de credibilidade porque focam nos resultados. • O treinamento dos observadores é simples. • Fornece *feedback* aos orientados muito mais sobre o cumprimento do que o comportamento durante o processo de aprendizado.	• Falta de atenção geral ao comportamento efetivo do orientado. • Não mede como os resultados foram obtidos. • Não mede os custos de se atingir os resultados.
Melhores respostas: Considera a identificação de diversas respostas ou soluções aceitáveis como melhores opções.	• Reconhece que há boas, mais apropriadas e melhores respostas ou soluções. • Reconhece que as respostas ou soluções podem ser ranqueadas em ordem de aceitabilidade.	• Não considera diferentes níveis de habilidade para explicar como surgiu uma resposta ou solução. • Uma excelente resposta ou solução pode ser obtida sem a utilização de um comportamento objetivado.

A Figura 9-2 apresenta uma lista de comportamentos para o fatiamento de pão com uma escala de mensuração de comportamentos específicos para essa tarefa. Para o fatiamento de pão, a lista de comportamentos definitivamente é adequada. Para serviços ao cliente, diagnósticos, vendas e outros comportamentos menos nítidos em que o nível de performance pode ser quantificado ao longo de um espectro, a escala de mensuração pode ser um modelo mais apropriado. Em todos os casos, pode sempre ser adicionado ao seu instrumento um espaço para observações e comentários.

Lista de Comportamentos	Sim	Não
Pão fatiado	☐	☐
Duas metades iguais	☐	☐
Superfícies lisas	☐	☐
Sem ferimentos	☐	☐

Escala de Mensuração de Comportamentos Específicos	Excelente	Muito bom	Bom	Razoável	Inaceitável
Pão fatiado	☐	☐	☐	☐	☐
Duas metades iguais	☐	☐	☐	☐	☐
Superfícies lisas	☐	☐	☐	☐	☐
Sem ferimentos	☐	☐	☐	☐	☐

Figura 9-2. Comparação entre Dois Instrumentos de Verificação de Testes de Performance.

Testes Orais e Escritos

Continuando com nosso exemplo da empilhadeira, suponha que um dos objetivos de performance é dar o nome de cada um dos indicadores (mostradores) presentes no painel do veículo e explicar seus usos. Volte até a Figura 9-1. Examine os objetivos. Essa tarefa exige conhecimento procedimental?

☐ **Sim.**

☐ **Não.**

Dar o nome e explicar exige um conhecimento declarativo (narrativo). A resposta, portanto, é "não". (No diagrama, você vira à esquerda no ponto de decisão.) Para testar esse objetivo de performance, empregaremos alguma modalidade de teste oral ou escrito com uma resposta-chave apropriada que contenha a resposta correta. Como é possível notar, há diferentes tipos de testes orais e escritos. Testes com itens binários ou verdadeiro/falso, itens de comparação (equipare os itens da coluna A com os da coluna B) e itens de múltipla escolha são apropriados para o reconhecimento da resposta correta. Temos aqui um exemplo:

O "C" numa leitura europeia de temperaturas significa

a. Escala centígrada ou Celsius.

b. Escala de temperatura da cor.

c. Escala da Europa Central.

d. Escala centrífuga.

Neste caso, o orientado apenas necessita *reconhecer* a resposta – muito mais fácil de ter que *recordá*-la. Conforme mostrado no diagrama, para um objetivo de performance do tipo recordar, você poderia criar um item de completar (por exemplo, "O 'C' numa leitura europeia de temperaturas significa _____ ou _____") ou uma pergunta fechada de resposta curta (por exemplo, "O que o 'C' significa numa leitura europeia de temperaturas?"). Forçando isso de algum modo, você poderia inclusive utilizar uma pergunta dissertiva de resposta aberta ("Explique de onde é derivado o 'C" numa leitura europeia de temperaturas. Quais são os benefícios-chave dessa escala comparados com a escala Fahrenheit?").

Na Tabela 9-3, apresentamos breves descrições de cada um dos tipos de testes orais e escritos, e algumas de suas principais vantagens e desvantagens.

Já decidimos que, no caso de um objetivo de performance que pede aos orientados para nomear os indicadores (mostradores) existentes no painel de uma empilhadeira motorizada e explicar os usos de cada um deles, um teste oral (ou, talvez, escrito) seria apropriado. Marque com um X o tipo específico de teste que você selecionaria com base na lista a seguir. Você pode marcar mais de um teste.

- ☐ **Teste binário.**
- ☐ **Teste de comparação.**
- ☐ **Teste de múltipla escolha.**
- ☐ **Teste de completar.**
- ☐ **Teste com pergunta fechada de resposta curta.**
- ☐ **Teste com pergunta dissertiva de resposta aberta.**

Tabela 9-3. Variedade, Vantagens e Desvantagens de Testes Orais e Escritos

Tipo de Teste	Vantagens	Desvantagens
Teste binário: Oferece duas opções de escolha ao orientado, uma das quais é correta. Os tipos mais comuns são verdadeiro/falso e sim/não.	• É fácil de corrigir e compilar resultados de forma manual, visual ou pelo computador. • As instruções do teste são de fácil entendimento.	• A faixa de respostas é limitada a duas opções. • O criador do teste deve possuir forte domínio do material de aprendizado. • Há 50% de chance de obter uma resposta correta sem que se conheça o material de aprendizado.
Teste de comparação: Exige que o orientado equipare o item de uma coluna com um item de uma segunda coluna. Estes últimos itens estão, de modo geral, numa ordem aleatória. Para aumentar a dificuldade, a segunda coluna geralmente contém mais itens que a primeira.	• É de fácil criação. • É de fácil correção. • Possibilita que muitos itens sejam testados simultaneamente. • É especialmente aplicável para conteúdo que se presta à equiparação entre itens.	• É restrito a aplicações nas quais os objetivos e/ou conteúdos se prestam à equiparação entre itens. • Somente testa objetivos de nível baixo. • Pelo processo de eliminação, possibilita algumas conjecturas.

Tabela 9-3. *Continuação.*

Tipo de Teste	Vantagens	Desvantagens
Teste de múltipla-escolha: Exige que o orientado selecione a resposta correta a uma pergunta com base num conjunto de três ou quatro alternativas.	• É de fácil correção, manual ou mecanicamente. • Pode incluir componentes de distração que forçam a discriminação entre respostas corretas e praticamente corretas. • Possibilita testar muito rapidamente uma grande quantidade de material.	• Geralmente fica limitado a perguntas baseadas em fatos. • Não possibilita elaborações ou explicações. • Exige muita habilidade e tempo para se criar testes excelentes. • Exige boas habilidades de leitura.
Teste de completar: Exige que se complete uma frase com uma ou várias palavras. A faixa de conclusões aceitáveis é limitada.	• Limita a faixa de respostas corretas possíveis. • É de fácil correção, manualmente por um guia de correção ou por computador. • Elimina a subjetividade. • Apropriado para problemas com um número limitado de possíveis respostas corretas.	• Não apropriado para perguntas do tipo "como" e "por quê". • A própria pergunta pode dar dicas para a resposta correta. • Respostas por escrito podem ser difíceis de corrigir mecanicamente.
Teste com pergunta fechada de resposta curta: Exige uma resposta breve e limitada do orientado.	• É de fácil criação. • É de fácil conferência. • É de fácil inserção durante a instrução.	• É limitado na riqueza da resposta. • Leva mais tempo para ser corrigido (forma escrita) do que os testes de múltipla escolha, binários ou de comparação. • Pode resultar numa variabilidade de respostas.

Tabela 9-3. *Continuação.*

Tipo de Teste	Vantagens	Desvantagens
Teste com pergunta dissertiva de resposta aberta: Exige uma resposta estendida que também pode incluir a opinião, interpretação e visão do orientado.	• É de fácil criação. • Possibilita a liberdade de resposta do orientado. • Apropriado para tipos de objetivos envolvendo "como" e "por que".	• Exige um conhecimento grande do tópico de modo a verificar e dar *feedback*. • A correção demanda um trabalho intensivo. • Possibilita respostas extremamente diversas.

Como o objetivo de performance requer recordar e não reconhecer, selecionamos o teste com pergunta fechada de resposta curta. Nossa pergunta seria "Nomeie todos os indicadores (mostradores) existentes no painel da empilhadeira motorizada XYZ. Explique os usos de cada um deles à medida que você os vai nomeando". Nossa resposta-chave conteria o nome de cada indicador (mostrador) com sua posição no painel e uma lista individualizada de suas utilizações.

Como observação final sobre testes escritos de natureza formal, apresentamos agora algumas diretrizes úteis a seguir, independentemente do tipo de teste criado.

♦ Lembre-se claramente dos objetivos do curso. O teste em si deve coincidir perfeitamente com o objetivo.

♦ Comece com algumas perguntas de fácil resposta para ajudar a minimizar a ansiedade entre os *trainees*.

♦ Elabore os testes na língua e no nível de leitura dos orientados.

♦ Evite perguntas com elementos negativos e negativos duplos.

- Formule perguntas e respostas que sejam precisas e sem ambiguidades. As perguntas devem ter apenas uma resposta correta.

- Não copie frases do manual dos participantes. Quando você o faz, está testando a memorização do material e não sua compreensão.

- Certifique-se de que os testes não incluam pistas sobre um outro teste.

- Se for um teste após um modelo de instrução, certifique-se de que a resposta para um teste não é dependente da resposta para um outro teste.

- Evite perguntas intrincadas que testem a capacidade de o orientado fazer suposições, não a sua compreensão do material.

- Num teste cobrindo uma grande quantidade de material ou uma série de objetivos, agrupe as perguntas do mesmo tipo – binárias, de múltipla escolha etc. – de modo a reduzir o número de instruções e facilitar a tarefa do orientado.

- Forneça exemplos de tipos de perguntas complexas.

- Forneça instruções claras para o instrutor/orientador sobre a duração do teste e o material requerido. Dê a ele folhas de respostas e diretrizes para a correção.

- Tente o teste e revise conforme necessário antes de sua implementação.

Verificação da Validade de Testes

Você criou um teste para verificar se o orientado é capaz de cumprir o objetivo. Você pode até ter preparado vários testes para cada objetivo – para fins de prática no final de alguma parte do treinamento; para incluir um teste geral no fim. De que forma você assegura que seus testes, inclusive para propósitos práticos, são válidos (ou seja, eles realmente testam o que o objetivo requer)? Incluímos um material instrucional para ajudá-lo a fazer essa conferência final. Dê uma conferida na Lista 9-1.

Lista 9-1. Material Instrucional para Verificação de Testes

Aplique a lista abaixo para cada teste, quer oral ou escrito, ou como medida de performance. Alinhe cada teste ao seu objetivo correspondente. Para cada teste, responda às perguntas.		
	Sim	Não
1. O teste exige a mesma performance e os mesmos padrões estabelecidos no objetivo?	☐	☐
2. A performance do orientado está no ponto verificável?	☐	☐
3. O tipo do teste selecionado é o mais apropriado para se verificar o alcance do objetivo?	☐	☐
4. Há uma resposta-chave, uma lista de correção ou um instrumento de verificação para o ponto?	☐	☐
5. Todos os recursos requeridos para responder ao ponto são disponíveis ao orientado?	☐	☐
Se você marcou com um × apenas um "não", o ponto não deve coincidir perfeitamente com o objetivo. Retrabalhe o teste até que possa marcar todos os "sim" para ele.		

Lembrete Final

Dada a natureza deste livro, frequentemente recorremos a "testes" binários e de comparação no fim do capítulo. Como você notou, fazemos isso para ajudar a refrescar a memória de alguns pontos-chave, e não para uma verificação contra objetivos. Este livro não é um curso; trata-se de um compartilhamento de nossa experiência e estudos agrupados com alguns exercícios para ilustrar e contribuir para que você retenha pontos-chave. Assim, como habitual, fechamos este capítulo com seu exercício final. Elimine com um traço a palavra ou frase incorreta nos parênteses a seguir.

1. A palavra "teste" (geralmente/raramente) cria tensão e estresse para os orientados que não tiveram bons desempenhos em suas experiências escolares.

2. Testar (é/não é) uma parte natural do aprendizado.

3. Testar é (um excelente/um fraco) meio de ensino.

4. O segredo de testes bem-sucedidos é fornecer (pontuação/*feedback*) aos orientados.

5. Os testes devem ocorrer (ao longo/no final) do treinamento.

6. A instrução baseada em critérios é estreitamente ligada ao(s) (conteúdo do curso/requerimentos para executar eficientemente o trabalho).

7. O local de partida para um teste é o (objetivo de performance/conteúdo do curso).

8. Para conhecimento procedimental, utilize testes (orais ou escritos/de performance).

9. Para conhecimento declarativo, utilize testes (orais ou escritos/de performance).

10. A resposta para 85^2 é (7225/4225).

Apresentamos nosso *feedback* a seguir:

1. A palavra "teste" geralmente cria tensão e estresse para os orientados que não tiveram bons desempenhos em suas experiências escolares. Isso também pode ser verdadeiro para profissionais com alto desempenho que são perfeccionistas, mas lhes faltam confiança. Utilize, frugalmente, "testar", "examinar", "avaliar" e "medir". Utilize "prática", "verificação de si próprio" ou "jogo" mais frequentemente com orientados adultos.

2. Testar é uma parte natural do aprendizado. Um teste é uma tentativa. Você aprende. Quer ver se consegue fazer algo e se sabe isso. No entanto, quando o teste se torna um meio para julgar a pessoa, há riscos de se inibir a performance e diminuir a motivação para o aprendizado.

3. Testar é um excelente meio de ensino. O segredo para torná-lo divertido é desafiador, não estressante. Ele engaja mentalmente o orientado e aumenta a retenção.

4. O segredo de testes bem-sucedidos é fornecer *feedback* aos orientados. Se o orientado deu uma resposta, a probabilidade de ele ativamente recorrer às informações do *feedback* é aumentada. Uma atenção maior ao *feedback* significativo, quer confirmativo ou corretivo, ajuda no aprendizado.

5. Os testes devem ocorrer ao longo do treinamento. A frequente verificação do alcance de objetivos de performance

e o *feedback* diminuem a *chance* de lacunas de aprendizado que podem crescer ainda mais à medida do progresso do treinamento. Os testes também ajudam a consolidar o aprendizado.

6. A instrução baseada em critérios é estreitamente ligada aos requerimentos para o executar eficientemente no trabalho. O enfoque geral centrado no orientado e baseado no desempenho é para preparar o orientado adulto para o trabalho. O ideal da instrução baseada em critérios é que todos os orientados atinjam todos os objetivos de performance derivados diretamente do trabalho.

7. O local de partida para um teste é o objetivo de performance. Ao longo de todo este capítulo e até o último material instrucional, a ênfase tem sido em equiparar perfeitamente os testes com os objetivos de performance.

8. Para conhecimento procedimental, utilize testes de performance acoplados com instrumentos de verificação de performance. Para um conhecimento procedimental oculto, utilize listas de correção para verificar o que o orientado fez mentalmente.

9. Para conhecimento declarativo, utilize testes orais ou escritos com respostas-chave. Eles conferem aos orientados a oportunidade de exibir seus conhecimentos narrativos.

10. A resposta para 85^2 é 7225. Nossa única finalidade é que você pratique. Você conseguiu responder em menos de 10 segundos?

Desde o Capítulo 1 você percorreu uma longa trajetória. Esteve no interior das mentes de seus orientados; estruturou seus treinamentos; desenvolveu estratégias para reforçar o aprendizado; e desenvolveu atividades para engajá-los e aumentar suas motivações, competências e conhecimento. E, testou-os para garantir que possam cumprir os objetivos de performance e desempenhar bem no trabalho.

É hora de agruparmos tudo isso. No próximo capítulo, retornaremos ao ponto em que iniciamos nossa classificação mental. De volta ao *informar não é treinamento*.

Capítulo 10

Fato ou Mito: Qual é a Verdade?

Pontos Essenciais do Capítulo:

◆ O jogo do "verdadeiro ou falso" que separa o fato da ficção no aprendizado.

◆ O *debriefing* baseado em pesquisas.

◆ Recomendação prática sobre permanecer vigilante em face do hábito.

Uma grande parcela do que passa como práticas aceitáveis ou verdades estáveis no treinamento é, de modo geral, contraproducente para o processo de aprendizado e para a performance no trabalho. No entanto, esses aparentes clichês são repassados de geração em geração de instrutores/orientadores. Temos lido tratados gerais sobre a maneira de examinar os formatos dos crânios dos orientados e sentir se seus inchaços podem ajudá-lo a instruí-los melhor (ou seja, o movimento frenológico do século XIX e início do século XX). Professores e orientadores consideraram seriamente essa teoria juntamente com a manutenção do equilíbrio dos humores corporais (ainda presentes em algumas obras mais recentes). Temos visto, ao estudar a história do treinamento, convicções firmemente mantidas referentes a diferenças raciais no aprendizado, e sobre que conteúdos e métodos são mais apropriados para cada sexo (por exemplo, não ensine muita matemática e ciência às mulheres uma vez que elas não têm a capacidade para raciocinar sobre esses temas).

No início do século XX, o ensino e o treinamento penderam excessivamente para a memorização como um meio excelente para reforçar o cérebro, que então era visto como um músculo que requeria exercício. Esse e outros mitos para a construção de "caráter" e de "habilidades de raciocínio" têm sido ridicularizados cientificamente como meras inverdades intuitivas formuladas com base numa lógica falha e numa pseudociência. Certamente, o treinamento tem progredido muito além do que essas convicções primitivas? Talvez.

Este capítulo apresenta algumas peças adicionais ao quebra-cabeça do aprendizado. Algumas delas não se encaixam perfeitamente com os capítulos precedentes, mas são valiosas e queremos compartilhá-las com você. Criamos uma série de afirmações que reunimos juntas num jogo do "verdadeiro ou falso", uma das atividades descritas no capítulo 8. Eis aqui como isso funciona.

Na Planilha 10-1 constam 12 declarações relativas ao treinamento e à performance no trabalho. Leia cada uma delas e decida se você acha que ela é verdadeira – um *hit* (fato) – ou falsa – um *myth* (mito). Marque suas escolhas com um X na planilha. Quando você tiver terminado, comentaremos o exercício com você e compartilharemos o que temos descoberto sobre cada uma das declarações.

Você já marcou suas escolhas com um X? Queira, por favor, optar em cada caso. Isso tornará o que segue mais significativo e divertido para você.

Planilha 10-1. Jogo do "Verdadeiro ou Falso"

Declaração	Verdadeira	Falsa
1. *Experts* que desempenham bem geralmente sabem o que estão fazendo e são as melhores pessoas para explicar seus êxitos.	☐	☐
2. Como alguns orientados têm maior poder visual e outros, maior poder auditivo, este é o segredo para um aprendizado efetivo.	☐	☐
3. Quanto mais apreciáveis forem os métodos instrucionais, maior o alcance do aprendizado.	☐	☐
4. Mantendo-se todas as variáveis constantes, a mídia faz uma diferença importante na eficácia do aprendizado.	☐	☐
5. Resolver os problemas com base em seus próprios resultados é uma performance melhor de solução de problemas do que estudar aqueles que já foram solucionados.	☐	☐
6. Quanto mais conteúdo você der aos orientados, mais eles o absorvem.	☐	☐
7. Um programa de treinamento bem desenhado preencherá o lugar de um fraco plano de implementação.	☐	☐
8. A tecnologia é a chave para o êxito futuro do aprendizado no próprio trabalho.	☐	☐
9. A falta de performance no trabalho resulta essencialmente de uma lacuna nos conhecimentos ou competências requeridas.	☐	☐
10. Uma performance eficiente durante o treinamento resulta numa performance melhorada no trabalho.	☐	☐
11. Para promover a transferência do treinamento ao trabalho, foque essencialmente nas variáveis do pós-treinamento.	☐	☐
12. O adequado e antigo senso prático é um amigo natural da ciência. Trata-se de um guia seguro para a tomada de decisões prudentes sobre treinamentos.	☐	☐

1. Experts que desempenham bem geralmente sabem o que estão fazendo e são as melhores pessoas para explicar seus êxitos.

Essa declaração parece ser intuitivamente sensível, mas contradiz o que o campo da engenharia do conhecimento tem descoberto. Anteriormente, neste livro, discutimos quão diferentemente os especialistas e os novatos processam informações. Muitos especialistas não conseguem articular o conhecimento que utilizam para demonstrar *expertise*. Eles podem correlacionar o que fazem em casos específicos, mas não conseguem recomendar princípios gerais que se aplicam em todos os casos. Uma experiência feita com motoristas de táxi nova-iorquinos ilustrou muito bem este ponto. Eles conseguiam dizer por que estavam tomando uma rota particular de uma região de Manhattan para outra, mas não conseguiam oferecer os princípios gerais para transitar pela cidade. Apenas "sabiam" o que fazer em cada oportunidade baseados no trânsito, hora do dia, última informação e nas condições do tempo. Acima de tudo, *percebiam* qual era a melhor rota a ser pega como resultado de suas experiências. A primeira declaração é falsa (um mito).

2. Como alguns orientados têm maior poder visual e outros, maior poder auditivo, este é o segredo para um aprendizado efetivo.

Aludimos a essa declaração anteriormente. As pesquisas têm mostrado que há diferenças pelas quais os sentidos individuais favorecem a atenção e o processamento de informações para o aprendizado. No entanto, mais poderosas que essas diferenças são os efeitos globais da variação nos estímulos. Em termos mais simples, elas sugerem que variar a mensagem do treinamento para afetar mais de um canal de *input* sensorial tem um maior impacto no aprendizado do que focar num único sentido para cada tipo de orientado. Ao mirar a visão, a escuta, o toque, o cheiro e, inclusive, o sabor, aumentamos a atenção, porque o orientado engaja simultaneamente diversos sentidos de uma forma complementar (não conflitante). Isso resulta no aumento da compreensão e da retenção. (Por exemplo, veja uma maçã; morda-a para tocá-la e saboreá-la; cheire a fruta; ouça a mordida.)

Assim, embora seja verdade que alguns orientados têm maior poder visual e outros, maior poder auditivo, a diferença não é importante para um aprendizado efetivo. Trata-se de outro mito. A variação nos estímulos oferece maiores benefícios.

> 3. Quanto mais apreciáveis forem os métodos instrucionais, maior o alcance do aprendizado.

Gostaríamos que essa declaração fosse verdadeira, mas os resultados de pesquisas sobre a apreciação ou satisfação do orientado e o seu sucesso variam desde uma correlação negativa de -0,80 a uma correlação positiva de +0,75. Os achados não são estáveis. Alguns estudos conduzidos com estudantes de alta e baixa capacidades e estruturas descobriram que o seguinte era verdadeiro: os estudantes de alta capacidade preferem estruturas, mas se saem melhor em métodos exploratórios; os de baixa capacidade preferem menos estruturas, mas se saem melhor no método diretivo, estruturado.

Em geral, a apreciação e a satisfação não parecem ser as variáveis críticas para o aprendizado. A persistência ou o tempo dedicado à tarefa parecem ser, de longe, muito mais expressivos. Se a apreciação faz com o que orientado persista por mais tempo, então ela funciona. Mas estudar com insatisfação durante longas horas e transpirar isso também funciona muito bem, e, se o orientado estiver engajado mentalmente sob um modo significativo, talvez funcione ainda melhor. Marque que se trata de um outro mito.

> 4. Mantendo-se todas as variáveis constantes, a mídia faz uma diferença importante na eficácia do aprendizado.

Esse tem sido um dos mitos mais persistentes que temos visto nos últimos 50 ou mais anos. Em 1913, Thomas Edison previu a morte do ensino tradicional com a invenção do "filme cinematográfico". Várias vezes, particularmente após a Segunda Guerra Mundial, no final dos anos 40 e dos anos 50, com o *boom* dos recursos audiovisuais, nos anos 60 com a televisão, e desde a década de 80 até o presente com os computadores, têm havido o enaltecimento do poder e do potencial da "nova mídia" por educadores entusiastas. Estudos sobre o impacto de mídias individuais, combinações entre mídias e, inclusive, sobre os vários atributos das mídias – comparações entre elas ou com o treinamento "convencional" – mais ou menos terminaram no mesmo lugar. Quando assentou toda a poeira, as mídias não mostraram superioridade entre si ou contra quaisquer outros tipos de treinamento com o tempo.

As mídias e os sistemas de ministração têm melhorado a acessibilidade ao treinamento, permitido a economia de custos para populações mais amplas de orientados e têm promovido maior consistência às mensagens de treinamento. O potencial delas para aumentar a eficiência no aprendizado ainda está sendo estudado, novamente com resultados variáveis. Mantendo-se todas as variáveis constantes, a capacidade de a mídia melhorar a eficácia do aprendizado ainda não está comprovada. Sim, um outro mito.

> 5. Resolver os problemas com base em seus próprios resultados é uma performance melhor de solução de problemas do que estudar aqueles que já foram solucionados.

Particularmente nos casos em que os orientados possam encontrar uma série de problemas únicos em seus trabalhos, pesquisas recentes sugerem algo que parece ser inicialmente surpreendente. Não peça aos orientados para resolverem cada problema. Preferentemente, forneça a eles problemas resolvidos (ou parcialmente resolvidos) e peça para que estudem as soluções-padrão antes de atacarem novos problemas ou ocorrências de *troubleshooting* similares. Esse enfoque parece iluminar a carga cognitiva dos orientados e aumentar seu êxito na solução dos problemas. Mais uma vez, podemos ficar tentados a crer que resolver tudo por nossa própria conta consolida competências superiores para a solução de problemas. Uma reflexão mais aprofundada com base em pesquisas nos dá uma pausa. Sim, um outro mito!

> 6. Quanto mais conteúdo você der aos orientados, mais eles o absorvem.

Baseados em nossas observações de muitos programas de treinamento fornecidos presencialmente, via manuais ou *online*, estamos surpreendidos pela quantidade de conteúdo que orientadores e desenvolvedores de treinamento tentam abarrotar numa sessão. De modo geral, ouvimos os orientadores expressarem o medo de que "não deram aos orientados tudo o que poderiam necessitar".

As pessoas, conforme salientamos anteriormente, nascem com limites de carga cognitiva. Graças ao uso de pacotes de informações e de alavancagem de estratégias cognitivas, podemos aumentar a quantidade de conhecimentos e competências que os orientados conseguem adquirir e reter. Mas a capacidade humana de processar informações é fixada e tem sido assim durante milhares de anos. Ao priorizar e selecionar informações externas, podemos ajudar nossos orientados a reter o que é essencial. Menos é mais. Despejar fluxos de informações de alta pressão aos orientados não os fará absorver mais conhecimento. Isso apenas os afogará. Mito!

7. Um programa de treinamento bem desenhado preencherá o lugar de um fraco plano de implementação.

Há tantos programas excelentes de treinamento depositados nas prateleiras coletando poeira. A razão: fraco plano de implementação. Este particular mito não é uma questão pesquisada cientificamente. Isso tem sido mais examinado na gestão da literatura dos treinamentos. Independentemente do grau de qualidade com que um treinamento seja concebido, ele terá pouco impacto se:

- não houver tempo alocado para os trabalhadores adotarem o treinamento;
- houver insuficientes instrutores, equipamentos ou tempos de aprendizado disponíveis;
- não houver preparação pré-treinamento ou suporte pós-treinamento para os orientados;
- houver recursos inadequados para a exploração do treinamento;
- não houver incentivos para a aplicação do treinamento no trabalho;
- não forem criadas mudanças nas políticas e nos procedimentos para integrar os conhecimentos e as competências recém-adquiridas.

A implementação é essencial para o sucesso de qualquer treinamento. Até treinamentos parciais ou não perfeitamente desenhados têm uma maior probabilidade de sucesso no trabalho se os fatores listados acima forem responsáveis pelo que faz um programa de treinamento elaborado maravilhosamente com uma fraca estratégia de implementação. Se você opõe um ótimo treinamento contra um meio despreparado, espere que o meio vencerá. Mito número 7.

8. A tecnologia é a chave para o êxito futuro do aprendizado no próprio trabalho.

O ponto principal para se decidir se esta declaração é um fato ou um mito é a falta de evidências que a suportem. Embora os fornecedores e os defensores entusiastas da tecnologia tenham elogiado demasiadamente o impacto do mundo futuro do aprendizado sobre nós, os fatos não têm suportado essa afirmação. Apesar do lançamento de uma armada de e-Learning e de sistemas correlatos de treinamento baseados em tecnologia, tem havido um número reduzido de descobertas convincentes de pesquisas para demonstrar a eficiência desses empreendimentos em termos de ganhos superiores no aprendizado ou de melhores performances dos trabalhadores. Recentemente, até mesmo afirmações naturais de que as soluções de aprendizado lastreadas em tecnologia poupam tempo e dinheiro (não ter de viajar para fazer um curso; sem instrutores; sem estadas em hotéis e custos de diárias) já estão sendo questionadas. Os altos custos iniciais de hardware e software, mais os altos custos associados ao desenvolvimento de treinamentos lastreados em tecnologia, não estão sendo suficientemente amortizados pela larga escala e pelo repetido uso. A rápida obsolescência de equipamentos, de softwares de aprendizado e dos cursos em si tem reduzido essas economias.

Uma tendência recente tem sido o desenvolvimento de sistemas de gerenciamento de conteúdos para fins de treinamento e a decomposição de conteúdo de aprendizado em pacotes ou objetos reutilizáveis que são hospedados em repositórios de informações. Embora uma grande quantidade de experimentos e iniciativas tem sido feita nessas áreas, ainda existe muita incerteza sobre quão viável serão os novos enfoques. Lembre-se de que a tecnologia somente amplifica e acelera. Se o que fornecemos é mais material informativo, a tecnologia informará de forma mais forte e mais rápida. Mas, isso não resultará numa transformação valiosa.

As informações mais recentes que obtivemos mostram que, embora da metade até o fim da década de 90 experimentamos uma diminuição no treinamento presencial e um aumento no treinamento lastreado em tecnologia nas organizações norte-americanas, essa tendência tem se desacelerado e, inclusive, se revertido em alguns casos. Conte a oitava declaração como um mito!

> 9. A falta de performance no trabalho resulta essencialmente de uma lacuna nos conhecimentos ou competências requeridas.

Um outro modo de afirmar isso é que o meio mais efetivo de melhorar a performance no trabalho é graças a treinamentos. Vale a pena consolidar conhecimentos e competências, mas se descobriu que muitos outros fatores superam as deficiências nos conhecimentos ou competências. Ao estudarem a performance no trabalho, os pesquisadores identificaram os seguintes itens como causas essenciais de problemas na performance: falta de clareza nas expectativas; acesso limitado às informações, recursos, incentivos ou consequências requeridas; sistemas inadequados de *feedback*; e uma fraca seleção de pessoas para a realização das tarefas. Em muitos casos, as pessoas já sabem como fazer seus trabalhos. O treinamento e o desenvolvimento são importantes para a melhoria de seus desempenhos. Todavia, sem prestar atenção a todos os outros fatores, a maior parcela das contribuições potenciais dos treinamentos é perdida. Conte como um outro mito.

> 10. Uma performance eficiente durante o treinamento resulta numa performance melhorada no trabalho.

A conclusão lógica, sensata, que somos tentados a tirar é que, se as pessoas desempenham bem durante o treinamento, continuarão a desempenhar bem no trabalho. Se a resposta for negativa, por que treinar? Infelizmente, reportamos que as evidências de pesquisas não suportam essa afirmação. Há muitos exemplos em que o treinamento é necessário. No entanto, raramente, é suficiente atingir uma performance melhorada e sustentada pós-treinamento. Uma citação de Baldwin e Ford, que em 1988 publicaram uma revisão extensa de pesquisas sobre treinamento, parece apropriada neste ponto: "As indústrias americanas consomem anualmente mais de US$ 100 bilhões em treinamento... mas não mais de 10% desses gastos efetivamente resultam em transferência para o trabalho." Dez anos depois, Ford e Weissbein (1997) atualizaram a revisão e chegaram à mesma conclusão.

A exemplo do que ocorre na nona declaração, o treinamento não pode obter êxito sem o suporte de outros fatores, tais como informações, recursos, incentivos e efeitos, seleção, comunicação, design do processo e um controle apropriado das interferências da tarefa. Novamente, trata-se de um mito.

11. Para promover a transferência do treinamento ao trabalho, foque essencialmente nas variáveis do pós-treinamento.

Intuitivamente faz sentido vincular a transferência do treinamento àquelas variáveis que estão presentes após sua realização. Mas, com o grau de importância tido por elas, as pesquisas sobre o que motiva os orientados a aplicar o que obtiveram no treinamento sugerem considerar primeiramente alguns outros aspectos. De forma bastante surpreendente, o que acontece antes do treinamento tem o maior impacto. Se as pessoas selecionadas para o treinamento têm pouca ou nenhuma possibilidade de aplicar em seus trabalhos o que estarão aprendendo durante sua realização, então, razoavelmente, não devemos esperar muita transferência. Quando existe a possibilidade de os orientados aplicarem o novo aprendizado, parece essencial que eles recebam alguma forma de preparação antes do treinamento em si. Vários estudos têm indicado que os funcionários, de modo geral, são enviados para treinamento sem nenhuma explicação clara do por quê estão indo fazê-lo e o que será esperado deles na sequência. A exemplo de serem enviados para tomar um banho, serem lavados com o novo conhecimento, depois vestidos de volta com suas roupas velhas e retornarem aos seus meios despreparados... eles ainda possuem o mesmo cheiro.

As pesquisas sugerem que os orientados pré-preparados por seus supervisores sobre a razão de estarem participando de uma sessão de treinamento e sobre quais são suas expectativas após seus retornos têm maior probabilidade de serem motivados a aprender com o treinamento e de aplicá-lo na sequência. Quando a preparação de um treinamento está vinculada a um suporte no pós-treinamento, há um aumento nas taxas de transferência. Num estudo abrangente sobre a transferência de treinamentos, Broad e Newstrom (1992) reforçam a importância da preparação de pré-treinamento. O ponto principal é que as variáveis no pós-treinamento são muito importantes, mas as variáveis no pré-treinamento, tais como seleção, clareza de expectativas e preparação de recursos, têm um impacto mais profundo na transferência de resultados. Portanto, essa declaração também é um mito!

12. *O adequado e antigo senso prático é um amigo natural da ciência. Trata-se de um guia seguro para a tomada de decisões prudentes sobre treinamentos.*

Se apenas essa declaração fosse verdadeira! A resposta para ela é um "mito" retumbante. Escolha qualquer livro de pesquisas e nos primeiros capítulos você encontrará um aviso que o que eufemisticamente chamamos de "senso prático" é um dos grandes inimigos da ciência.

Baseado no senso prático, a autoridade insistiu que o Sol circundava a Terra, mesmo após evidências coletadas empírica e sistematicamente mostrarem o contrário. Há pessoas hoje em dia que ainda acreditam que a Terra é plana. Em nome do senso prático, ocorreram grandes injustiças com grupos completos de pessoas que eram "obviamente inferiores" (ou seja, ao observarmos como viviam e no que acreditavam, tornou-se algo sensato, e aceitável, que nós as dominássemos e explorássemos). Não é isso o que o maior porte e a maior força dos homens sugerem que estes devem comandar as mulheres?

O senso prático está na visão do observador que seleciona dados para tirar conclusões. Ele é geralmente baseado no saber local, reforçado por pequenas amostras de dados selecionados e subjetivamente filtrado para chegarmos a conclusões convenientes. Isso tem ocorrido efetivamente no mundo dos treinamentos em que temos louvado essas noções de senso prático como:

- *Criança mimada, criança estragada.* Isso tem levado à justificativa para o aprendizado em que se bate nas crianças em idade escolar.

- *As garotas não têm as competências de raciocínio necessárias para estudar matemática nem ciência.* Isso é disseminado em outras formas de discriminação sexual e de injustiças no aprendizado.

- *Informe a eles o que irá informá-los. Informe a eles. Informe a eles o que você lhes narrou.* Isso tem resultado num despejo sobrecarregado de informações, de uma via, que ainda é prevalente nos treinamentos na atualidade.

Noções de senso prático mais modernas nos treinamentos referem-se a alguns de nossos mitos previamente citados sobre a tecnologia e o aprendizado. Apesar da falta de evidências científicas que as suportem, muitas pessoas ainda defendem expressamente sistemas de aprendizado em larga escala que miraculosamente darão poder ao trabalhador no momento exato e com somente o que é requerido.

O senso prático é qualquer coisa que o tornamos. Não se trata de um amigo da ciência. Não se trata de um guia seguro para tomarmos decisões prudentes sobre treinamentos. Se pudéssemos oferecer um lema à comunidade de treinamento, ele seria: "Deixe os dados informarem, e tome cuidado com o senso prático".

O Ponto Principal sobre o Aprendizado

Qual foi sua pontuação na Planilha 10-1? Lançamos deliberadamente o jogo do "verdadeiro ou falso" para declarar somente mitos geralmente mantidos. Nosso propósito não foi de colocar mais pressão sobre você, e sim de equipá-lo em sua missão para transformar seus orientados. Parte do trabalho é combater e contrapor hábitos ("mas nós sempre fizemos dessa forma"), exagero entusiasta ("é o maior e o mais recente") e falsos raciocínios ("apenas siga seu – significando *meu* – senso prático") quando se refere a ajudar as pessoas a aprenderem.

Com base no que temos derivado de nossos 70 anos combinados de pesquisas e práticas, nosso conselho a você é exigir evidências concretas que suportem objetivamente o que outros tentam vender no campo do treinamento. Mantenha sua visão nos critérios-chave para o sucesso e no resultado final:

- ◆ O treinamento é centrado no orientado?
- ◆ Ele é baseado no desempenho?
- ◆ Podemos demonstrar os resultados?

Sua missão e a nossa *não* consiste de informações entusiastas. Trata-se de uma transformação efetiva que leva tanto ao sucesso do orientado como da organização.

Fato ou Mito – Uma Combinação Final

Para fechar este capítulo, criamos um breve jogo de combinação final na Planilha 10-2. Na sua coluna A, listamos aleatoriamente nossas 12 concepções falsas. Algumas delas ou todas podem ser apresentadas a você algum dia. A coluna B contém uma lista de contra-argumentos. Seu trabalho é combinar apropriadamente o argumento contrário a cada declaração envolvendo um mito. Divirta-se!

Planilha 10-2. Contrapondo os Mitos

Sua Combinação	Concepções Falsas	Contra-Argumentos
☐	1. Como alguns orientados têm maior poder visual e outros, maior poder auditivo, este é o segredo para um aprendizado efetivo.	A. Muitos especialistas não conseguem articular o conhecimento que utilizam para demonstrar *expertise*. Eles possuem conhecimento procedimental, mas não declarativo, para explicar.
☐	2. Um programa de treinamento bem-desenhado preencherá o lugar de um fraco plano de implementação.	B. O senso prático baseia-se no saber local, reforçado por pequenas amostras de dados selecionados e subjetivamente filtrado para chegarmos a conclusões convenientes. Ele nos informa que a Terra é plana.

Planilha 10-2. *Continuação.*

Sua Combinação	Concepções Falsas	Contra-Argumentos
☐	3. Resolver os problemas com base em seus próprios resultados numa performance melhor de solução de problemas do que estudar aqueles que já foram solucionados.	C. Resultados de pesquisas sobre a apreciação ou satisfação do orientado e o seu sucesso variam desde uma correlação negativa de -0,80 a uma correlação positiva de +0,75. Os achados não são estáveis. Tem sido demonstrado que a persistência é mais poderosa.
☐	4. Quanto mais apreciáveis forem os métodos instrucionais, maior o alcance do aprendizado.	D. As indústrias americanas consomem anualmente mais de US$ 100 bilhões em treinamento... mas não mais de 10% desses gastos efetivamente resultam em transferência para o trabalho. Independentemente do sucesso da iniciativa de treinamento em si – mantidas todas as outras condições –, esse investimento em treinamento é logo perdido. A mudança antecipada na performance não ocorre.
☐	5. A falta de performance no trabalho resulta essencialmente de uma lacuna nos conhecimentos ou competências requeridas.	E. Embora haja diferenças individuais nos sentidos para os quais os orientados mais se inclinam, as pesquisas sugerem que a variação nos estímulos é mais importante. Assim, é a combinação de estímulos que afeta os diversos sentidos de cada vez, e que mutuamente os reforçam.
☐	6. O adequado e antigo senso prático é um amigo natural da ciência. Trata-se de um guia seguro para a tomada de decisões prudentes sobre treinamentos.	F. O que acontece antes do treinamento parece ter o maior impacto na transferência. Quando os orientados são pré-preparados por seus supervisores sobre o por quê de treinarem e sobre quais serão suas expectativas no retorno, aumenta a probabilidade de transferência.

Planilha 10-2. *Continuação.*

Sua Combinação	Concepções Falsas	Contra-Argumentos
☐	7. *Experts* que desempenham bem geralmente sabem o que estão fazendo e são as melhores pessoas para explicar seus êxitos.	G. Descobriu-se que muitos outros fatores superam as deficiências nos conhecimentos ou competências: falta de clareza nas expectativas, *feedback*, recursos, incentivos ou consequências e acesso limitado às informações necessárias.
☐	8. Quanto mais conteúdo você der aos orientados, mais eles o absorvem.	H. As pesquisas sobre o impacto da mídia no aprendizado durante os últimos 50 anos geralmente terminaram com as mesmas conclusões: mantendo-se todas as outras variáveis constantes, a mídia não é a variável-chave para a eficácia do aprendizado.
☐	9. A tecnologia é a chave para o êxito futuro do aprendizado no próprio trabalho.	I. Vários excelentes programas de treinamento estão depositados nas prateleiras coletando poeira. Independentemente do grau de qualidade com que um treinamento seja concebido, ele terá pouco impacto se não for implementado adequadamente. O tempo, o orçamento, os recursos, a cultura, os incentivos, as políticas e os procedimentos são essenciais para a performance no trabalho.
☐	10. Mantendo-se todas as variáveis constantes, a mídia faz uma diferença importante na eficácia do aprendizado.	J. Pesquisas recentes sugerem que mostrar aos orientados soluções-padrão parcial ou totalmente resolvidas é mais efetivo do que pedir que eles solucionem todos os problemas sozinhos. Isso é especialmente verdadeiro para problemas não recorrentes.

Planilha 10-2. *Continuação.*

Sua Combinação	Concepções Falsas	Contra-Argumentos
☐	11. Para promover a transferência do treinamento ao trabalho, foque essencialmente nas variáveis do pós-treinamento.	K. Apesar do entusiasmo dos defensores da tecnologia e do exagero da indústria, há poucos estudos que demonstram a superioridade do treinamento lastreado na tecnologia no aprendizado. Dados recentes sobre treinamentos lastreados na tecnologia não mostram um aumento drástico na sua utilização.
☐	12. Uma performance eficiente durante o treinamento resulta numa performance melhorada no trabalho.	L. Os orientados têm limites de carga cognitiva. À diferença dos computadores, suas capacidades de processamento de informações não têm aumentado. A sobrecarga de informações tem um efeito negativo no aprendizado e na retenção.

Apresentamos agora nossas combinações finais:

1-E 3-J 5-G 7-A 9-K 11-F

2-I 4-C 6-B 8-L 10-H 12-D

Se você combinou adequadamente a maioria das declarações falsas com seus argumentos contrários apropriados, tem uma boa noção do que funcionará num treinamento... e do que não funcionará.

Agora viraremos a página até nosso capítulo final para ligarmos alguns elos perdidos sobre o *Informar Não é Treinamento*, compartilharmos algumas reflexões e darmos nossas despedidas, mas não o nosso adeus.

Capítulo 11

Reflexões Conclusivas Sobre o Livro

Pontos Essenciais do Capítulo:

- ◆ Resumo dos conteúdos do livro.
- ◆ Revisão das mensagens-chave.
- ◆ Modelo de instrução extraído do trabalho de Carl Jung.

Este capítulo final tem três propósitos. O primeiro é reunir os conteúdos deste volume em um resumo coerente e deixar você com uma base lógica e uma memória da jornada que empreendeu conosco. O segundo é revisitar e reenfatizar as mensagens-chave que compartilhamos com você. Queríamos que este livro fosse como uma conversação. A exemplo do que acontece em todos os diálogos, às vezes falamos horas sobre os pontos principais e até desviamos dos mesmos. Não nos sentiríamos bem se não conseguíssemos assegurar que esses pontos fossem realinhados e reafirmados. O terceiro propósito é compartilharmos algumas reflexões finais sobre o treinamento... e sobre a transmissão de informações. Através dessa abordagem desejamos deixar a você algum material para que pense à medida que prossegue e descubra o que fazer com o que já aprendeu.

Uma Revisão Rápida sobre o Livro

O Capítulo 1 teve um *trailer* de abertura desenhado para abrir seu apetite por mais. Se você conseguiu chegar até esse ponto, obtivemos êxito. Estamos tão contentes! Mais importante, o *trailer* foi concebido para gerar reflexão sobre como *você* aprendeu. Nossa suposição é que, essencialmente, não foi graças à transmissão de informações.

No Capítulo 2, você teve contato com quatro termos-chave: treinamento, para reproduzir comportamentos; instrução, para generalizar comportamentos aprendidos a novos exemplos; formação, para construir modelos mentais gerais e sistemas de valores que nos orientam no modo como lidamos com os eventos da vida; e aprendizado, a mudança nas estruturas mentais e na série de comportamentos que possibilitam que enfrentemos o mundo e sobrevivamos. Você também tomou conhecimento do novo mantra familiar: centrado no orientado, baseado no desempenho. Não importa quem você instrui, qual é o tópico, e como ele é ministrado (de modo presencial ou numa outra modalidade), este mantra deve ser sempre mantido como um constante guia.

Com o estabelecimento da base lógica para focar num treinamento centrado no orientado e baseado no desempenho, e com a meta de transformar nossos orientados de modo que possam executar sob aspectos que eles e suas organizações valorizam, voltamo-nos para os próprios orientados. Para transformar, você tem de saber como eles percebem, processam, armazenam e recuperam informações. É preciso identificar características de facilitação e inibição dos mesmos. Finalmente, você tem de ser capaz de utilizar seu conhecimento sobre as capacidades e limites de aprendizado dos orientados para gerar uma transformação bem-sucedida. Isso é o que compartilhamos com você no Capítulo 3.

Se eu tenho tanto conhecimento, por que não consigo fazer que as pessoas aprendam? Essa é uma pergunta feita frequentemente por orientadores especialistas na matéria (SMEs), pois aparentemente não conseguem "fazer que eles aprendam". Este é o ponto em que você topou com o conhecimento declarativo (narrar) e o procedimental (fazer). No Capítulo 4, você também ficou frente a frente com o paradoxo de escolher SMEs com conhecimento procedimental extremamente desenvolvido e pedir para que explicassem coisas narrativamente de modo que os orientados pudessem fazê-las procedimentalmente. Que confusão!

O Capítulo 5 lhe apresentou quatro princípios-chave de aprendizado para adultos: disposição, experiência, autonomia e ação. Ele demonstrou como a consideração das características do aprendizado a adultos assiste grandemente você na criação de uma mensagem instrucional efetiva. No Capítulo 6, você descobriu o modelo de cinco etapas para a estruturação de treinamentos, com base em seis pontos universais extraídos de pesquisas sobre o aprendizado. Esse modelo simples agrupa todas as peças que você encontrou anteriormente. Ele leva em consideração o mantra, as características do orientado e os princípios de aprendizado a adultos de modo a fornecer uma estrutura sólida para a elaboração de sessões de treinamentos com altas probabilidades de sucesso. O Capítulo 7 deu mais detalhes sobre como você pode estruturar sessões de treinamento bem-sucedidas e ajudar o orientado a aprender com mais facilidade ao levar em conta as habilidades metacognitivas e explorar ou melhorar as estratégias cognitivas. Dessa forma, você escorou deficiências específicas e, paralelamente, reforçou a habilidade geral de seus orientados aprenderem com mais eficácia.

O Capítulo 8 introduziu quatro métodos principais de treinamento que são utilizados no local de trabalho e descreveu suas características, benefícios e limitações. Apresentou também uma extensa série de atividades prontas para uso que podem ser aplicadas amplamente em termos de orientados e conteúdos, que são facilmente adaptáveis e que respeitam totalmente os princípios do *Informar Não é Treinamento*.

O tema do Capítulo 9 foram os testes. Agora você possui um conjunto de ferramentas que pode aplicar de modo a desenvolver testes apropriados. Conforme explicamos nesse capítulo, testar é um ótimo meio de melhorar o aprendizado se feito de forma correta. O capítulo oferece a você orientação e suporte para fazer isso corretamente.

Finalmente, o Capítulo 10 apresentou uma série de mitos sobre o treinamento – aqueles com os quais você tem de ter cuidado. Ainda forneceu-lhe munição para lutar contra aqueles que imporiam esses mitos à sua organização, a seus orientados e a você.

Assim, chegamos neste ponto. Viajamos juntos a uma localidade tão longe num curto espaço de tempo. Compartilhamos com você uma grande parcela do que nos levou vários anos para aprender por nossa própria conta. Aceite esse conhecimento com nossos melhores desejos e suporte. Atenha-se às mensagens-chave:

- Seu sucesso é o resultado do sucesso de seus orientados.

- A eficiência do aprendizado não está na sua embalagem, mas no seu desenho e na sua estruturação.

- A informação é inerte. Ela ganha valor somente quando os orientados a buscam e a moldam para atender suas características e necessidades.

- A transmissão de informações não é treinamento.

Uma mensagem-chave a mais para reter: treinamento presencial ou virtual, síncrono ou assíncrono, no trabalho ou na sala de aula, de um para um, de um para muitos ou de muitos para um, face a face ou ministrado por tecnologia... é tudo o mesmo em termos de aprendizado. Comece com o orientado. Determine o resultado desejado. Desenhe o treinamento para ajudar os orientados a progredir do ponto em que estão até onde deveriam estar. Adapte o sistema de ministração às características dos orientados e dos conteúdos. Esses são os pontos essenciais.

Algo para se Pensar – Reflexões de Carl Jung

Não somos junguianos. Somos pesquisadores e profissionais das áreas do aprendizado e do trabalho. Há alguns anos, no entanto, descobrimos um modelo de ensino-aprendizado inspirado pelo trabalho de Carl Jung que nos intrigou e sensibilizou. Ele se assemelhava ao esquema a seguir:

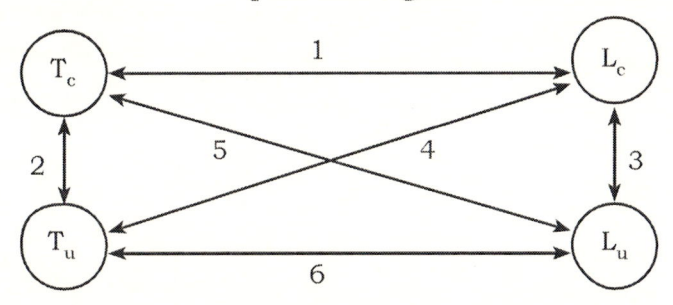

O professor conscientemente (*teacher consciously* – T_c) formula uma mensagem à qual o orientado conscientemente (*learner consciously* – L_c) atende. Eles se envolvem num diálogo consciente (1). No entanto, o professor não planeja conscientemente cada palavra que ele utilizará. Inconscientemente, o professor (*teacher unconsciously* – T_u) extrai de seu interior as palavras, analogias e respostas corretas. Ele inicia um diálogo entre o "eu" consciente e o "eu" inconsciente (2). Similarmente, à medida que a mensagem do professor atinge o orientado, ele também inicia um diálogo interno entre seu consciente e seu inconsciente (3). Enquanto isso está ocorrendo, o professor começa a responder não somente aos comentários conscientes do orientado, mas também às pistas não deliberadas, mas não menos importantes, que emanam inconscientemente do orientado (*learner unconsciously* – L_u), que, por sua vez, responde inconscientemente aos comentários do professor (4). Similarmente, o orientado reage conscientemente às pistas inconscientes do professor (5) e vice-versa.

Por fim, emerge um diálogo mais profundo. Nessa comunicação mais estreita, um tipo de diálogo ocorre conscientemente e na superfície (1); o outro, que é muito mais significativo, ocorre inconscientemente (6). É nesse nível inconsciente que, independentemente das palavras, são transmitidas as verdadeiras mensagens.

Um de nossos clássicos favoritos é o romance do final do século 19, de Edward Eggleston, intitulado *The Hoosier School-Master*. Em certo ponto, o jovem professor da escola acompanha uma criada caminhando ao seu lado até sua casa após uma competição de soletrar que, para surpresa de todos, a moça tinha vencido. Embora não num contexto de ensino-aprendizado, o que segue ilustra bem esse diálogo mais profundo descrito por Jung:

> Você... quer que eu repita toda essa conversa amorosa que eles tiveram. Receio que você a ache monótona... Ralph mencionava o amor quando falava do clima, das plantações e de sua escola – isso era o que suas palavras diziam se relatadas. Mas, abaixo desses lugares comuns, vibrava algo a mais. Uma pessoa pode fazer do amor um tema super importante mesmo quando não fala de amor. As palavras são tão pobres!... Os compromissos mais solenes ocorrem sem a intervenção da fala...
>
> Hannah permaneceu acordada até que a memória daquela caminhada pela escuridão invadiu sua alma como uma graça divina... Ela recordou passo a passo toda a conversa – todos os comentários habituais sobre o tempo; todas as observações insignificantes sobre as safras; todas as palavras triviais sobre a escola. Não para o bem dos comentários. Não para o bem do tempo. Não para o bem da escola. Mas sim para o bem da insinuação. (Extraído de *The Hoosier School-Master*, 1871.)

Observe como a mensagem real que cada um deles enviou ao outro não é explicitamente articulada. Ela ocorre naquele nível inconsciente, junguiano, mais profundo.

Deixamos com você essa reflexão final. No treinamento, especialmente quando a pressão de acelerar os requisitos de um novo conhecimento nos tenta para que direcionemos até o conteúdo e exploremos recursos cada vez mais sofisticados para transmiti-lo, há o perigo de deixarmos de dar nossa mensagem mais importante a nossos orientados. Se focarmos apenas em palavras e no superficial, perdemos efetivamente a transformação essencial que visamos? Quando você reflete sobre aqueles que mais e melhor lhe influenciaram e ensinaram, o processo

Capítulo 11 – REFLEXÕES CONCLUSIVAS SOBRE O LIVRO

foi por intermédio das palavras que utilizaram? Ou foi por intermédio de algo diferente?

Nosso objetivo não é deixá-lo com uma espécie de meditação mística. Simplesmente estimulamos a cautela sobre manter um foco – que é o que os orientados, a organização e você mais valorizam. Tentamos seguir nossos próprios princípios enquadrados no formato deste livro. Ensinamos a você por meio das palavras e atividades que lhe oferecemos. Estimulamos você a testar algumas das estratégias, materiais instrucionais, táticas e atividades, e oferecemos recomendações e sugestões para as suas utilizações. Agora o liberamos para que siga em frente e treine bem. Esperamos que ao pé das palavras conseguimos transmitir nossa profunda paixão e compromisso para ajudar orientados adultos e você a atingir o sucesso. Reflita sobre o que você quer fazer de sua função quanto aos treinamentos. Conforme sugerido pelos conteúdos deste livro e pelo modelo junguiano, o treinamento é uma parte muito maior do que simplesmente repassar informações.

Leitura Recomendável

Os conteúdos deste livro derivam de muitas fontes científicas e profissionais. Para torná-lo um volume de fácil leitura, os autores se abstiveram de citar um número exagerado de referências com o receio de interromper o fluxo de cada capítulo. Em seu lugar, optaram por criar uma seção de Leitura Recomendável dedicada a afirmações e/ou a tópicos encontrados nos capítulos. O que segue é uma lista de leituras interessantes e referências para aqueles que desejem se aprofundar mais num assunto de particular interesse. As referências são organizadas por capítulo e, depois, por tópico. Os tópicos são apresentados na sequência em que aparecem no texto. Não há leituras recomendáveis ou referências para o Capítulo 1.

Capítulo 2: Uma Introdução a Alguns "Termos Conhecidos"

Treinamento, instrução, formação e aprendizado

Clark, R.C. (1999). *Developing technical writing*. Washington, D.C.: International Society for Performance Improvement.

Driscoll, M.P. (1994). *Psychology of learning for instruction*. Needham Heights, MA: Allyn & Bacon.

Gagne, R. e Medsker, K.L. (1996). *The conditions of learning: training applications*. Orlando, FL: Harcourt Brace and Co.

Instrução baseada no desempenho

Brethower, D.M. e Smalley, K.A. (1999). *Performance-based instruction*. San Francisco: Jossey-Bass Publishers.

Mídia e aprendizado

Clark, R.E. (2001). *Learning from media: arguments, analysis and evidence*. Greenwich, CT: Information Age Publishers.

_____ (1999). Media will never influence learning. *Educational technology research and development, 47* (2), 21-29.

Aprendizado interativo

Rieber, L.P. (1996). Seriously considering play: designing interactive learning environments based on the blending of microworlds, simulations and games. *Educational technology research and development, 44* (2), 43-58.

Stolovitch, H.D. (1984). Frame games and gamechains: a technology for interactive teaching-learning. In: R.K. Bass e C.R. Dills (eds.), *Instructional development: the state of the art, II*. Dubuque, IA: Kendall/Hunt Publishing Company.

Vidakovich, J. (2000). *Trainers in motion: creating a participant-centered learning experience*. Nova York: Amacom Books.

Significância em interações de aprendizado

Boettcher, J. (2000). Designing for learning: what is meaningful learning? *Syllabus*, 14 (1), 54-56.

Stalheim-Smith, A. (1998). *Focusing on active, meaningful learning: Idea Paper nº 34*. Manhattan, KS: Kansas State University.

Wilson, A. e Burket, L. (1989). What makes learning meaningful? *Relatórios oficiais da reunião anual da American Association for Adult and Continuing Education*, Atlantic City, NJ, outubro de 1989 (Eric Document ED 313 586).

Capítulo 3: O Orientado Humano

Fisiologia do aprendizado e evolução do aprendizado humano

D'Aracangelo, M. (2000). How does the brain develop? A conversation with Steven Peterson. *Educational Leadership, 58* (3), 68-71.

Jenkins, M. (1999). *Evolution*. Lincolnwood, IL: NTC Publishing Group.

Ornstein, R. (1991). *The evolution of consciousness: the origins of the way we think*. Nova York: Simon & Schuster.

Sousa, D.A. (2001). *How the brain learns: a classroom teacher's guide, 2nd ed*. Thousand Oaks, CA: Corwin Press.

Sprenger, M. (1999). *Learning and memory: the brain in action*. Alexandria, VA: Association for Supervision and Curriculum Development.

Evolução humana

Kingdon, J. (1993). *Self-made man*. Nova York: John Wiley & Sons.

Palumbi, S.R. (2001). *The evolution explosion*. Nova York: W.W. Norton & Company.

Os sentidos

Microsoft Encarta Online Encyclopedia 2001 (2001). Alternative medicine.

http://encarta.msn.com.

Walsh, V. (1998). Skill learning: bringing cognition to its senses. *Current biology, 8* (16), 572-574.

Sistema nervoso autônomo

Backs, R.W. (1995). Going beyond heart rate: autonomic space and cardiovascular assessment of mental workload. *International journal of aviation psychology, 5* (1), 25-48.

Microsoft Encarta Online Encyclopedia 2001 (2001). Alternative medicine.

http://encarta.msn.com.

Miyake, S. (1997). Factors influencing mental workload indexes. *Journal of occupational and environmental health, 19* (4), 313-325.

Memória de curto prazo

Banikowski, A.K. e Mehring, T.A. (1999). Strategies to enhance memory based on brain research. *Focus on exceptional children, 32* (2), 1-6.

Gathercole, S.E. (1996). *Models of short-term memory.* East Sussex, UK: Psychology Press.

Microsoft Encarta Online Encyclopedia 2001 (2001). Memory (psychology).

http://encarta.msn.com.

Schooler, J. (1998). A multiplicity of memory. *Exploring, 22* (1), 4-6.

Sprenger, M. (1999). *Learning and memory: the brain in action* (chapter 4). Alexandria, VA: Association for Supervision and Curriculum Development.

Processamento de informações por experientes e novatos

Brandsford, J., Brown, A.L. e Cocking, R.R. (2000). *How people learn: brain, mind, experience and school (expanded ed.)*. Washington, D.C.: National Academy Press.

Clark, R.C. (1998). *Building expertise: cognitive methods for training and performance improvement*. Washington, D.C.: International Society for Performance Improvement.

Capítulo 4: Fazer os Orientados Aprenderem

Quanto maior a *expertise*, maior a diferença no raciocínio dos novatos

Chase, W.G. e Simon, H.A. (1973). Perception in chess. *Cognitive psychology, 4* (1), 55-81.

Daley, B. (1999. Novice to expert: an exploration of how professionals learn. *Adult education quarterly, 49* (4), 133-147.

Stepich, D. (1991). From novice to expert: implications for instructional design. *Performance and instruction, 30* (6), 13-17.

Conhecimento declarativo e procedimental

Gagne, R. e Medsker, K.L. (1996). *The conditions of learning: training applications*. Orlando, FL: Harcourt Brace and Company.

Smilkstein, R. (1993). Acquiring knowledge and using. *Gamut.* Seattle: Seattle Community College District (Eric Document ED 382 238).

Aptidão, conhecimento anterior e motivação

Bandura, A., Barbaranelli, C., Capara, G.V. e Pastorelli, C. (1996). Multifaceted impact of self-efficacy beliefs on academic functioning. *Child development, 67* (3), 1206-1222.

Clark, R.E. (1999). The CANE (commitment and necessary effort) model of work motivation: a two stage process of goal commitment and mental effort. In: J. Lowyck (ed.), *Trends in corporate training*. Leuven, Bélgica: University of Leuven Press.

Dochy, F.J.R.C. (1988). *The "prior knowledge state" of students and its facilitating effect on learning: theories and research*. Heerlen, Holanda: Open University, Secretartiaat (Eric Document ED 387 486).

_____, et al. (1996). The importance of prior knowledge and assessment for increasing efficiency of the learning processes, especially in "problem-based" learning environments. *European journal of agricultural education and extension, 3* (3), 141-166.

Kaplan, A. e Midgley, C. (1997). The effect of achievement goals: does level of perceived academic competence make a difference? *Contemporary educational psychology, 22* (9), 415-435.

Mager, R.F. (1997). *Making instruction work*. Atlanta: Center for Effective Performance.

Stipek, D. (1998). *Motivation to learn – from theory to practice*. Los Angeles: Allyn & Bacon.

O instrutor como uma compensação para o que falta ao orientado

Watson, D.L. Stockert, N.A. (1987). Ensuring teaching and learning effectiveness. *Thought and action, 3* (2), 91-104.

Yelon, S.L. (1996). *Powerful principles of instruction*. Reading, MA: Addison-Wesley.

Capítulo 5: Princípios de Aprendizado a Adultos

Princípios de aprendizado a adultos

Birkenholz, R.J. (1999). *Effective adult learning*. Danville, IL: Interstate Publishers.

Brookfield, S.D. (1991). *Understanding and facilitating adult learning: a comprehensive analysis of principles and effective practices*. São Francisco: Jossey-Bass Publishers.

Cohen, S.L., Dove, D.W. e Bachelder, E.L. (2001). Time to treat learners as consumers. *Training & development, 55* (1), 54-57.

Davenport, J. III e Davenport, J.A. (1985). Knowles or Lindeman: would the real father of American andragogy please stand up. *Lifelong learning, 9* (3), 4-5.

Van Houten, C. (2000). *Awakening will: principles and processes in adult learning.* Herndon, VA: Anthroposophic Press.

_____. (2000). *Practicing destiny: principles and processes of adult learning.* Herndon, VA: Anthroposophic Press.

O que realmente faz uma diferença para o aprendizado: contrapeso aos mitos do pré-século XX

Peace, J.M., Mayo K. e Watkins, R. (2000). Becoming consumers of our own research: what really makes a difference in improving learning. *Relatórios oficiais da 52ª reunião anual da American Association of Colleges for Teacher Education,* Chicago, 26-29 de fevereiro (Eric Document ED 440 078).

Stolovitch, H.D. (2000). Human performance technology: research and theory to practice. *Performance improvement, 39* (4), 7-16.

Princípios de aprendizado a adultos em ação

Beitler, M.A. (2000). *Self-directed learning readiness at General Motors Japan* (Eric Document ED 447 266).

Brockett, R.G. e Hiemstra, R. (1991). *Self-direction in adult learning: perspectives on theory, research and practice. Routledge series on theory and practice of adult education in North America.* Nova York: Routledge, Chapman and Hall.

Piskurish, G.M. (1994). Self-directedness, quality, and the learning organization. *Performance and instruction, 33* (7), 32-35.

Tobias, S. (1993). Interest and prior knowledge. *Relatórios oficiais da reunião anual da American Education Research Association,* Atlanta, 12-16 de abril (Eric Document ED 362 480).

Capital humano pessoal

Davenport, T.D. (1999). *Human capital: what's it worth and why people invest in it.* San Francisco: Jossey-Bass Publishers.

Gilbert, T.F. (1996). *Human competence: engineering worthy performance.* Washington, D.C.: HRD Press and International Society for Performance Improvement.

Stolovitch, H.D. e Maurice, J-G. (1998). Calculating the return on investment in training: a critical analysis and a case study. *Performance improvement, 37* (8), 9-15, 18-20.

Efeito do envolvimento mental no aprendizado e na retenção

Luckner, J.L. e Nadler, R.S. (1997). *Processing the experience strategies to enhance and generalize learning, 2nd ed.* Dubuque, IA: Kendall/Hunt Publishing Company.

Participação do orientado adulto na tomada de decisões sobre aprendizado para aumentar a credibilidade, o aprendizado e o comprometimento

Cross, P.K. (1992). *Adults as learners: increasing participation and facilitating learning.* San Francisco: Jossey-Bass Publishers.

Lowler, P.A. (1991). *The keys to adult learning: theory and practical strategies.* Filadélfia: Research for Better Schools.

Prova de eficácia no treinamento

Broad, M.L. e Newstrom, J.W. (1992). *Transfer of training: action-packed strategies to ensure high pay off from training investments.* Reading, MA: Addison-Wesley.

Misko, J. (1995). *Using learning in new contexts.* Leabrook, Austrália: National Centre for Vocational Education Research (Eric Document ED 383 895).

Phillips, J.L. (1997). *Return on investment in training and performance improvement programs.* Houston: Gulf Publishing Company.

Phillips, J.L. e Broad, M.L. (1997). *In action: transferring learning to the workplace.* Alexandria, VA: American Society for Training & Development.

Feitura de dietas, programas de perda de peso e recuperação do peso perdido

Cath-e-com. (2001). *Diets don't work*, 20 de novembro, 2001. http://cathe.com/dietsdon.htm.

Harpaz, M. (2001). *The anti-diet: how to eat, lose and live.* http://www.antidiet.com/contents.html.

Schwartz, B. (1996). *Diets don't work.* Houston: Breathru Publisher.

Prática para aumentar a competência, a confiança e a transferência ao trabalho

Annis, L.F. e Annis, D.B. (1987). Does practice make perfect? The effects of repetition on student learning. *Relatórios oficiais da reunião anual da American Educational Research Association*, Washington, D.C., 20-24 de abril (Eric Document ED 281 861).

Li, S. (1999). Does practice make perfect? *For the learning of mathematics, 19* (3), 33-35.

Se você não o utiliza, o perde

Anderson, J.R., Fincham, J.M. e Douglass, S. (1999). Practice and retention: a unifying analysis. *Journal of experimental psychology (learning, memory, and cognition), 25* (5), 1.120-1.136.

Smith, T.M. (1977). Effect of a meaningful context and practice variety on rule retention. *Relatórios oficiais da reunião anual da American Educational Research Association*, Nova York, 4-8 de abril (Eric Document ED 142 399).

Treinamento como perda de tempo ou de recursos

Davidone, E.A. (1995). Evaluating the return on investment of training. *Performance and instruction, 32* (1), 1-8.

Gilbert, T.F. (1996). *Human competence: engineering worthy performance*. Washington, D.C.: HRD Press and International Society for Performance Improvement.

Shaw, E. (1995). The training waste conspiracy. *Training, 32* (4), 59-60, 62, 64-65.

Stolovitch, H.D. e Maurice, J-G. (1998). Calculating the return on investment in training: a critical analysis and a case study. *Performance improvement, 37* (8), 9-15, 18-20.

Capítulo 6: Um Modelo de Cinco Etapas para Criar Sessões de Treinamento Espetaculares

A importância de se saber o "por quê" (razão para o aprendizado) e "o quê"

Choi, I. e Jonasson, D.H. (2000). Learning objectives from the perspective of the experienced cognition framework. *Educational technology, 40* (6), 36-40.

Keller, J.M. (1987). Strategies for stimulating the motivation to learn. *Performance and instruction, 26* (8), 1-7.

Klein, J.D., Cavalier, J.C. e Jamie, C. (1999). Using cooperative learning and objectives with computer-based instruction. *Relatórios oficiais com os artigos de desenvolvimento e de pesquisas selecionadas apresentados na 21ª Convenção Nacional da Association for Educational Communications and Technology (AECT)*, Houston, 10-14 de fevereiro (Eric Document ED 436 134).

Morse, J.A. e Morse, P.K. (1978). Effects on instructional objectives on relevant and incidental learning for experienced and inexperienced possessors. *Relatórios oficiais da 62ª reunião anual da American Educational Research Association*, Toronto, Ontário, Canadá, 27-31 de março (Eric Document ED 173 357).

Estrutura e aprendizado

Bills, C.G. (1997). Effects of structure and interactivity on the achievement of students receiving internet-based instruction.

Relatórios oficiais da Interservice/Industry Training Simulation and Education Conference, Orlando, FL, 1-4 de dezembro (Eric Document ED 416 317).

Dowaliby, F.J., Curwin, R. e Quinsland, L. (1981). *Classroom structure and student participation: an aptitude by treatment interaction approach to instructional research for the hearing-impaired – paper series #47*. Washington, D.C.: Rochester Institute of Technology, NY National Technical Institute for the Deaf (Eric Document ED 224 257).

Gregg, L.W. e Farnham-Diggory, S. (1989). *Content and structure in learning*. Rockville, MD: National Institute of Mental Health.

Inteligen. (2001). *Human memory, encoding, storage, retention and retrieval.*

http://www.brain.web-us.com/memory encoding.htm.

Respostas abertas e ocultas

Dwyer, C., Moore, M. e Dwyer, F. (1992). Covert and overt rehearsal strategies used to complement visualization. *Relatórios oficiais da 24ª conferência anual da International Visual Literacy Association*, Pittsburgh, 30 de setembro a 2 de outubro (Eric Document ED 363 290).

Elred, J.P. (1996). Incorporating experiential learning in the teaching of the nonverbal communication course. *Relatórios oficiais da 82ª reunião anual da Speech Communication Association*, São Diego, CA, 23-26 de novembro (Eric Document ED 408 627).

Shettel, H.H. e Lindley, R.H. (1961). *An experimental comparison of two types of self-instructional programs for a Sage system paired-associate task*. Pittsburgh: American Institute for Research in Behavioral Sciences (Eric Document ED 130 605).

Wilder, L. e Harvey, D.J. (1971). Overt and covert verbalization in problem solving. *Report from the project on variables and processes in cognitive learning*. Madison, WI: Wisconsin University – Research and Development Center (Eric Document ED 062 001).

Engajamento significativo e aprendizado

Ausabel, D.P. (2000). *The acquisition and retention of knowledge: a cognitive view.* Nova York: Kluwer Academic Publishers.

Cavallo, A.L. (1992). Student's meaningful learning orientation and their meaningful understandings of meiosis and genetics. *Relatórios oficiais da conferência anual da National Association for Research in Science Teaching*, Boston, março (Eric Document ED 356 140).

Nystrand, M. e Gamoran, A. (1990). *Student engagement: when recitation becomes conversation.* Washington, D.C.: Office of Educational Research and Improvement (Eric Document ED 323 581).

Capítulo 7: Fazer os Orientados Lembrarem

Importância do *feedback* no aprendizado

Kluger, A.N. e DeNisi, A. (1996). The effects of feedback intervention on performance: a historic review, a meta-analysis, and a preliminary feedback intervention theory. *Psychological bulletin, 119* (2), 254-284.

Kulik, J.A. e Kulik, C.C. (1988). Timing of feedback and verbal learning. *Review of educational research, 58* (1), 79-97.

Ovando, M.N. (1992). *Constructive feedback: a key to successful teaching and learning* (Eric Document ED 404 291).

Feedback confirmativo e corretivo

Hodes, C.L. (1984). *Relative effectiveness of corrective and noncorrective computer feedback on cognitive learning of science* (tese de mestrado). Pennsylvania State University (Eric Document ED 311 883).

Latham, A.S. (1997). Learning through feedback. *Educational leadership, 54* (8), 86-87.

Silverman, S., Tyson, L. e Krampitz, J. (1992). Teacher feedback and achievement in physical education: interaction with student practice. *Teaching and teacher education, 8* (4), 333-344.

Feedback sobre o desempenho *versus* sobre si próprio

Geddes, D. e Linnehan, F. (1996). Exploring the dimensionality of positive and negative performance feedback. *Communication quarterly, 44* (3), 326-344.

Tosti, D. e Jackson, S. (1999). Feedback systems. In: H.D. Stolovitch e E.J. Keeps (eds.), *Handbook of human performance technology: improving individual and organizational performance worldwide*. San Francisco: Jossey-Bass/Pfeiffer.

Feedback imediato e com atraso: efeito no aprendizado

Cope, P. e Simmons, S. (1994). Some effects of limited feedback on performance and problem-solving strategy in a Logo microworld. *Journal of educational psychology, 86* (3), 368-379.

Nishikawa, S. (1988). A comparison of the effects of locus of control with feedback strategies on factual information recall and retention during computer-assisted instruction. *Relatórios oficiais da reunião anual da Association for Educational Communication and Technology*, Nova Orleans, 14-19 de janeiro (Eric Document ED 295 655).

Sturgess, P.T. (1978). *Immediate vs. delayed feedback in a computer-managed test: effects on long-term retention. Technical Report nº* NPRDC-TR-78-15, março-agosto de 1976. Chico, CA: California State University (Eric Document ED 160 635).

Feedback específico, frequente: efeito no aprendizado

In time (integrating new technologies into methods of education). Frequent feedback, (2001).

http://www.intime.uni.edu/model/learning/freq.html.

Poertner, S. e Massetti Miller, K. (1996). *The art of giving and receiving feedback (AMI: How to series)*. Urbandale, IA: Provant Media.

Feedback muito detalhado: efeito no aprendizado

Sasaki, Y. (1997). Individual variation in a Japanese sentence comprehension task – form, function and strategies. *Applied linguistics, 18* (4), 508-537.

Reforço e aprendizado

Lee, K. e David, J. (1998). The perceived impacts of supervisor reinforcement and learning objectives: importance on transfer of training. *Performance improvement quarterly, 11* (4), 51-61.

Benefícios intrínsecos e extrínsecos no aprendizado

Bishop, J., Kang, S. e Wilson, C. (1985). *Incentives, learning and employability.* Washington, D.C.: National Institute of Education (Eric Document ED 268 378).

Ryan, R.M. e Deci, E.L. (1985). Intrinsic and extrinsic motivations: classic definitions and new directions. *Contemporary educational psychology, 25* (1), 54-67.

Stolovitch, H.D., Clark, R.E. e Condly, S.J. (2001). *Incentives, motivation and workplace performance: research and best practice.* Nova York: Society of Incentives and Travel Executives Research Foundation.

Objetivos e aprendizado: efeitos positivos

Choi, J. e Jonassen, D.H. (2000). Learning objectives from the perspective of the experienced cognition framework. *Educational technology, 40* (6), 36-40.

Lee, K. e David, J. (1998). The perceived impacts of supervisor reinforcement and learning objectives: importance on transfer of training. *Performance improvement quarterly, 11* (4), 51-61.

Main, R. (1979). Effect of intended and incidental learning from the use of learning objectives with an audiovisual presentation. *Relatórios oficiais da convenção anual da Association for Educational and Communications Technology*, Nova Orleans, março (Eric Document ED 172 794).

Despejo de dados (despejo de informações) e aprendizado

Bruzzesse, A. (1994). Redesigning training. *Human resource executive, 8* (2), 27-34.

Stocker, R. (1990). Strategies for enhancing learning in the "blow-off" course. *Innovative higher education, 14* (2), 141-153.

Metacognição

Clark, R.C. (1998). *Building expertise: cognitive methods for training and performance improvement.* Washington, D.C.: International Society for Performance Improvement.

Hacker, D.J., Dunlosky, J. e Graesser, A.C. (1988). *Metacognition in education: theory and practice.* Mahwah, NJ: Lawrence Earlbaum Associates.

Metcalfe, J.S. e Shimamura, A.P. (1996). *Metacognition.* Cambridge, MA: MIT Press.

Rampp, L.C. e Guffey, J.S. (1999). *Metacognition: a new implementation model for learning* (Eric Document ED 440 088).

Habilidades metacognitivas

Clark, R.E. e Blake, S. (1997). Analyzing cognitive structures and processes to derive instructional methods for the transfer of problem solving expertise. In: S. Dijkstra e N.M. Seel (eds.), *Instructional design perspectives. volume II, Solving instructional design problems.* Oxford, UK: Pergamon.

Hall, Y.C. e Esposito, M. (1984). What does research on metacognition have to offer educators? *Relatórios oficiais da reunião anual da Northeastern Educational Research Association,* Ellenville, NY, 24-26 de outubro (Eric Document ED 254 552).

Mayer, R.E. (1998). Cognitive, metacognitive and motivational aspects of problem solving. *Instructional science, 26* (1-2), 49-63.

Habilidades metacognitivas bem-desenvolvidas e sucesso no aprendizado

El-Hindi, A.E. (1996). Enhancing metacognitive awareness of college learners. *Reading horizons, 36* (3), 214-230.

Carr, M. e Thompson, H. (1995). *Metacognitive intervention and interest as predictors of memory for text, Reading research report nº 35*. Atenas, GR: National Reading Research Center (Eric Document ED 387 791).

Variação nas habilidades metacognitivas, realização e inteligência

Davis, E.A. (1996). Metacognitive scaffolding to foster scientific explanations. *Relatórios oficiais da reunião anual da American Educational Research Association*, Nova Iorque, 8-14 de abril (Eric Document ED 394 853).

Gilbert, L.C. (1986). Inducement of metacognitive learning strategies: task knowledge, instruction and training. *Relatórios oficiais da 70ª reunião anual da American Educational Research Association*, San Francisco, 16-20 de abril (Eric Document ED 271 486).

Romainville, M. (1994). Awareness of cognitive strategies: the relationship between university students' metacognition and their performance. *Studies in higher education, 19* (3), 359-366.

Veenan, M.V., Elshout, J.J. e Meijer, A. (1997). The generality *versus* domain specificity of metacognitive skills in novice learning across domains. *Learning and instruction, 7* (2), 187-209.

Ensino recíproco

Kincannon, J., Gleber, C. e Kim, J. (1999). The effects of metacognitive training on performance and use of metacognitive skills in self-directed learning situations. *Relatórios oficiais da 21ª convenção anual da Association for Educational Communications and Technology*, Houston, 10-14 de fevereiro (Eric Document ED 436 146).

Rosenshine, B. e Muster, C. (1991). Reciprocal teaching: a review of nineteen experimental studies. *Relatórios oficiais da 72ª reunião anual da American Educational Research Association, Chicago, 3-7 de abril* (Eric Document ED 394 683).

West, C.K., Farmer, J.A. e Wolff, P.M. (1991). *Instructional design: implications from cognitive science.* Englewood Cliffs, NJ: Prentice Hall.

Estratégias cognitivas

Clark, R.C. (1994). The causes and cures of learner overload. *Training, 31* (7), 40-43.

Rabinowitz, M. (1988). On teaching cognitive strategies: the influence of accessibility of conceptual knowledge. *Contemporary educational psychology, 13* (3), 229-235.

Reigeluth, R.M. (1980). *Meaningfulness and instruction: relating what is being learned to what a student knows.* Nova York: Syracuse University, School of Education (Eric Document ED 195 263).

Organizadores avançados

Explorations on learning and instruction: the theory into practice database. Subsumption theory. (2001).

http://www.tip.psychology.org/ausubel.html.

Schwartz, N.H., Ellsworth, L.S., Graham, L.S. e Knight, B. (1998). Accessing prior knowledge to remember text: a comparison of advance organizers and maps. *Contemporary educational psychology, 23* (1), 65-89.

Stone, C.L. (1983). A meta-analysis of advance organizer studies. *Journal of experimental psychology, 54*, 194-199.

Comparações ricas em imagens

Ausubel, D.P. (2000). *The acquisition and retention of knowledge: a cognitive view.* Nova York: Kluwer Academic Publishers.

Clement, J.J. (1998). Expert-novice similarities and instruction using analogies. *International journal of science education, 20* (10), 1.271-1.286.

Duit, R. (1991). On the role of analogies and metaphors in learning science. *Science education, 75* (6), 649-672.

Capítulo 8: Abordagens de Treinamento e uma Infinidade de Atividades de Aprendizado

Arquiteturas de treinamento

Clark, R.C. (1998). *Building expertise: cognitive methods for training and performance improvement*. Washington, D.C.: International Society for Performance Improvement.

Atividades de treinamento

Sugar, S. (1998). *Games that teach: experiential activities for reinforcing learning.* San Francisco: Jossey-Bass/Pfeiffer.

Thiagarajan, S. e Parker, G. (1999). *Teamwork and teamplay: games and activities for building and training teams.* San Francisco: Jossey-Bass/Pfeiffer.

Capítulo 9: Testar ou Examinar: Qual é a Diferença?

Impacto positivo dos testes no aprendizado

Eilertsen, T.V. e Valdermo, O. (2000). Open-book assessment: a contribution to improved learning. *Studies in educational evaluation, 26* (2), 91-103.

Williams, L.P. (2000). *The effect of drill and practice software on multiplication skills: "multiplication puzzles 'versus' the mad minute"* (Eric Document ED 443 706).

Ansiedade em testes

Cassady, J.C., Budenz-Anders, J., Pavlechko, G. e Mock, W. (2001). The effects of Internet-based formative and summative assessment on test anxiety, perceptions of threat and achievement. *Relatórios oficiais da reunião anual da American Educational Research Association*, Seattle, 10-14 de abril (Eric Document ED 453 815).

Spielberger, C.D. e Vagg, P.R. (1995). *Test anxiety: theory, assessment, and treatment. The series in clinical and community psychology.* Bristol, PA: Taylor & Francis.

Williams, J.E. (1992). *Effects of test anxiety and self-concept on performance across curricular areas* (Eric Document ED 317 554).

Testes baseados em critérios

Schrock, S., Eyres, P. e Coscarelli, W. (2000). *Criterion-referenced test development, 2nd ed.* Washington, D.C.: International Society for Performance Improvement.

Westgaard, O. (1999). *Tests what work: designing and measuring fair and practical measurement tools in the workplace.* Somerset, NJ: Pfeiffer and Company.

Validação de testes

Eyres, P.S. (1999). Legal implications of human performance technology. In: H.D. Stolovitch e E.J. Keeps (eds.), *Handbook of human performance technology: improving individual and organizations performance worldwide.* San Francisco: Jossey-Bass/Pfeiffer.

Gibbons, P.L. (1998). Are you flunking testing? *Inside technology training, 2* (6), 24-27.

Gray, T.B. (1997). Controversies regarding the nature of score validity: still crazy after all these years. *Relatórios oficiais da reunião anual da Southwest Educational Research Association*, Austin, TX, 23-25 de janeiro (Eric Document ED 407 414).

Elaborando bons testes

Hacker, D.G. (1998). Testing for learning. *Info-line.* Alexandria, VA: American Society for Training & Development.

Osterlind, S.J. (1998). *Constructing test items: multiple-choice, constructed response, performance and other formats (Evaluation in education and human services 47).* Nova York: Kluwer Academic Publishers.

Wiggins, G.P. (1998). *Educative assessment: designing assessments to inform and improve student performance.* San Francisco: Jossey-Bass Publishers.

Capítulo 10: Fato ou Mito: Qual é a Verdade?

Frenologia

Chevenix, R. (1828). Gall and Spurzheim – phrenology. *Foreign quarterly review, 2,* 1-59.

Pearson, K. (1906). On the relationship of intelligence to size and shape of the head. *Biometrika, 5,* 105-146.

Riley, J. (1999). Did they actually really believe this? Authentic document as a window on the past. *Social studies and the younger learner, 11* (3), 2-5.

Tomlinson, S. (1997). Phrenology, education, and he politics of human nature: the thought and influence of George Combs. *History of education, 26* (1), 1-22.

O cérebro como um músculo

Thorndike, E.L. e Woodworth, R.S. (1901). The influence of improvement in one mental function upon the efficiency of other functions. *Psychology review, 8,* 247-261.

Especialistas e competência inconsciente

Bradley, F. (1997). From unconscious incompetence to unconcious competence. *Adults learning (Inglaterra), 9* (2), 20-21.

Ericsson, K.A. e Smith, J. (1991). *Toward general theory of expertise: prospects and limits.* Nova York: Cambridge University Press.

Atitudes específicas e aprendizado

Snow, R. (1989). Aptitude-treatment interaction as a framework for research on individual differences in learning. In: R.

Ackerman, R.J. Sternberg e R. Glaser (eds.), *Learning and individual differences*. Nova York: W.H. Freeman.

Tobias, S. (1985). Review, other macroprocesses and individual differences. *Relatórios oficiais da 69ª reunião anual da American Educational Research Association*, Chicago, 31 de março a 4 de abril (Eric Document ED 258 134).

Apreciação/satisfação e aprendizado

Bers, T.H. (1975). *The relationship between learning and enjoyment: a study of student perceptions of teaching techniques*. Morton Grove, IL: Oakton Community College (Eric Document ED 119 764).

Clark, R.E. (1980). Do students enjoy the instructional method from which they learn least? Antagonism between enjoyment and achievement in ATI studies. *Relatórios oficiais da reunião anual da American Educational Research Association*, Boston, abril (Eric Document ED 188 601).

Mídia e aprendizado

Clark, R.E. (1999). Media will never influence learning. *Educational technology research and development, 47* (2), 21-29.

Resolvendo problemas *versus* problemas solucionados e aprendizado

Van Morrienboer, J.J.G. (1997). *Training complex cognitive skills: a four component instructional design model for technical training*. Englewood Cliffs, NJ: Educational Technology Publications.

_____, e Paas, F.G.W. (1990). Automation and schema acquisition in learning elementary computer programming: implications for the design of practice. *Computers in human behavior, 6* (3) 273-289.

Conteúdo em excesso e aprendizado: sobrecarga de informações

Clark, R.C. e Taylor, D. (1994). The causes and cures of learner overload. *Training, 31* (7), 40-43.

Doring, A. (1999). Information overload? *Adults learning* (Inglaterra), 10 (10), 8-9.

Martin, D.W. (1980). Performance during the stress of processing overload. *Relatórios oficiais da 86ª convenção anual da American Psychological Association*, Montreal, Quebec, 1-5 de setembro (Eric Document ED 195-892).

Sweller, J. e Chandler, P. (1991). Evidence for cognitive load theory. *Cognition and instruction 12* (3), 185-233.

Aprendizado baseado em tecnologia: necessidade de evidências de eficácia e economias de custo

Bork, A. (1991). Is technology-based learning effective? *Contemporary education, 63* (1), 6-14.

Whalen, T. e Wright, D. (1999). Methodology for cost-benefit analysis of Web-based tele-learning: case study of the Bell online institute. *American journal of distance education, 13* (1), 24-44.

Tecnologia: não necessariamente o segredo para o futuro sucesso no trabalho

Ellis, R.K. (2000). Technology for good/technology for evil. *Training and development, 54* (11), 32-33.

McCune, J.C. (1998). The productivity paradox. *HR focus, 75* (4), 4-5.

Weill, M. e Rosen, L.D. (1999). Don't let technology enslave you. *Workforce, 78* (2), 56-59.

Performance no trabalho: alternativas ao treinamento

Mager, R.F. (1992). *What every manager should know about training or "I've got a training problem"... and other odd ideas*. Belmonte, CA: Lake Publishing.

_____, e Pipe, P. (1997). *Analyzing performance problems: or you really oughta wanna.* Atlanta: Center for Effective Performance.

Sanders, E.S. e Thiagargajan, S. (2001). *Performance intervention maps.* Alexandria, VA: American Society for Training & Development.

Stolovitch, H.D. e Maurice, J-G. (1998). Calculating the return on investment in training: a critical analysis and a case study. *Performance improvement, 37* (8), 9-15, 18-20.

Bom desempenho durante o treinamento e falta de transferência ao trabalho

Baldwin, T.T. e Ford, J.K. (1988). Transfer of training: a review and directions for future research. *Personnel psychology, 41* (1), 63-105.

Ford, J.K. e Weissein, D.A. (1997). Transfer of training: an updated review and analysis. *Performance improvement quarterly, 10* (2), 22-41.

Efeito das atividades de pré-treinamento na transferência do aprendizado

Baldwin, T. e Magjuka, R.J. (1991). Organizational training and signals of importance: linking pre-training perception to intentions to transfer. *Human resource development quarterly, 2* (1), 25-36.

Broad, M.L. e Newstrom, J.W. (1992). *Transfer of training: action-packed strategies to ensure high payoff from training investments.* Reading, MA: Addison-Wesley.

Cohen, D.J. (1990). What motivates trainees? *Training and development journal, 44* (11), 91-93.

Senso prático *versus* ciência

Musgrave, A. (1993). *Common sense, science and skepticism: a historical introduction to the theory of knowledge.* Oxford, UK: Oxford University Press.

Capítulo 11: Reflexões Conclusivas sobre o Livro

Eggleston, E. (1943). *The Hoosier school-master: a story of backwoods life in Indiana.* Nova York: Books, Inc. Publishers. (Publicado originalmente em 1871.)

Jung, C.G. (1969). *The psychology of the transference, 3rd ed.* Princeton, NJ: Princeton University Press.

Sobre os Autores

Harold D. Stolovitch e **Erica J. Keeps** têm a mesma paixão – desenvolver pessoas. Juntos, devotaram um total combinado de mais de 70 anos para tornar o aprendizado e o desempenho no trabalho mais agradáveis e efetivos. Suas atividades de consultoria e de pesquisa os envolveram em numerosos projetos de corporações influentes, como é o caso da Hewlett-Packard, Sun Microsystems, Oracle, General Motors, Bell Canada, Alcan, Telecom Asia, Canadian Pacific Railway, Prudential, Century 21 e muitas outras. A dedicação deles com o intuito de melhorar o aprendizado e o desempenho no trabalho é refletida nos *workshops* que conduzem internacionalmente na ministração de treinamentos, no *design* instrucional e nas consultorias sobre performance. Atuam como diretores-geral da HSA Learning & Performance Solutions LLC (EUA) e da Harold D. Stolovitch & Associates Ltd. (Canadá), além de serem especialistas na aplicação de tecnologias instrucional e de performance humana nos segmentos empresarial, industrial, governamental e militar. São, também, coeditores de ambas as edições do *Handbook of Human Performance Technology: A Comprehensive Guide for Analyzing and Solving Performance Problems in Organizations and Improving Individual and Organizational Performance Worldwide*, publicadas pela Jossey-Bass/Pfeiffer.

Harold é formado pela McGill University, no Canadá, e pela Indiana University, nos Estados Unidos, onde completou o doutorado e o pós-doutorado com teses sobre a tecnologia de sistemas instrucionais. Com sólidos conhecimentos no mundo acadêmico e também no corporativo, ele conduziu um grande número de pesquisas e projetos práticos sempre visando atingir altos resultados quanto ao aprendizado e ao desempenho. Além de criar inúmeros materiais instrucionais para uma faixa ampla de cenários de trabalho, ele é autor de cerca de 200 artigos, relatórios de pesquisas, capítulos de livros e livros. Já foi presidente da International Society for Performance Improvement (ISPI), ex-editor do *Performance Improvement Journal* e membro do Conselho Editorial de diversas publicações tecnológicas sobre recursos humanos e performance. Recebeu vários prêmios ao longo dos seus 40 anos de carreira, incluindo o Thomas F. Gilbert Award, por Realização Ilustre Profissional, e o grau mais honroso da ISPI – Membro Permanente. Ele é emérito professor da Université de Montréal, local em que atuou como diretor dos programas de tecnologia instrucional e de performance, além de ser professor clínico de desempenho humano no trabalho pela University of Southern California.

Erica possui grau de mestrado em psicologia educacional pela Wayne State University, Detroit, e é também formada pela University of Michigan, onde posteriormente se tornou membro do corpo docente do Graduate Business School Executive Education Center. Seus 30 anos de carreira profissional incluem posições na administração de treinamentos junto à J.L. Hudson Co. e ao Allied Supermarkets, bem como posições de consultoria sênior em aprendizado e desempenho numa grande variedade de organizações. Ela não apenas elaborou e supervisionou a produção de numerosos materiais instrucionais e de sistemas de gestão de performance, mas também lançou publicações sobre a melhoria do aprendizado e do desempenho no mundo do trabalho. Tem fornecido desenvolvimento de equipes para designers instrucionais, administradores de treinamento e técnicos em performance. Ela tem sido reconhecida por muitos líderes de aprendizado e desempenho como uma mentora dedicada e uma grande influência em suas carreiras. Foi ex-membro executiva do Conselho da ISPI, ex-presidenta da Divisão Michigan e membro permanente tanto da Divisão Michigan como da Divisão Montreal dessa instituição. Entre seus vários prêmios por contribuições excepcionais no campo de tecnologia instrucional e de performance, destaca-se o Distinguished Service Award, da International Society for Performance Improvement, por suas frequentes posições de liderança.

Os autores residem em Los Angeles e podem ser contactados em:

Site:
www.hsa-lps.com.
Endereço para correspondência:
1520 S. Beverly Glen Blvd.
Suite 305
Los Angeles, CA 90024
Telefone:
1.310.286.2722
Fax:
1.310.286.2724
e-mail:
info@hsa-los.com

Sobre a ISPI

International Society for Performance Improvement

A International Society for Performance Improvement (ISPI) é dedicada à melhoria do desempenho individual, organizacional e societário. Fundada em 1962, é a primeira associação internacional devotada à melhoria da produtividade e da performance no trabalho. A entidade representa mais de 10 mil membros nacionais e internacionais, sediados nos Estados Unidos, no Canadá e em 40 outros países.

Sua missão é desenvolver e reconhecer a proficiência de nossos membros e defender o uso da Tecnologia do Desempenho

Humano. Esse enfoque sistemático para melhorar a produtividade e a competência utiliza uma série de métodos e procedimentos – e uma estratégia para resolver problemas – de modo a realizar oportunidades referentes às performances das pessoas. Trata-se de uma combinação metódica de análise de desempenhos, análise de causas, escolha de intervenções, gestão da mudança e avaliação, que pode ser aplicada a pessoas, pequenos grupos e organizações de grande porte.

Site:
    www.ispi.org
Endereço para correspondência:
    International Society for Performance Improvement
    1400 Spring Street, Suite 260
    Silver Spring, Maryland 20910 USA
Fone:
    1.301.587.8570
Fax:
    1.301.587.8573
e-mail:
    info@ispi.org

QUALITYMARK EDITORA

Entre em sintonia com o Mundo

Qualitymark Editora Ltda.

Rua José Augusto Rodrigues, 64 – sl. 101
Polo Cine e Vídeo – Jacarepaguá
22275-047 – Rio de Janeiro – RJ
Tels.: (21) 3597-9055 / 3597-9056
Vendas: (21) 3296-7649

E-mail: quality@qualitymark.com.br
www.qualitymark.com.br

Dados Técnicos:

• Formato:	16 x 23 cm
• Mancha:	12 x 19 cm
• Fonte:	Bookman Old Style
• Corpo:	11
• Entrelinha:	13
• Total de Páginas:	280
• Lançamento:	Agosto 2011
• 2ª Reimpressão:	2019